职业发展规划与创业教育

ZHIYE FAZHAN GUIHUA
YU CHUANGYE JIAOYU

主编　文军　吴明永　李艳

吉林大学出版社

图书在版编目(CIP)数据

职业发展规划与创业教育/文军,吴明永,李艳
主编.--长春:吉林大学出版社,2015.12
ISBN 978-7-5677-5343-3

Ⅰ.①职…　Ⅱ.①文…　②吴…　③李…　Ⅲ.①大学生
—职业选择—高等学校—教材　Ⅳ.①G647.38

中国版本图书馆 CIP 数据核字(2015)第 317138 号

书　名:职业发展规划与创业教育
作　者:文　军　吴明永　李　艳　主编

责任编辑:孟亚黎　　　　　　　　　　　　　封面设计:崔　蕾
吉林大学出版社出版、发行　　　　　　　　三河市龙大印装有限公司　印刷
开本:787×1092 毫米　1/16　　　　　　　　2016 年 1 月第 1 版
印张:16.75　字数:407 千字　　　　　　　2018 年 1 月第 2 次印刷
ISBN 978-7-5677-5343-3　　　　　　　　　定价:32.80 元

社址:长春市明德路 501 号　邮编:130021
发行部电话:0431—89580026/28/29
网址:http://www.jlup.com.cn
E—mail:jlup@mail.jlu.edu.cn

前　言

　　大学教育对于大学生的成长成才极为关键。有些大学生能提前确定自己的人生理想和职业目标，通过四年的努力为实现自己的理想打下扎实的基础；而另一些却始终迷茫，到离校的那一天还不知道自己路在何处。对于一个国家来说，如果不能做到人尽其才、才尽其用，那将会是人力资源的巨大浪费。大学生活对于每一个大学生来说，都是非常宝贵的。大学之大，不仅在于大师和大楼，还在于每一个大学生对大学资源的充分利用，在于在老师的指导下学会做人、学会学习、学会做事、学会共同生活，在于自己有科学的人生规划和职业规划，以及实现自身规划的能力。一个刚刚步入大学的青涩高中生，经过大学四年的历练和洗礼，可能会成为一名综合素质全面、职业能力突出的职场精英，也可能会成为一名通晓专业知识、具备研究潜质的科研人才。但如果在大学期间没有树立自己的理想和奋斗目标，四年的大学生活便很可能在庸庸碌碌中悄然流逝。

　　我们有理由相信，如果能让每个大学已经毕业的同学再上一次大学，他一定会比现在做得更好；如果能早一点规划自己的大学生活，他就会少一些成长中的烦恼，就不会随着大好光阴的流逝只留下不该有的叹息和后悔。当然，只要留意一下身边的同学，我们也会发现很多同学不仅很好地把握住了学习和社会工作的关系，而且在大学里生活得很充实，充满了年轻人的朝气和活力，得到了全面的丰收。为什么有这么大的差距呢？其实，人与人之间的差异是很小的，但这种很小的差异却往往造成了巨大的差距。这种很小的差异主要在于个体的心态是积极的还是消极的。积极的心态是永远向前看，勇于正视自己的缺点和不足，而不是一味沉湎于过去的辉煌与成功，或者怨天尤人；积极的心态总是会有强烈的未来意识、责任意识，总是在思考探索未来阶段的发展任务并认真规划自己的未来生涯。大学生活中有两个重要的任务，一是立志，二是成才。"立志"即尽早地确立自己的人生理想和职业目标，"成才"即根据理想与目标合理地规划好大学生活，有针对性地提升自己的综合素质与能力。

　　当代大学生作为人才的重要来源，其就业问题一直是社会关注的热点。随着高等教育的发展，近年来全国普通高校毕业生急剧增加，据不完全统计，2016 年全国高校毕业生在 770 万以上，再加上出国留学回来的约 30 万"海归"，以及之前没有找到工作的往届毕业生，预计2016 年全国将有 1000 万大学生竞争就业，就业压力更加突出，就业工作任务十分艰巨。

　　当然，事物都有两面性。就业形势的日益严峻在加大职业压力的同时也激发了大学生的职业活力，迫使大学生对自己的职业生涯做出理性合理的规划。党和政府也高度重视大学生的就业工作，把大学生就业放在就业工作的首位，采取积极有效的措施促进大学生充分就业。各大高校相继开设就业指导课、设置大学生就业指导中心，针对大学生职业生涯规划、职业发展、就业指导的相关书籍及教材也争先恐后地出炉。

　　从形式上来看，大多数相关教材都把"职业生涯规划"与"就业指导"合放在一本书里进行讲述,而在现实教学中,"职业生涯规划"与"就业指导"应分不同时间进行讲授。根据教育部的相关规定,大中专学生的职业生涯规划与就业指导教育要贯穿学生的整个学习过程。从内容上来看,目前绝大多数的职业生涯规划的教材是以职业生涯规划的理论介绍为主,强调了职业生涯理论体系的完整性,而忽略了教学的实用性,学生学习后对规划自己的职业生涯仍然感到迷茫和无措,尤其是对于职业生涯规划后的职业发展更是缺乏认知。因此,我们编写了这本《职业发展规划与创业教育》,希望能够为广大学子提供更为合理的职业生涯发展规划指导。

全书共分十章:第一章"导论",主要介绍职业发展与职业生涯规划的相关概念和职业生涯规划的基本理论。第二章"大学生活与职业生涯规划",主要介绍大学生职业生涯规划的总体概况和大学生职业生涯规划的原则与基本步骤以及大学生职业生涯规划常用的方法。第三章"职业认知",主要介绍大学生职业信息的了解、我国当前就业的基本形势、大学生职业环境的分析。第四章"自我探索",主要介绍大学生对职业人格、职业需要、职业兴趣、职业能力和职业价值观的自我认知。第五章"职业生涯目标",主要介绍职业生涯目标的设定、分解与组合、评估与反馈的基本方法,并对大学生职业生涯规划实例进行了分析。第六章"职业生涯发展决策",主要介绍职业发展决策的理论及意义、大学生职业发展决策的基本原则和类型、职业发展决策的基本步骤和基本方法。第七章"规划好你的大学",主要介绍如何做好大学生的学业规划、时间管理和情商管理。第八章"职业生涯规划的实施与修正",主要介绍如何制定职业生涯规划方案、如何进行大学生职业生涯规划的评估、修正和职业生涯规划调整。第九章"职业道德与职业素养",主要介绍职业道德与职业发展,职业道德的内涵、提升职业道德修养,并列举了部分职业的道德规范要求。第十章"创业基础知识",主要讨论创业的内涵与意义、大学生创业前必须思考的问题、大学生如何去创业、创业需要的知识和能力、创业信息的收集、创业条件的评估等。附录中收录了有关大学生就业创业和职业发展方面的文件和资料,并提供了大学生涯规划表。

本书的特色在于,在阐述理论的同时注重内容的实用性和可读性,内容新颖、涉及面广,能够使学生在了解职业生涯发展与规划的基本理论的同时,轻松地掌握职业生涯规划的方法并提高自身职业发展的各方面能力。

本书可用于高等院校、高职高专开设职业生涯发展规划指导课程的教材,也可以作为从事职业发展与就业指导工作、咨询和培训机构以及相关人员的培训教材和自学参考书。

本书在编写过程中,参考和引用了大量有关文献资料,吸取了许多精粹,在此谨向这些资料的作者致以诚挚的谢意! 由于水平有限,书中难免存在错误和不足之处,敬请广大读者批评指正!

编者

2015 年 12 月

目　　录

第一章　导　论

【困惑与迷思】

★ 一开学，林雅该上大学二年级了。随着对大学新鲜感的逐渐淡去，她成了校园里的"老生"，天天都很忙，上课、听讲座、参加社团活动、和同学逛街……但她又不知道自己在忙些什么。有时候觉得很累，可想到要为毕业后的工作打下基础，就觉得这些付出也许是值得的吧。有时又很茫然，甚至有点沮丧，因为忙得无头绪，不知道这样的付出对未来的发展有没有作用。

★ 陈林觉得自己的大学生活很灰色。自己没什么爱好，每天除了学习还是学习，但 90 分的考试成绩看起来和 60 分没什么区别，所以学习也没什么动力。偶尔想起未来的发展，他有些迷茫和焦虑，但觉得那应该是大四时考虑的事情。

第一节　职业发展与职业生涯规划

职业是一个人安身立命之本、施展抱负之基、成就自我之途。通过职业，人们获得独立生存于社会的经济基础，同时发挥个人的才干，服务于社会，承担社会义务，进而实现自己的人生价值，拥有幸福的生活。那么什么是职业？职业的意义有哪些？未来职业的发展趋势如何？这些需要我们进行认知。

一、职业的定义

职业一词中"职"的原意是职务、职位的意思；"业"的原意是事业、事情的意思。前者是一种社会符号，因为事业和事情代表着社会组织中的分工和地位；后者是一种个人符号，因为事业和事情代表着个人所从事工作的内容和方式。"职业"这两个字合起来，其实就是指个人在社会上特定位置所从事特定工作的意思。它作为个人与社会互动的结合点，反映着个人与社会两个方面的内容。这是职业最原始、最基本的含义。

职业存在于社会分工之中，是人类社会发展到一定阶段，出现了社会分工后的产物。在不同工作性质的岗位上，人们从事的工作在目标、内容、方式与场所上也有很大的差别，也就是说，人们的社会角色是不一样的。一定的社会分工或社会角色的持续实现，就形成职业。

但是,不同的主体、不同的社会、不同的时代都会有不同的看法和认识。例如,低薪族认为职业是赚钱养家糊口的一种方式,高层白领成功人士则认为职业是人生价值体现的象征等。一般情况下,人们普遍认为职业是人在社会生活中所从事的以获得物质报酬作为主要生活来源的工作,并且是能够满足自己精神需求、在社会分工中具有专门技能的工作,通常也称为"工作岗位"。

职业主要具备以下四个特征。

(1)强调社会分工,这与人类的需求和职业结构相关。

(2)强调利用专门的知识和技能,这与职业的内在属性相关。

(3)强调创造物质财富和精神财富,获得合理报酬,这与社会伦理相关。

(4)强调物质生活来源,并满足精神生活,这与个人生活相关。

因此,从事职业研究的理论工作者们认为,职业是指人们为谋生和发展而从事的相对稳定、有经济收入、有特定类别的社会劳动。这种社会劳动决定于社会分工,并要求劳动者具备一定的生活素养和专业技能,能创造物质财富、精神财富。这种社会劳动是人们的生活方式、经济状况、教育程度、行为模式和道德情操等的综合反映及权利、义务、职责的具体体现。

二、职业的意义

职业在实质上实现了劳动者与生产资料的结合,体现了人与人的社会关系。人们通过某种职业不仅满足了自身的需要,而且通过各自劳动成果的交换,也满足了彼此的需要。因此,职业及职业活动无论对于个人还是社会都有着非常重要的意义。

(一)职业对个人的意义

职业选择是否合适,对一个人一生能否顺利发展具有重要的意义,主要表现在以下几方面。

(1)职业是个人谋生的手段,个人通过职业实现个人和家庭生存的需要。"民以食为天",解决好就业问题,是个人安身立命之本,是人最根本的需要。

(2)职业使人获得对社会、行业、集体、单位的归属感,提供一个最普遍的社交场所,满足人们对归属和爱的需要。个人的价值必须通过社会职业才能表现出来,择业的成功和职业上的成就,能够满足人们实现社会价值的需要,使其成为在社会中有所作为的人,满足其受到社会尊重的愿望。

(3)职业是促进个性发展的手段。世界上没有完全相同的人,这种个体差异有先天的生理和心理上的差异,更主要的是由后天环境、教育、机遇特别是职业所形成的,比如,军人、教师、艺术家各有特质。人们可以通过对职业的选择,发挥自己的特长,满足自己的兴趣,实现自己的理想,满足展示个性发展的需要。同时人们根据社会发展和职业的需求,不断地完善自我,促进自身的全面发展。

(二)职业对社会的意义

职业一旦产生就成为社会中的独立存在,成为人们认识、选择、从事和发展的对象。即职业和职业活动构成了人类社会生活,它是社会存在和发展的基础。因此,职业具有重大的社会意义,其意义和作用主要有以下两个。

1. 职业能够促进社会的发展

首先,职业的存在和职业活动构成了人类社会的存在和社会的基本框架,通过职业劳动,生产出社会物质财富和精神财富,构成了社会发展的基础。

其次,职业作为一种社会存在,职业分工及其结构是社会经济制度与社会经济结构的重要部分,是构成社会经济制度及其运行的主要组成部分,也是社会经济发展水平的反映。

再次,职业是随着社会经济的发展以及社会分工的细化而不断发展的,因此它的变化运动和新旧转换推动着社会的发展。

最后,职业也是人的社会身份等级的体现。个人改善职业的向上流动、与社会经济结构相联系的职业结构变动、不同职业阶层间的矛盾冲突与解决等,构成社会发展与社会进步的动力。此外,人们为了追求未来"好职业"而从事学习和人力投资更成为推动社会发展的巨大动力。

2. 职业能够维持社会稳定

安居乐业是人们的共同愿望,职业是人的重要生活方式。创造就业岗位、控制失业率,使无业者有业、有业者乐业,是政府的重要职能。可以想见,就业率过低将会造成社会的不安定。从这个角度讲,职业也是维护社会稳定、实现社会控制、维持社会正常运转的重要手段。

三、职业的演变趋势

21世纪将是高新技术产生发展的时代,新技术取代旧技术,新产品取代老产品,这是社会发展的趋势。当代职业发展将出现以下几种趋势。

(一)职业的种类大大增加

随着社会的发展以及科技发展的加快,职业种类增加也逐渐加快,当代新兴行业不断涌现,新的职业也大量出现。技术创新已成为经济发展的决定性因素,在发达国家,生产技术每年淘汰率高达20%,技术平均寿命只有5年。因此,新旧职业更替的速度加快。1982年我国第三次人口普查使用的《职业分类标准》将职业划分为8大类、64中类、301小类;1993年劳动部发布的《中华人民共和国职业工种分类目录》将职业工种划分为46大类、4700多个工种;1999年,劳动和社会保障部组织制定了《中华人民共和国职业分类大典》,将我国职业分为8大类、66个中类、413个小类、1838个细类(职业)。当代社会分工的发展使得新职业种类不断涌现,许多国家发行的职业分类词典等出版物每隔一段时期就需要修改,有时甚至需要每年修订。

(二)第三产业发展异军突起

目前,我国国民经济划分为三个产业,即第一产业、第二产业和第三产业。其中,第三产业包括交通运输业、邮电通讯业、商业、服务业、金融保险业、卫生、体育、教育和文化艺术等。近30多年来,随着改革开放的不断深入,我国第一、二产业发展的内外部环境发生了深刻的变化,使得第一、二产业得到空前的发展,而第一、二产业的发展必然会引起和促进第三产业的发展。由于第三产业与第一、二产业有着相互作用、相互影响的关系,人们也越来越重视第三产业对第一、二产业的促进作用。发展第三产业,以拉动和支持第一、二产业的进一步发展,已成为我国产业结构调整的一个重要方面。随着科学技术水平的提高,产业结构的调整,第三产业在国民经济发展中所起的作用越来越大,如金融、商务、传播、物流、卫生、教育、旅游等。第三产业的发展可以为社会提供更多的空缺职位,为求职者提供更多的就业机会。第三产业就业人数不断增加,这是现代社会发展的大趋势。

(三)职业活动的内容不断以新代旧

同样的职业,时代不同,其技术方法、工作手段有着天壤之别。例如工程设计绘图,过去用图板、丁字尺等,现在用 CAD 技术;机械加工,以前用普通车床,现在用数控车床;记者采访,以前用笔记录,现在用录音笔记录。又如,现在的会计师职位,不但要求其任职者会打算盘,还要求他们会操作电脑;企业的产品推销员一般都需要做公关工作,其任职者必须具有一定的公关知识和技巧。这样的例子非常多,职业的演变,对从事职业人员的素质、技能要求也提高了。同时,由于社会劳动的不断机械化、自动化,劳动的体力消耗越来越少,脑力劳动的消耗相对增加,出现了体力劳动脑力化的趋势。而体力劳动脑力化和职业专门化的发展,又会使得相应职业或职位的工作职责、工作行为、绩效标准、工作流程、工作条件和工作环境发生改变,进而也对任职者的自身条件(如知识、技能或其他个人特征)提出了更高的要求,而且,还要随外部环境的变化对这些要求不断作出调整。

(四)职业将向高科技化、智能化、专业化方向发展

21 世纪,与高新技术有关的职业将得到发展。目前,得到世界各国公认并列入 21 世纪重点开发的技术领域有信息技术、航天技术、生物技术、新能源技术、新材料技术和海洋技术等领域。北美新创造的就业机会 40% 以上都是软件、计算机、电信、医疗保健和医学等行业。而我国也在近年来兴建了一批高新技术产业开发区,涌现了一批高新技术公司,建立了一批外资和中外合资高新技术企业。因而,在加快高新技术发展政策的实施过程中,与此有关的职业也将得到较快发展。

随着科学技术的发展,职业的专业化和复合化程度越来越高。美国劳工统计局经济学家克里斯蒂那·谢利估计:在未来 10 年中,在技术领域工作的大学毕业生人数将增加 75%。我国的一些职业或职位对就业者的要求也不例外,特别是通才式、复合型的"知识型"人才将备受欢迎。

（五）职业的流动性增强

随着我国社会经济的发展，许多行业的从业人员的流动性越来越大，这已经成为我们时代的就业特点之一。由于经济水平的提高，人们对物质与精神文化的需求量越来越大，进而促使越来越多的企业或新兴职业踊跃上市。而社会职业的不断增加，造成职业选择的机会增加，打破了职业的相对稳定性。同时，由于现代社会职业兴衰演化迅速，职业的更新速度不断加快，导致一个人一生面临的职业变化也会越来越频繁。特别是工作不稳定或没有固定职业的人，如临时工人、兼职者以及不满足于现状的低薪工族或职员等，其工作岗位更容易变动。他们也许仅从这一企业转到另一同行企业，从事相同工作性质的职业或从事工作性质不同的职业；也可能仅在同一公司里从这一职位转到另一职位，改变其工作性质；也可能是跨企业、跨行业、跨职业岗位的。总之不管哪一种，其职业已经改变了。

四、职业生涯规划与大学生成才

大学阶段是职业生涯的准备期，一个人在大学阶段为自己未来职业生涯所作的准备，对其今后的职业发展有着非常重要的影响。良好的职业生涯规划可使我们充分认识自己，客观分析环境、科学树立目标、正确选择职业，从而为我们事业成功作重要的铺垫。

（一）职业生涯的含义

生涯本是指一段经历或历程。生涯辅导大师舒伯认为生涯是生活中各种事件的演进方向或历程，统合了个人一生中各种职业与生活角色，由此表现出个人独特的自我发展形态，是人生自出生到退休后一连串有酬或无酬职位的综合，除了职位以外，还包括与工作有关的角色，如家庭角色、公民角色等。由此可见，"生涯"是以"工作"为中心的人生发展历程。

1. 职业生涯的概念

与职业不同，职业生涯是一个发展的概念，即把个人的职业生涯看作是一个动态的过程，具有浓厚的个人色彩。它是人生中最重要的历程，是追求自我实现的重要人生阶段，对人生价值起着决定性作用。

人生经历丰富多彩——衣食住行、工作、休闲娱乐、家庭爱情婚姻，但核心却是职业生涯。所谓职业生涯，即人们通常所说的"事业"，又称职业发展，是指一个人在工作生活中所经历的职业或职位的总称，也就是一个人一生中所有与职业相联系的行为与活动，以及相关的态度、价值观、愿望等的连续性经历的过程。它分为内职业生涯与外职业生涯。内职业生涯是指在职业生涯发展中透过提升自身素质与职业技能而获取的个人综合能力、社会地位及荣誉的总和，它是别人无法替代和窃取的人生财富。外职业生涯是指在职业生涯过程中所经历的职业角色（职位）及获取的物质财富的总和，它是依赖于内职业生涯的发展而增长的。一个人的职业生涯从职业学习开始到职业劳动结束，职业生涯有狭义和广义之分，狭义的职业生涯始于工作之前的专门的职业学习和训练，终止于完全结束或退出职业工作。广义的职业生涯概念则涵盖了从出生到完全结束职业工作这一段时间跨度。

2. 职业生涯的特点

（1）独特性：每个人的职业生涯发展都是独一无二的。职业生涯是个人依据其人生目标，为了自我实现而逐渐展开的一段生命历程。不同的人有不同的特质以及不同的追求，从而导致了每个人有着不同于他人的职业发展经历。从大致发展形态来看，也许有些人在职业生涯发展的形态上有着相似的地方，但是其过程却可能是完全不同的。职业生涯的独特性决定了并不存在一条适合所有人发展的职业道路，每个人应该根据自己的特点选择一条适合自己发展的职业道路。

（2）发展性：职业生涯是一个动态的发展过程，个人在不同的人生发展阶段会有不同的诉求，这些诉求不断地在工作生活中表达出来，并寻求满足。个人正是通过这些诉求的表达，而成为自身职业生涯的主动塑造者。

（3）内在性与外在性：职业生涯的内在性是指职业生涯发展表现在观念更新、心理素质提高、技能提升、经验丰富等内在因素上。职业生涯的外在性是指职业生涯发展表现在职位提升、待遇提高、工作环境改善、工作权限增加等外在因素上。这两者并不是孤立的，而是相互联系的。内职业生涯的发展是外职业生涯发展的基础，而外职业的发展又促进内职业生涯的提升。

（4）无边界性：在传统社会，一个人固定在一个单位、一个地方、一个职业是可能的。但是，伴随着经济的全球化、信息化，组织发展的不确定性剧增，越来越多的人自愿或非自愿地进行着职业转换，个人的职业生涯发展越来越表现出跨组织、跨地域和跨职业的特点，这就是无边界职业生涯。

3. 职业生涯的分期

（1）职业准备期。即一个人就业前从事专业、职业技能学习的时期。这是职业生涯的起点，也是素质形成的主要时期，但此时很多人是盲目的，多是在别人的带领或帮助下走过的。

（2）职业的选择期。即人们根据社会需要及自己的素质和愿望，作出职业选择，走上工作岗位。这是职业生涯中关键的一环，是个人的素质和愿望与社会需要相遇、碰撞和获得社会承认的时期。选择正确，往往一帆风顺；选择失误，或带来生涯的不顺利，或造成多次选择，浪费光阴，并且影响一生。

（3）职业适应期。人们走上岗位，即开始了对人的素质的实际检验，这一时期称为适应期。能力较强者能很快适应职业要求，素质较差或素质特点与职业要求相差较大的，需要通过培训适应职业，而确实难以适应的则要重新进行职业选择。

（4）职业稳定期。这一时期是人的职业生涯的主体，从时间上看也占据职业生涯的绝大部分，一般是在人的成年、壮年时期。这一时期不仅是人们劳动效果最好的时期，也是人们养儿育女、担负繁重家庭责任的时期，因此成年人往往倾向于稳定在某种职业，甚至某一特定岗位上。在这一时期如果从业者的素质能够得到充分发挥和提高，潜力得到体现，稳扎稳打，就可能抓住机会，逐步取得成果，成为某一领域的行家里手、专家权威，得到晋升，到达成功的最高峰。

（5）职业素质衰退期。此时人步入老年，由于生理条件的变化，能力的衰退，心理需求逐步降低而求稳妥,各方面处于维持状态。由于市场竞争激烈,不少用人单位裁员,一般来说,年龄较大的员工被辞退的可能性较大。当然,也有一些老年人,一般属于专家、学者类的,其智力并没有衰退,而且知识、经验还有越来越多的积累,出现第二次创造高峰,再一次获得成功,达到事业的巅峰。

(6)职业结束期。即人们由于年老或其他原因结束职业生涯历程的短暂过渡时期。

(二)职业生涯规划的含义

1. 职业生涯规划的提出

职业生涯规划是由早期职业辅导运动发展而来,职业辅导起源于20世纪中叶的美国,舒伯发展了前人的理论,提出个人生涯发展的五个时期:成长、探索、建立、维持和衰退。这个理论的提出,标志着职业辅导转变为生涯辅导。随着生涯辅导的推进,1971年美国联邦教育署正式提出以"生涯教育"概念为标志的美国生涯教育运动,提出"所有的教育都是生涯教育"。

目前,职业生涯规划教育已经引起国内外学校的高度重视,生涯教育从注重解决学生的职业问题转移到了注重促进学生的成长与发展上,将生涯规划辅导引向个体连续的生涯发展上,融入个体自我发展、角色发展的进程中,直至扩展到终身发展上,融入个体自我发展、角色发展的进程中,直至扩展到终身发展的领域或范围。

2. 职业生涯规划的概念

职业生涯规划,也称职业生涯设计,是指一个人对其一生职业发展道路的设想和规划,是在对自我和外部环境因素进行综合探索分析的基础上,通过对个人未来职业发展目标以及如何实现目标的有效规划,以实现个人职业发展的成就最大化为目的而做出的行之有效的规划设计。这种设计并不是凭空想象,而是建立在对自身和社会充分了解和正确认识的基础上的。职业生涯规划最基本的内容包括设定职业生涯目标、表明职业意向、分析职业素质、确定职业选择。

(三)职业生涯规划的类型

按照时间维度,职业生涯规划可以分为短期规划、中期规划、长期规划和人生规划四种类型。

短期规划一般是指2年以内的规划,主要是确定近期目标,规划近期应完成的任务。例如对专业知识的学习,2年内掌握哪些业务知识等。又如计划2年内熟悉新公司规则,融合到企业文化中,为此要花较多的时间与同事、领导沟通,向"过来人"学习。

中期规划一般涉及2～5年内的职业目标和任务,是最常用的一种职业生涯设计。例如,3年后要成为部门经理,完成相应业绩,以及为实现此目标而参加的培训等可采取的具体措施。

长期规划一般是指5～10年的规划设计,主要是设定较长远的目标,如规划35岁时成为分公司副总经理,掌握更大的权力,以及为实现此目标应采取的具体措施。

人生规划是指整个职业生涯的规划设计,设定整个人生的发展目标和阶梯。

从字面上看,个人职业生涯规划从短期到中期,再到长期,直至整个人生规划,如同拾级而上的台阶,一步步地发展。但在实际操作中,跨及时间太长的规划由于环境、个人的变化性而难以把握;而时间跨度太短的规划又没有多大意义,所以,一般我们提倡个人职业生涯设计掌握在 2～5 年内比较好。这样既便于根据实际情况设定可行目标,又便于随时把握现实的反馈进行修正和调整。

(四)大学生进行职业生涯规划的重要意义

对当代大学生而言,生涯规划就像一座灯塔,指引着自己在追求人生目标的道路上前进,其目的是要突破障碍、激发潜能、实现自我。它向你提供一些有效的方法和工具,让你有能力在不同发展阶段都能对自己的过去、现在和未来有一个重新审视和评估的机会。即使在无法预期、充满不确定感的人生中,你也可以学习到如何根据这些可能发生的变化不断调整自己,修正执行的计划,为自己的每一个人生阶段创造最大的满足感和成就感。

1. 培养大学生积极上进的人生观

"自我实现"来源于美国心理学家马斯洛的人本主义心理理论,其真正含义是当人获得生理、安全和情感需要的满足以后,就要追求自我实现的满足,即在环境积极协调和适应的前提下,个人潜能得以充分的发挥。为做到这一点,个人必须超越自我。用马斯洛的话说是"自我实现的人无一例外都献身于他们自身以外的事业、某种他们自身以外的东西"。在我国,自我实现有时可以被理解为"事业有成""功成名就",而事业有成必须以正确的职业选择和发展为前提。因此,大学生应该以科学的方法来正确地、全面地认识自我,了解社会对人才的需要,找出自己在知识、能力等方面与社会需要的差距,确定自己的发展方向与目标。

2. 引导大学生树立职业生涯规划意识

做好大学生职业生涯规划,通过对大学生的专业特长、兴趣爱好、性格特征、待人接物的能力、擅长的技能等诸方面做全面分析,可以帮助他们对自己进行正确评估,迅速准确地为自己定位,明白自己更适合什么样的工作,自己将来更有可能在哪些方面获得成功,逐渐理清生涯发展方向,形成明确的职业意向,提升自己的生涯自主意识,为以后的事业发展作全面、长远的打算。

3. 促进大学生树立明确的职业目标

职业生涯规划有助于大学生通过对自己的优势与劣势综合进行对比分析,通过对外部职业世界的了解和分析,树立明确的职业发展目标与职业理想;通过评估个人目标与现实状况之间的距离,学会运用科学的方法,采用切实可行的步骤和措施,不断增加自己的职业竞争力,实现自己的职业目标和理想。

4. 增强大学生的就业核心竞争力

当今社会处在变革的时代,到处都充满着激烈的竞争。要想在这激烈的竞争中脱颖而出并立于不败之地,必须设计好自己的职业生涯规划。职业生涯可以发掘自我潜力,增强个人实力。一份行之有效的职业生涯规划将会引导毕业生正确认识自身的个性特质、现有与潜在的资源优势,帮助毕业生重新对自己的价值进行定位并使其持续增值;可以引导毕业生重视前瞻性和与实际相结合的职业定位,搜索并发现新的或有潜力的职业机会;可以使毕业生学会运用科学的方法,采取可行的步骤与措施,不断增强就业核心竞争力,实现自己的职业目标与理想。

(五)职业发展对大学生职业能力的要求

随着社会经济结构的变化,整个社会的职业变动在量上和质上都有很大的发展。职业发展在量上主要表现为:一是跳槽现象,自由职业者、兼职者现象大量出现;二是新职业层出不穷,职业种类升级换代速度加快,尤其是随着网络及其他新兴消费市场的兴起,许多新职业应运而生。职业发展在质上主要表现为:一是职业结构弹性增强,职业选择自由度大大提高,个人可以不受政府制约而自由选择职业;二是职业变动不断趋于公平,个人能力成为职业获得的重要因素。

职业发展虽然为大学生提供了更多的就业机会,但职业范围的拓宽与要求的提升需要大学生加强职业能力的培养,使之适合不同的岗位需求。在当今,大学生除了认真学习好专业知识,具备较强的专业技能外,还需要具备良好的可迁移能力、适应能力和学习能力。

第一,培养良好的可迁移能力。可迁移能力就是具备一种可以应用到不同的场景,跨越不同领域的一种通用能力。一般来说,可迁移能力主要包括信息获取与处理能力、人际沟通能力、组织协调能力、表达能力(包括口头与书面两种表达能力),此外还可包括独立分析思考能力、创新能力和冒险精神等。这些能力在许多职业里往往都能派上用场,因此可迁移能力是大学生其他能力的重要支撑。

第二,培养良好的适应能力。具有较强的适应能力,就能快速进入角色,适应不同场景的工作要求。适应能力包括对自我的管理能力、观察能力等。在自我管理能力方面要注意情绪管理能力和时间管理能力的培养。

第三,培养良好的学习能力。在信息社会里,知识的更新速度很快,要想工作能得心应手,就必须不断更新自己已有的知识,培养自己良好的学习能力。大学生不能仅仅被动地接受知识,更要努力地追求获得知识的方法,即学会如何学习。培养良好的学习能力,首先要养成勤于学习、善于思考的习惯;其次要懂得如何学习,善于利用各种学习资源;再次是培养自学能力以及获取相关证书的能力。

案例分享
ANLIFENXIANG

哈佛大学毕业生的人生目标

1970 年,美国哈佛大学对当年毕业的天之骄子们进行了一次关于人生目标的调查:27% 的人,没有目标;60% 的人,目标模糊;10% 的人,有清晰但比较短期的目标;3% 的人,有清晰而长远的目标。

1995 年,即 25 年后,哈佛大学再次对这一批 1970 年毕业的学生进行了跟踪调查,结果是这样的:

3% 的人,25 年间他们朝着一个既定的方向不懈努力,现在几乎都成为社会各界的成功人士,其中不乏行业领袖、社会精英。

10％的人，他们的短期目标不断实现，成为各个行业、各个领域中的专业人士，大都生活在社会的中上层。

60％的人，他们安稳地生活与工作，但都没什么特别突出的成绩，他们几乎都生活在社会的中下层。

剩下27％的人，他们的生活没有目标，过得很不如意，并且常常在抱怨他人、抱怨社会、抱怨这个不肯给他们机会的世界。

他们之间的差别仅仅在于，25年来，他们中的一些人没有目标或者目标比较模糊，而另外一些人则目标明确并朝着目标一直努力不懈。

第二节　职业生涯规划的基本理论

一、职业选择理论

职业选择理论的立足点在于个人择业时尽量做到职业与个人匹配，故又称"人—职匹配理论"。该理论重视个人的需要、能力、兴趣、人格等内在因素在职业选择过程中的重要作用。相关理论大致可分为两类：一是强调个人特性与职业特性相匹配的特质论模式，如帕森斯的特质因素论和霍兰德的人格类型论；二是以强调个人内在动机为核心的动力模式，如罗伊的人格发展论。

（一）帕森斯的特质因素论

1909年，帕森斯根据多年的工作经验在其《选择职业》一书中提出了特质因素理论（又称帕森斯的人—职匹配理论）。特质因素论是最早的职业辅导理论，认为每个人都有自己独特的人格模式，每种模式的个人都有与之相适应的职业类型。

特质因素理论主张选择职业分以下三个步骤。

第一，评价求职者的生理和心理特点（特质）。通过心理测验或其他测评手段获得有关求职者的身体状况、能力倾向、兴趣爱好、气质与性格等方面的个人资料，并通过会谈、调查等方法获得有关求职者的家庭背景、学业成绩、工作经历等情况。

第二，分析职业对人的要求（因素），并向求职者提供有关信息。职业信息包括：职业的性质、工资待遇、工作条件以及晋升的可能性；求职的最低条件，如学历要求，所需专业训练，身体要求、年龄、各种能力等；为准备就业而设置的教育课程计划，以及提供这种训练的教育机构、学习年限、入学资格和费用等；就业机会等。

第三，进行人—职匹配。指导人员在了解求职者的特征和职业的各项指标的基础上，帮助求职者进行比较分析，以便选择一种适合其个人特点又有可能得到并能取得成功的职业。

人—职匹配分为两种情况：一是因素匹配（职业找人），即所需专门技术和专业知识的职业与掌握该种特殊技能和专业知识的择业者匹配，如脏、累、险等劳动条件很差的职业，需要吃苦耐劳、体格健壮的劳动者匹配；二是特性匹配（人找职业），即某些职业需要有一定特性的人，如具有敏感、易动感情、不守常规、独创性强、个性强、理想主义等人格特性的人,宜于从事强调审美性、自我情感表达的艺术创作类型的职业。

(二)霍兰德的人格类型论

美国霍普金斯大学心理学教授约翰·霍兰德是美国著名的职业指导理论家。他于1971年提出具有广泛社会影响的人—职匹配理论,并编制了霍兰德职业人格能力测验,该测验能帮助个体发现和确定自己的职业兴趣与能力专长,进而将其作为个体在求职择业时进行决策的依据。

霍兰德认为职业选择是个人人格在工作世界的表露和延伸,即人们在工作选择的经验中表达自己的个人兴趣和价值。个人会被某些满足其需要的角色认同的特定职业所吸引。霍兰德的类型理论有以下基本原则:职业选择是个人人格的延伸和表现;个人兴趣组型;同一职业团体内的人有相似的人格,因此他们对很多的情况与问题有相似的反应方式,从而产生类似的人际环境;人可以分为六种人格类型和相应的职业兴趣类型。个人人格与环境之间的配合对应,是职业满意度、职业稳定性与职业成就的基础。

(三)罗伊的人格发展理论

20世纪60年代初,美国临床护理学家罗伊综合了精神分析和马斯洛的需求层次理论,提出了人格发展理论。该理论认为早年经验会增强或削弱个人高层的需求,进而影响人的生涯发展,她特别强调早期经验对以后的职业选择行为的影响,认为职业选择是个体满足其心理需要的过程。

需求的满足形态及程度与个人早期经验息息相关。如果需求获得满足,就不会变成无意识的动力来源;如果高层次的需求不能获得满足,这种需求就会消失并且不再发展;如果低层次的需求未获得满足,则将驱使人去满足此类需求来维持生存,而间接地妨碍高层次需求的发展;如果需求的满足受到延迟,就会无意识地驱动人去满足这些需求,而延迟其他的需求。其影响力将依据该需求的强度、时间的长短及周围的环境对满足该需求的价值判断而定。

父母的态度对孩子的职业选择有重要的影响力,应该让孩子从小去发展自己的能力倾向及职业兴趣,这样他们对未来的职业才有正确的发展观念与科学选择的能力,也愿意承担选择后的责任。

二、职业生涯发展理论

职业生涯发展理论主要是指个体职业心理发展的阶段性理论。这种理论认为个体在不同职业发展阶段中,对职业的需求以及追求发展的方向和方式存在着较大的差异,只有充分认识到人在职业生涯发展中不同阶段的特点和规律,才能更好地规划自己的人生。

(一)金斯伯格的职业意识发展阶段理论

美国著名的职业生涯发展理论先驱、职业心理学家金斯伯格通过对人的童年到青少年阶段职业心理发展过程的研究,将个体职业心理的发展划分为幻想期、尝试期和现实期三个阶段。

1. 幻想期(4～11 岁)

这一时期的儿童已逐渐获得了社会角色的直接印象,他们对自己经常看到或接触到的各类职业都感兴趣,并充满了新奇、好玩之感,幻想着自己长大要当什么。特别是他们在早期的游戏中,常常充分地运用各自的职业想象力,扮演他们各自所喜爱的角色。随着年龄的增长,游戏中所喜爱的角色得到初步强化,他们开始在日常服饰搭配和语言行动上对这些角色进行模仿。如果这种模仿得到成人或者伙伴的赞许、肯定,那么他们的这种开始萌芽的职业意识会得到强化。

2. 尝试期(11～17 岁)

11～17 岁是儿童向青少年的过渡时期。随着生理的迅速成长和变化,他们的心理也在快速发展,以其独立意识和价值观念的形成作为显著标志,并开始憧憬自己美好的未来。伴随着知识和能力的增长与增强,特别是获得一些社会生产、生活经验后,他们开始对职业问题进行积极探索,如能够比较客观地审视自己的能力,开始注意社会职业声望、需要等。

3. 现实期(17 岁以后)

17 岁以后是青年向成人过渡和迈进的年龄阶段。个体开始进行社会劳动并实现就业。这一时期的个体能够客观地把自己的职业愿望同自己的主观条件、能力以及社会现实的职业需要密切联系和协调起来,寻找适合自己的职业角色。他们对职业的认识已不再模糊不清,而是形成了明确的、具体的、现实的职业生涯目标。客观性、现实性是这一时期的青年最明显的特点。

(二)舒伯的职业生涯发展阶段理论

舒伯从人的终身发展的角度出发,根据自己"生涯发展形态"的研究结果,并参照布尔赫勒的生命周期理论,提出职业生涯发展阶段理论。该理论对于大学生职业生涯的科学规划有着很大的启示。

1. 生涯发展阶段

舒伯认为职业生涯是一个连续渐进的过程,人的职业生涯发展可以分为成长、探索、建立、维持、衰退等五个阶段。

(1)成长阶段(0～14 岁)。该阶段儿童开始发展自我概念,开始以各种不同的方式表达自己的需要,且经过对现实世界的不断尝试,来修饰自己的角色。这个阶段发展的任务是:发展自我形象,发展对工作世界的正确态度,了解工作的意义。这个阶段包括三个时期:一是幻想期(0～10 岁),以"需要"为主要考虑因素,幻想中的角色扮演很重要;二是兴趣期(11～12 岁),以个人喜好为主要考虑因素;三是能力期(13～14 岁),以"能力"为主要考虑因素,能力逐渐具有重要作用。

（2）探索阶段（15～24 岁）。该阶段的青少年,通过学校活动、社团活动、打零工等机会,对自我能力及角色、职业定位有了初步的认识,因此在进行职业探索时有较大弹性。该阶段的发展任务:使职业偏好具体化、特定化并实现职业偏好。探索阶段属于学习打基础阶段,具体又可以分为三个阶段:试验期（15～17 岁）,综合认识和考虑自己的兴趣、能力与职业社会价值,或者进行专门的职业培训,由一般性的职业选择转为特定目标的选择;过渡期（18～21 岁）,进入就业市场或继续接受培训,更重视现实,并力图实现自我概念;尝试期（22～24 岁）,选定工作领域,开始从事某种职业,对职业发展目标的可行性进行实验。

（3）建立阶段（25～44 岁）。该阶段属于选择、安置阶段。在这一时期,经过早期的探索与尝试后,最终确立和稳定职业,并谋求发展,获得晋升。该阶段的发展任务:个人致力于在适当的职业领域稳定下来,巩固地位,并力求晋升。大部分人在建立阶段处于最具创造力的时期。这一阶段是大多数人职业生涯周期中的核心部分,是整个人生的高产期,一般又可细分为两个时期:尝试期（25～30 岁）,对初次选定的职业不满意,在选择、变换职业,变换次数各不相同,也可能对初选职业较为满意而无变换;稳定期（31～44 岁）,最终确定职业目标,并致力于实现这些目标。

（4）维持阶段（45～64 岁）。该阶段属于升迁和专精阶段。在这一阶段,劳动者一般达到日常所说的“功成名就”目标,已不再考虑变换职业工作,只求维持已取得的成就和社会地位,同时会面对新的人员的挑战。该阶段的发展任务:维持既有的成就和地位。

（5）衰退阶段（65 岁以上）。该阶段属于退休阶段。由于生理及心理功能的日渐衰退,个人的职业角色逐渐减少,个体不得不面对现实从积极参与到隐退。在家庭上投入相当多的时间,休闲者和家长的角色最为突出。该阶段的发展任务:注重发展新的角色,寻求不同方式以替代和满足需求。

从该理论可以看出,大学生正处于职业生涯发展的探索阶段。那么大学生应该利用在校时间,多参加一些社会实践活动,了解和尝试现实社会的多种职业,积累一定的社会工作经验,最终找到适合自身发展的职业。

2. 循环式发展任务

舒伯认为,在各个发展阶段中都要经历成长、探索、确立、维持和衰退这些阶段,这样就形成了一种螺旋循环发展的模式。这种大阶段套小阶段的模型丰富和深化了生涯发展阶段的内涵。

根据循环式发展任务,在大学阶段,大学一年级的新生必须适应新的角色和学习环境,经过“成长”和“探索”,一旦“确立”了较固定的适应模式,同时“维持”了大学学习生活之后,又要开始面对另一个阶段——准备求职。原有的已经适应了的习惯会逐渐“衰退”,继而对新阶段的任务又要经历“成长”“探索”“确立”“维持”与“衰退”,如此周而复始。

3. 生涯彩虹图

20 世纪 80 年代初,为了阐述生涯发展阶段与角色彼此间的相互影响,舒伯创造性地描绘出一个多重角色生涯发展的综合图形——“生涯彩虹图”（图 1-1）,形象地展现了生涯发展的时空关系,更好地诠释了生涯的定义。

在生涯彩虹图中,最外的层面代表横跨一生的"生活广度",又称为"大周期",包括成长阶段、探索阶段、确立阶段、维持阶段和衰退阶段。里面的各层面代表纵观上下的"生活空间",由一组角色职位组成,包括子女(儿童)、学生、休闲者、公民、主妇等主要角色。各种角色之间是相互作用的。彩虹图中的阴影部分表示角色的相互替换、盛衰消长。它除了受到年龄增长和社会对个人发展、任务期待的影响外,往往跟个人在各个角色上所花的时间和感情投入的程度有关。从这个彩虹图的阴影比例中可以看出,成长阶段(0~14岁)最显著的角色是子女;探索阶段(45岁左右)工作者的角色突然中断,又恢复了学生角色,同时公民与休闲者的角色逐渐增加,这正反映了一般所说的"中年危机"的出现,同时暗示这是必须再学习、再调适才有可能处理好职业与家庭生活中所面临的问题。

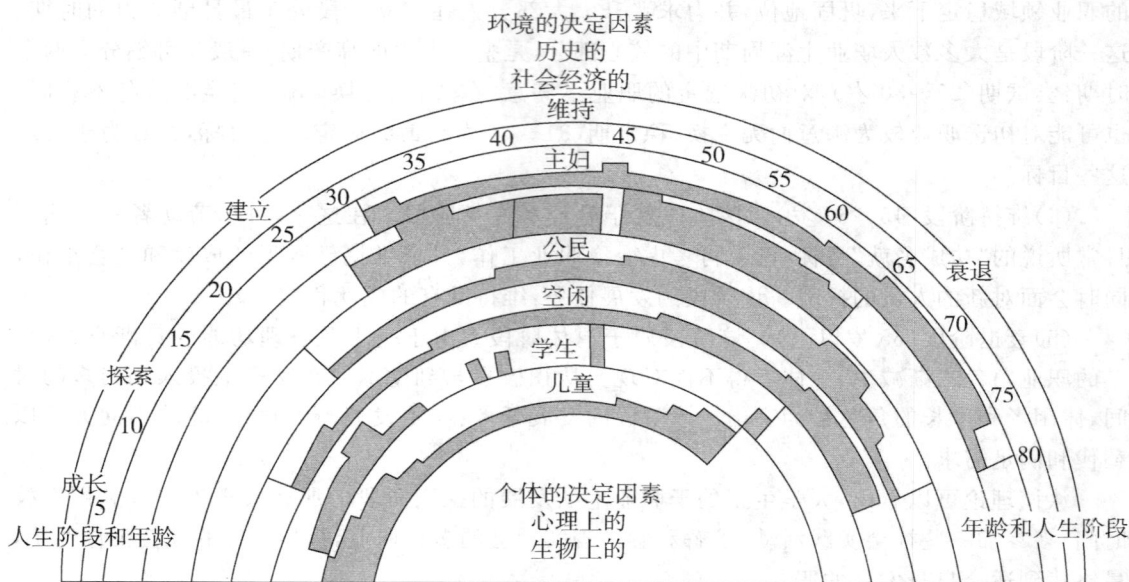

图1-1 生涯彩虹图

(三)施恩的职业生涯发展理论

著名的职业心理学家埃德加·H·施恩根据人的生命周期的特点和不同年龄阶段的人所面临的主要心理、生理、家庭问题及其职业工作的主要任务,将职业生涯分为九个阶段。

1. 成长、幻想、探索阶段(0~21岁)

这一职业发展阶段的主要任务有两个方面:一是发展和发现自己的需要和兴趣,发展和发现自己的能力和才干;二是学习职业方面的知识,寻找现实的角色模式,从测试和咨询中获取丰富信息,发展和发现自己的价值观、动机和抱负,做出合理的教育决策,查找有关职业和培训,开发工作世界中所需要的基本习惯和技能。在这一阶段所充当的角色是学生和职业工作的候选人、申请者。

2. 进入工作世界阶段(16~25岁)

该阶段首先要进入劳动力市场,谋取可能成为一种职业基础的第一项工作;其次,个人和雇主之间达成正式可行的契约,个人成为一个组织或一种职业的成员,充当的角色是应聘者、新学员。

3. 基础培训阶段(16～25 岁)

该阶段主要担当实习生、新手的角色。此时的主要任务:一是了解、熟悉组织,接受组织文化,融入工作群体,尽快取得组织成员资格,成为一名有效的成员;二是适应日常的操作程序,应付工作。

4. 早期职业的正式成员资格阶段(17～30 岁)

获取早期职业的正式成员资格,面临的主要任务有:第一,承担责任,成功地完成与第一次工作分配有关的任务;第二,发展和展示自己的技能和专长,为提升或进入其他领域的横向职业成长打基础;第三,根据自身才干和价值观,根据组织中的机会和约束,重估当初追求的职业,决定是否留在这个组织或职业中,或者在自己的需要、组织约束和机会之间寻找一种更好的配合,还要体会第一次工作中的成功感和失败感。

5. 职业中期阶段(25 岁以上)

这一阶段的主要任务是:选定一项专业或进入管理部门;保持技术竞争力,在自己选择的专业或管理领域内继续学习,力争成为一名专家或职业能手;承担较大责任,确定自己的地位;开发个人的长期职业计划。

6. 职业中期危险阶段(35～45 岁)

这一阶段的主要任务是:现实地估量自己的进步、职业抱负及个人前途;就接受现状或者争取看得见的前途作出具体选择;逐渐成为他人的良师。

7. 职业后期阶段(从 40 岁到退休)

职业后期阶段的任务是:成为一名良师,学会发挥影响,指导、指挥别人,对他人承担责任;扩大、发展、深化技能,或者提高才干,以担负更大范围、更重大的责任;如果求安稳,就此停滞,则要接受和正视自己影响力和挑战能力的下降。

8. 衰退和离职阶段

一般在 40 岁之后到退休期间,不同的人在不同的年龄会衰退或离职。此间主要的职业任务:一是学会接受权力、责任、地位的下降;二是由于竞争力和进取心下降,要学会接受和发展新的角色;三是评估自己的职业生涯,并准备退休。

9. 离开组织或职业退休阶段

在失去工作或组织角色之后,面临两大问题或任务:保持一种认同感,适应角色、生活方式和生活标准的急剧变化;保持一种自我价值观,运用自己积累的经验和智慧,以各种角色,对他人进行"传帮带",回首过去的一生,感到有所实现和满足。

需要指出的是,施恩虽然基本依照年龄增大顺序划分职业发展阶段,但并未囿于此,其阶段划分更多地根据职业状态、任务、职业行为的重要性。而且由于每人经历某一职业阶段的年龄有别,他只给出了大致的年龄跨度,并在职业阶段上所示的年龄有所交叉。

三、职业生涯规划的职业锚理论

职业锚理论产生于在职业生涯规划领域具有"教父"级地位的美国麻省理工大学斯隆商学院、美国著名的职业指导专家埃德加·H·施恩教授领导的专门研究小组,是在对该学院毕业生的职业生涯研究中演绎成的。斯隆管理学院的 44 名 MBA 毕业生自愿形成一个小组接受施恩教授长达 12 年的职业生涯研究,包括面谈、跟踪调查、公司调查、人才测评、问卷等多种方式,最终分析总结出了职业锚(又称职业定位)理论。

施恩教授在 20 世纪 90 年代将职业锚确定为 8 种类型,见表 1-1。

表 1-1　8 种职业锚类型及其特点

类型	特点
技术/职能型	技术/职能型的人追求在技术/职能领域的成长和技能的不断提高,以及应用这种技术/职能的机会。他们对自己的认可来自于他们的专业水平,他们喜欢面对专业领域的挑战。他们通常不喜欢从事一般的管理工作,因为这意味着他们不得不放弃在技术/职能领域的成就
管理型	管理型的人追求并致力于工作晋升,倾心于全面管理,独立负责一个部分,可以跨部门整合其他人的努力成果。他们想去承担整体的责任,并将公司的成功与否看成自己的工作。具体的技术/职能工作仅仅被看作是通向更高、更全面管理层的必经之路
自主/独立型	自主/独立型的人希望随心所欲安排自己的工作方式、工作习惯和生活方式,追求能施展个人能力的工作环境,最大限度地摆脱组织的限制和制约。他们宁愿放弃提升或工作发展机会,也不愿意放弃自由与独立
安全/稳定型	安全/稳定型的人追求工作中的安全与稳定感。他们因为能够预测到稳定的将来而感到放松。他们关心财务安全,如退休金和退休计划。稳定感包括诚实、忠诚以及完成老板交待的工作。尽管有时他们可以达到一个较高的职位,但他们并不关心具体的职位和具体的工作内容
创业型	创业型的人希望用自己能力去创建属于自己的公司或创建完全属于自己的产品(或服务),而且愿意去冒风险,并克服面临的障碍。他们想向世界证明公司是他们靠自己的努力创建的。他们可能正在别人的公司工作,但同时他们在学习并寻找机会。一旦时机成熟了,他们便会走出去创立自己的事业
服务型	服务型的人一直追求他们认可的核心价值,如帮助他人,改善人们的安全,通过新的产品消除疾病等。他们一直追寻这种机会,这意味着即使变换公司,他们也不会接受不允许他们实现这种价值的变动或工作提升

类型	特点
挑战型	挑战型的人喜欢解决看上去无法解决的问题,战胜强硬的对手,克服无法克服的困难障碍等。对他们而言,参加工作或职业的原因是工作允许他们去战胜各种不可能。他们需要新奇、变化和困难,如果事情非常容易马上会使他们变得非常厌烦
生活型	生活型的人希望将生活的各个主要方面整合为一个整体,喜欢平衡个人的、家庭的和职业的需要,因此,生活型的人需要一个能够提供"足够弹性"的工作环境来实现这一目标。他们将成功定义得比职业成功更广泛。相对于具体的工作环境、工作内容,生活型的人更关注自己如何生活、在哪里居住、如何处理家庭事情等

　　锚,是使船只停泊定位用的铁制器具。所谓职业锚,又称职业系留点,实际就是人们选择和发展自己的职业时所围绕的中心,是指当一个人不得不做出选择的时候,他无论如何都不会放弃的职业中的那种至关重要的东西或价值观,是自我意向的一个习得部分。个人进入早期工作情境后,由习得的实际工作经验所决定,与在经验中自省的动机、价值观、才干相符合,达到自我满足和补偿的一种稳定的职业定位。职业锚强调个人能力、动机和价值观三方面的相互作用与整合。职业锚是个人同工作环境互动作用的产物,是在实际工作中是不断调整的。

　　职业锚问卷是国外职业测评运用最广泛、最有效的工具之一。职业锚问卷是一种职业生涯规划咨询、自我了解的工具,能够协助组织或个人进行更理想的职业生涯规划。

活动体验

职业锚自我测试

　　职业锚是个体对自己在成长过程中慢慢形成的态度、价值观与天赋的自我认知,它体现了个体真实的自我,是一个人不得不作出选择的时候,他无论如何都不会放弃的职业中的那种至关重要的东西和价值观。

　　以下各题,请确定最符合你自身情况的选项,并将该选项填写在每道题目右边的括号内。
各选项含义:1. 从不　2. 偶尔　3. 有时　4. 经常　5. 频繁　6. 总是

1. 我希望做我擅长的工作,这样我的内行建议可以不断被采纳。　　　　　　　　（　　）
2. 当我整合并管理其他人的工作时,使我非常有成就感。　　　　　　　　　　（　　）
3. 我希望我的工作能让我用自己的方式,按自己的计划去开展。　　　　　　　（　　）
4. 对我而言,安定与稳定比自由和自主更重要。　　　　　　　　　　　　　　（　　）
5. 我一直在寻找可以让我创立自己事业(公司)的创意(点子)。　　　　　　　（　　）
6. 我认为只有对社会做出真正贡献的职业才算成功的职业。　　　　　　　　　（　　）
7. 在工作中,我希望去解决那些挑战性的问题,并且胜出。　　　　　　　　　（　　）
8. 我宁愿离开公司,也不愿从事需要个人和家庭做出一定牺牲的工作。　　　　（　　）
9. 将我的技术和专业水平发展到一个更具有竞争力的层次是成功职业的必要条件。（　　）

10. 我希望能够管理一个大的公司，我的决策将会影响许多人。　　　　　　（　　）

11. 如果职业允许自由地决定我自己的工作内容、计划、过程时，我会非常满意。　（　　）

12. 如果工作的结果使我丧失了自己在组织中的安全稳定感，我宁愿离开这个工作岗位。
　　　　　　　　　　　　　　　　　　　　　　　　　　　　　　　　　（　　）

13. 对我而言，创办自己的公司比在其他的公司中争取一个高的管理位置更有意义。（　　）

14. 我的职业满足来自于我可以用自己的才能去为他人提供服务。　　　　　　（　　）

15. 我认为职业的成就感来自于克服自己面临的非常有挑战性的困难。　　　　（　　）

16. 我希望我的职业能够兼顾个人、家庭和工作的需要。　　　　　　　　　　（　　）

17. 对我而言，在我喜欢的专业领域内做资深专家比总经理更有吸引力。　　　（　　）

18. 只有在我成为公司的总经理后，我才认为我的职业人生是成功的。　　　　（　　）

19. 成功的职业应该允许我有完全的自主与自由。　　　　　　　　　　　　　（　　）

20. 我愿意在给我安全感、稳定感的公司中工作。　　　　　　　　　　　　　（　　）

21. 当我通过自己的努力或想法完成工作时，我的工作成就感最强。　　　　　（　　）

22. 对我而言，利用自己的才能使这个世界变得更加适合生活或居住，比争取一个高的管理职位更重要。　　　　　　　　　　　　　　　　　　　　　　　　　　　　　（　　）

23. 当我解决了看上去不可能解决的问题，或者在必输无疑的竞赛中胜出时，我会非常有成就感。　　　　　　　　　　　　　　　　　　　　　　　　　　　　　　　　（　　）

24. 我认为只有很好地平衡了个人、家庭、职业三者的关系，生活才能算是成功的。（　　）

25. 我宁愿离开公司，也不愿频繁接受那些不属于我专业领域的工作。　　　　（　　）

26. 对我而言，做一个全面的管理者比在我喜欢的领域内做资深专家更具有吸引力。（　　）

27. 对我而言，用我自己的方式不受约束地完成工作，比安全、稳定更重要。　（　　）

28. 只有当我的收入和工作有保障时，我才会对工作感到满意。　　　　　　　（　　）

29. 在我的职业生涯中，如果我能成功地创造或实现完全属于自己的产品或点子，我会感到非常成功。　　　　　　　　　　　　　　　　　　　　　　　　　　　　　　（　　）

30. 我希望从事对人类和社会真正有贡献的工作。　　　　　　　　　　　　　（　　）

31. 我希望工作中有很多的机会，可以不断挑战我解决问题的能力。　　　　　（　　）

32. 能很好地平衡个人生活和工作，比达到一个很高的管理职位更重要。　　　（　　）

33. 如果工作中经常用到我特别的技巧和才能，我会感到特别满意。　　　　　（　　）

34. 我宁愿离开公司，也不愿意接受让我离开全面管理的工作。　　　　　　　（　　）

35. 我宁愿离开公司，也不愿意接受约束我自由和自主控制权的工作。　　　　（　　）

36. 我希望有一份让我有安全感和稳定感的工作。　　　　　　　　　　　　　（　　）

37. 我梦想着创建属于自己的事业。　　　　　　　　　　　　　　　　　　　（　　）

38. 如果工作限制了我为他人提供帮助或服务，我宁愿离开公司。　　　　　　（　　）

39. 去解决那些几乎无法解决的问题，比获得一个高的管理职位更有意义。　　（　　）

40. 我一直在寻找一份使个人和家庭之间冲突最小化的工作。　　　　　　　　（　　）

打好分，再挑得分最高的 3 个题各加 4 分。请根据以下表累计你的各方向职业锚得分即可，得分最高的就是你的职业锚。

类型	题号					总分	平均分
技术职能型(TH)	1	9	17	25	33		
管理能力型(GM)	2	10	18	26	34		
自主独立型(AU)	3	11	19	27	35		
安全稳定型(SE)	4	12	20	28	36		
创业型(EC)	5	13	21	29	37		
服务型(SV)	6	14	22	30	38		
挑战型(CH)	7	15	23	31	39		
生活型(LS)	8	16	24	32	40		

第二章　大学生活与职业生涯规划

★杨青上大学以后就感到迷茫。已经上大三了,周围的同学似乎都已经有了目标和方向,他却还不知道自己是应该考研还是先工作。

★李珊是师范生,她认为师范生毕业后就应该去做教师,但是又觉得自己性格比较内向,不善于人际交往,不是很适合做教师,想找其他类型的工作。但她觉得自己的专业是地理,认为这个专业找工作很难,而且自己也不想考研。不知道自己究竟该怎么办。

第一节　大学生职业生涯规划概述

一、大学生职业生涯规划的主要内容

大学生职业生涯规划是对大学生个人职业发展道路进行选择和设计的过程,规划的内容和结果应该在规划过程中及规划后形成文字性的方案,以便理顺规划的思路,提供操作指引,随时评估与修正。结合有关专家学者的观点和建议,我们认为,一个完整有效的职业生涯规划文案应该包括以下的八项内容(表 2-1)。

表 2-1　大学生职业生涯规划的主要内容

内容	内容表述及注意事项
标题	包括姓名、规划年限、年龄跨度、起止时间。规划年限不分长短,可以是半年、三年、五年,甚至是二十年,视个人的具体情况而定
目标确定	确立职业方向、阶段目标和总体目标。职业方向即从业方向,是对职业的选择;阶段目标是职业规划中每个时间段的目标;总体目标即当前可预见的最长远目标,也是在特定规划中的终极目标。在确定总体目标时,如果能适当地看得远些,定得高点,则有助于最大限度地激发规划者的潜能

内容	内容表述及注意事项
个人分析结果	包括对自己目前的状况分析和对自己将来的基本展望,同时也包括对自己职业生涯有一定影响的角色建议
社会分析结果	对政治、经济、文化、法律和职业环境等社会外部环境的分析
组织分析结果	主要是对职业、行业与用人单位的分析,包括对用人单位制度、背景、文化、产品或服务、发展领域等的分析
目标分解与目标组合	分析制定、实现目标的主要影响因素,通过目标分解和目标组合的方法做出果断明确的目标选择。目标分解是根据观念、知识、能力、心理素质等方面的差距,将职业生涯中的远大目标分解为有一定时间规定的阶段性分目标;目标组合是将若干阶段性目标按照内在的相互关系组合起来,达成更为有利的可操作目标
实施方案	首先找出自身观念、知识、能力、心理素质等方面与实现目标要求之间的差距,然后制定具体方案逐步缩小差距以实现各阶段目标
评估标准	衡量此规划是否成功的标准,如果在实施过程中,无法达到制定的目标或要求应当如何修正和调整

需要注意的是,文案内容的顺序与规划的步骤不是完全一致的。比如职业生涯规划的第一步就是要进行自我评估,其次是进行外部环境分析,然后才是职业目标的确立;而文案内容的顺序是先写出职业方向和总体目标,然后再写出自我分析和外部环境分析的结果。其实,这并不矛盾,因为文案的形成是建立在按正常步骤进行规划的基础之上的,之所以将职业方向与目标提前,目的是为了阅读上的方便,突出核心主题——规划的目标,并有利于与实施方案进行对照、检查和修订。

二、大学生职业生涯规划的误区

在进行职业生涯规划时,很多大学生容易走入这样或那样的误区,致使自己职业生涯发展受挫,在就业过程中频频失利。因此,大学生应该认清职业生涯规划中可能出现的误区,保障就业过程的顺利进行和最后的成功。

(一)职业生涯规划没有用

有大学生认为,自己尚处于学习阶段,未来有太多的不确定因素,计划没有变化快,所以现在规划自己为时过早,还是稳稳当当地走一步算一步算了。有这种意识的大学生混淆了规划和计划及规划和变化的关系,结果造成学习的无目的性,荒废了宝贵的学习时光。

计划是一种较主观的思考安排,而规划则是将主客观都考虑到的一种思考统筹安排。很多计划更多的是表现为头脑一热就草率确定的主观行为,这可以在众多大学生安排寒暑假的生活中来明确这个区别。一些大学生设定的假期计划落了空,而另外一些大学生的计划得以落实,前者为计划,后者为规划。造成计划落空主要有两方面的原因:一方面反映了计划的不周密,另一方面也暴露了自我管理的不严格,当然还有其他的因素在里面。但如果是规划,那就会在事前把自律性差、环境不具备等因素考虑进去,并制定相应的应急方案。可以说,如果规划制定得不严密就会沦为计划,而缜密的计划就是规划。

因此,进行职业生涯规划,就是要对我们所能做到的事全力以赴,机会总是青睐那些有准备的人。对于生命中一些个人无法掌握的因素,应以一颗平常心冷静地应对。

(二)职业生涯规划是大四的事

这是很多刚上大学的新生所抱定的观念。的确,大学生的职业生涯是在大四毕业后才开始的,在大一时确实不用开始找工作。但是,从严格意义来说,大一开始的生活就是学业规划。学业规划是要在实际的专业学习和探索中选择自己最喜欢最适合的专业来学习,并且在大学期间最大限度地选择并精通一门自己最喜欢最擅长的一个细分领域。学业规划所选定的专业不一定是自己所学的专业,因为很多学生在高考报专业时的轻率和盲目导致了上大学后专业与兴趣的巨大错位,这个错位只能由上大学后的大一、大二阶段来纠正和弥补。

大学阶段本是一体的,无论怎么划分,怎么安排,其核心的、最后的目标还是实现就业,让学生找到适合自己的职业。让我们换个方式来说这个问题,如果以大学为半径,以职业为圆心,那么,在职业这个圆上,大一和大四就是一样近的,两者对职业的影响也是一样的。因此,职业生涯规划不仅仅是大四时才要面临的问题,而是整个大学阶段都要面临的。所以,我们认为,大学生应该从大一开始花时间进一步了解自我,探索职业和社会,设计自己的职业生涯,为将来走向社会、走进职场做好准备。

(三)过分依赖他人

在职业生涯规划过程中,也有部分大学生过分依赖他人,不能自己独立把握自己的命运。在关系到自己未来发展的问题上不能自己做主,总希望有人能替他作出最后的选择。要知道,职业生涯规划的最大特征就是个性化,个人职业生涯规划必须由自己主导。毕竟每个人的成长环境、家庭经济条件、父母的社会地位、文化背景、个性类型、价值观、能力、职业生涯目标、父母的期望、对成功的评估标准等都不尽相同,所以,不同的人对自己的职业生涯规划也尽不相同。无论是老师、父母或朋友都无法替代,只能由自己根据实际情况来客观地进行规划。

(四)只考虑个人兴趣和爱好

一个好的职业生涯规划要针对社会需要、专业特长、兴趣和能力等方面综合考虑。选择职业是一种社会活动,必然受到一定的社会因素制约,任何人选择职业的自由都是相对的、有条件的,如果择业脱离社会需要,就很难为社会所接纳。

另外,每个大学生都经过一定的专业训练,具有某一方面的专业知识,这是每个人的优势。大学生都有自己的专业,每个专业都有一定的培养方向和目标,这应该成为大学生职业生涯规划的依据。根据自己的兴趣、爱好和特长进行职业生涯规划,在未来的职业工作中,能够体会到更多的乐趣,而不是把职业工作仅视为谋生的手段和负担。

（五）遭遇挫折就轻易放弃

很多大学生在就业过程中会遇到很多挫折和磨难，以至于使他们坚信成功者是由于有好的机会而不是自身的能力和付出的努力，轻易地放弃。他们被动地等待命运的安排，不去主动地计划经营和努力把握自己的生活。大学生在寻找工作的过程中，会遇到各种各样的问题。如果能够提前意识到一些可能遇到的问题，将有助于大学生更好地处理问题。不要让遭遇的拒绝和挫折打垮自己的信心，也许下一次努力、下一个面试就是自己期待的新工作的起点。能带给人成功的往往是努力，而不单单是运气。如果能成功地化问题为经验，再坚持下去，成功也许就离得不远了。

（六）自我期望值太高

很多大学生自我期望值过高，在进行职业生涯规划时不切实际，他们相信"不想当将军的士兵不是好士兵"这句话。其实，现实生活中的情况是，将军的位置很少，如果大家的目标都是当将军，那么这种主观愿望与客观条件产生的差距，会使人在执行计划时遭遇许多挫折。因此，判定职业前程时，要从实际出发，切实可行。

（七）过分地否定自己

在进行职业生涯规划时，每个人都要进行自我评估，目的是要找出自己的优势和不足。不幸的是，许多人在评估自己的过程中，看不到自己的优势所在，随之而来是对自己的过分否定，认为自己一无是处。过分地否定自己，容易让自己失去信心，而缺乏自信的人，其事业是难以成功的。

（八）急功近利、见异思迁

由于近年来就业压力越来越大，很多大学生一进大学就准备考研，所以在校与放假期间大部分时间都在学习，很少考虑工作的事情，社会活动也不想参加，怕影响学习；部分学生不根据自己的实际情况盲目地考证或参加培训；更有见异思迁者，一看到社会某种职业收入高就想从事该职业，看到别种职业收入高就又想从事那种职业，把自己的规划抛到脑后。

职业生涯规划是人生的驱动力，是理想的灯塔。有了这个设计，目标就不会茫然，奋斗就不会盲目，方向就不会偏离；职业生涯规划是实现职业理想，通往职业成功之路的重要桥梁。离开了职业生涯规划，再美好的职业理想也是空想，无法引导你走向成功的彼岸。

对大学生而言，如果在大学期间没有进行职业生涯的规划与实施，大学生活就会因此而被动、盲目，因此缺乏动力和激情，从而导致南辕北辙或虚度光阴，并必将贻误未来前途，以致对其一生造成无可估量的损失！因此，职业生涯设计是摆在当今每一位大学生面前的一个极其重要的、严肃的而且是不可回避的一个人生课题、一门必修课程。

三、影响大学生职业生涯规划的因素

人一生的职业历程、成就有种不同的可能，影响职业生涯的有个人素质、心理等主观方面的因素,也有社会环境、机遇等客观环境的因素和职业因素。因此,在进行职业生涯规划时,要考虑影响自己职业生涯的任何可能的因素。对于还没有进入职业状态的大学生来说,进行职业生涯规划具有较大的不确定性,因此,更应该对以下因素加以认真考虑和分析。

(一)主观因素

主观方面的因素又称内因,是指大学生所持的观念和态度、自身的气质和所具有的条件等方面的因素。影响大学生职业生涯规划的个人因素有很多,主要是价值观、性格、个人素质等因素。

1. 价值观因素

一个人的职业价值观具有很强的导向作用,在人们选择的过程中起着评价标准的作用,在人们的活动中起着支配和控制的作用。只有树立有益于社会、有益于人民的正确的人生价值观,才能确立正确的职业价值观,也才能够进一步做出正确的选择,否则,很有可能会误入歧途,在个人努力奋斗的过程中就得不到社会和他人的支持,注定会以失败告终。

2. 性格因素

有人说"性格决定命运",这句话是有一定道理的。美国心理学家霍兰德经过十几年跨国研究,提出了职业人格理论。他认为人的性格大致可以划分为六种类型,这六种类型分别与六类职业一一对应,如果一个人具有一种性格类型,便易于对这一类职业产生兴趣,从而也适合于从事这种职业,这就是著名的六角型理论。

3. 个人素质因素

大学生自身的素质对职业选择起着非常关键的作用。自身的素质主要是指大学生的政治思想道德、知识结构水平、能力素质和身心素质。一个人自身的素质水平,从根本上决定着个人的就业状况及职业岗位的层次水平。一般地说,自身素质高,可挑选的职业种类范围就广,机会就多,就业就顺利。

(二)客观因素

客观方面的因素,一般是指大学生自身所处的外界环境方面的因素,主要包括客观环境因素和职业因素。

1. 环境因素

影响大学生职业生涯规划的客观环境因素主要包括社会环境因素、经济环境因素、组织环境因素和家庭环境因素。

(1)社会环境因素

人脱离不了社会,因此,对社会环境因素进行了解和分析,也是职业生涯规划的重要内容之一。通过对社会环境的分析,使自己了解国家政治和经济发展趋势,了解所选职业在未来社会环境中的地位,以及是否符合未来社会发展的趋势。

（2）经济环境因素

经济环境分析主要包括：经济模式变化、经营环境变迁、经济国际化、经济增长率、经济景气度、经济建设速度等。分析的重点是经济环境变化对人才需求以及素质与能力提出的要求和挑战。

经济环境对大学生的职业生涯发展有一定的影响，诸如经济增长率、经济景气度、经济建设的重点转移等。当经济振兴时，百业待举，新的行业不断出现，新的组织不断产生，机构增加，编制扩容，为大学生的就业及晋升创造了条件。反之，就会带来不利条件。特别是经济模式的变化对大学生的影响更大。比如，由过去的计划经济转为市场经济，加上知识经济社会的到来，无疑给人的生活方式带来巨大的变化，这就对大学生的素质发展提出更高的要求。

此外，国际化经营，经营贸易国界的消失，对大学生的素质提出了更高的要求。它要求经营人才不但精通专业技术与经营知识，还要精通外语、熟悉国际贸易法以及异国他乡的风俗习惯等。

（3）组织环境因素

组织环境因素主要包括一个企业的文化、管理制度和领导者的素质和价值观。企业文化决定了一个企业如何看待员工，所以，员工的职业生涯，是受企业文化制约的；员工的职业发展，归根到底要靠管理制度来保障，包括合理的培训制度、晋升制度、考核制度、奖惩制度等；一个企业的文化和管理风格与其领导者的素质和价值观有直接的关系，企业经营哲学往往就是企业家的经营哲学。如果企业领导者不重视员工的职业发展，这个企业的员工也就没有希望了。

（4）家庭环境因素

家庭是每个人人生的第一课堂。它是造就人的素质以致影响人的职业生涯的主要因素之一。人从幼年起，就会受到家庭的深刻和潜移默化的影响，导致其形成一定的价值观和行为模式。有的人还从家庭中自觉地获得某些职业知识或技能。一般而言，家庭对大学生职业生涯规划的影响因素有：家庭成员的社会关系；家庭成员对就业的态度和发展方向；家庭经济状况；所受的家庭教育；受家庭成员职业观影响的程度；家庭成员的工作性质和地位；家庭成员从事的职业类型等。其中，家庭经济状况、家庭教育、家庭职业观念对大学生生涯规划影响较为明显。另外，家庭成员往往会对在择业或就业的流动中的人给予一定的干预和影响，这也会对人的职业生涯规划产生很大的影响。

2. 职业因素

（1）职业岗位的数量

职业岗位的数量直接影响着大学生的职业生涯规划。一个国家或地区为求职者提供的职业岗位数量，从根本上取决于国家经济形势和区域经济发展的速度和水平，取决于技术设备的现代化水平。一般地讲，经济形势越好，经济发展越迅速，所提供的就业岗位就越多，反之，经济发展落后或停滞，就难于为人们提供更多的可供选择的就业岗位。

改革开放以来，随着经济的发展，我国在解决就业方面取得了瞩目的成绩，城镇安置就业人数一直在增加，但仍然不能缓解巨大的就业压力。我国的就业压力来自多方面的原因，特别是我国人口基数大,劳动力增长速度快。劳动力供给总体上供大于求,再加之结构性原因、技术性原因和体制性原因,进一步加大了就业压力。

由于每年新增就业人员和国有企业、政府机关事业单位下岗裁员等因素,就业形势十分严峻。严峻的就业形势对大学生就业提出了挑战,同时我国经济形势的发展也给大学生就业带来了机遇。

首先,加入世贸组织会带来职业岗位种类和数量的增加。自我国加入 WTO 后,经济逐步与世界经济形成一体化,一些产品陆续加入世界竞争,对产品质量、产业结构提出了更高的要求,职业岗位也随之对劳动者的素质和技术提出了更高的要求。同时,随着对外贸易活动的频繁,境外业务往来增多,劳务输出、境外就业的数量将会大大增加。

其次,西部大开发战略的实施将吸引更多的人才。我国西部地域宽广、资源丰富、人口密度相对较小、技术力量缺乏,西部大开发战略的实施,为有志于在西部一展宏图的青年提供了广阔的事业天地。

最后,由科技发展引起的产业结构调整将为大学生提供更多的职业岗位。随着科学技术的迅速发展,我国产业结构将进一步调整,第三产业发展加快,与之相应的社会服务行业也会相继出现一系列新兴职业。随着知识经济的到来,计算机软件编程、操作、维修及信息管理和信息咨询等新技术也会扩大和增加。这些都将为大学生提供更多的职业岗位。

(2)职业地位和职业声望

职业地位和职业声望也是影响大学生职业生涯规划的一个重要因素。职业地位就是指职业在社会、在职业体系中的位置;职业声望是指某种职业在人们心目中的声誉和地位。因此,职业声望是人们的一种主观感受。职业地位与职业声望是密切相关的,一般认为职业地位与职业声望是一致的,职业地位高,职业声望也相应高。但有时两者又不是一致的,有时职业虽然有较高的声望,但实际社会地位并不高,而有的实际有较高的社会地位,但社会声望并不高。因此,大学生在进行职业生涯规划时对择业单位的社会地位和社会声望要做具体分析,不切实际的期望值不要过高,否则就会影响就业。

四、大学生职业生涯规划中常见的问题

梳理近年来当代大学生在职业生涯规划方面存在的问题,具体表现为以下四点。

(一)职业生涯规划意识淡薄

目前,当代大学生已经开始接触职业生涯规划理论,并有了学业与职业发展的初步思考,但是在应用上缺乏自我规划的紧迫感,不能针对自身的具体情况及时制定科学合理的职业规划,往往在临近大学毕业时才想起职业规划,在制定职业生涯规划时也缺乏竞争意识,不能从自身实际情况和社会需求出发确定职业发展方向,导致制定的职业生涯规划缺乏竞争性、科学性和针对性,影响了大学生职业生涯规划的实际效果。

另外,大学生学业规划的状况也不容乐观。不少同学在高中阶段将考上大学作为自己唯一的奋斗目标,填报志愿时很少考虑自己的兴趣、爱好和特长,进入大学后,部分大学生还陶醉在高考胜利的喜悦之中,理想、目标弱化,大学生活少有学业规划,这种没有目标的学习将导致

今后的平庸,给自身未来的发展留下深深的遗憾。随着高等教育大众化进程的推进,人才市场供求矛盾也呈现出一些新的特点,基层就业、中小企业就业需求增大,新兴行业不断涌现,如果大学生在大学阶段不重视职场经验的积累,就业定位不准,片面地认为只要毕业就一定能找到工作。临近毕业时才开始认识职场,毕业后才开始积累经验,就会由于职业能力偏弱,陷于半就业半失业的状态之中。根据全球职业规划师(GCDF)中国项目组 2006 年全国首届职业生涯规划的调查显示,有 92% 的大学生感觉择业方向不明确或有就业困惑,有 30% 的大学生在大一时就有择业困惑,而有职业生涯规划的大学生则不到 20%。这说明,大学生亟需增强职业生涯规划意识。

(二)职业生涯规划理想化

大学生职业生涯规划理想化源于其就业定位不准以及攀比心理。在高等教育大众化的背景下,许多大学生还持有计划经济时代的就业观念,其职业生涯规划还集中在"三大"(大城市、大企业、大机关)和"三高"(高收入、高福利、高地位)行业,但现实是国有大型企业用人计划偏向研究生,而且竞争激烈,国家机关已原则上不直接接收应届毕业生,而转向从基层选拔人才。大城市人才济济,中高端岗位用人计划越来越少,低端就业岗位对研究生、本科生、专科学生又缺乏吸引力。理想与现实的错位给大学生就业也造成了一定的困难。

这种理想化还表现在制定职业规划时"齐头并进,什么都不想放过"的想法。有些学生"脚踏多只船",为自己准备了多条发展路径,彼此之间缺乏内在联系,发展方向分散,路径模糊不清,这势必会影响择业与就业。例如有的大学生在制定的职业生涯规划中做了一个大而全的方案,既选择了考公务员,又准备考研;既想做营销,又想当老师;既想出国,又想进国有企业。有的大学生还设计了多重职业生涯方案。像这样什么都想学,花费很大精力,却抓不住重点,其结果必然是什么都学不好,什么都学不精。

还有少部分的职业生涯规划既未选择适合的测评工具进行测评分析,又不结合当前的社会现实和自身条件进行综合分析,完全凭空想象,胡编乱造,缺乏科学性和可行性,如此规划只是几页废纸。有远大理想的职业规划固然是好的,但一味追求速成,眼高手低,其结果是达不到预定的目标,也浪费时间和精力。大学生最重要的是有上进心和从基层做起的心态,不断积累经验、丰富才干。而职业生涯规划只有切合自身实际,才能促进自身职业发展,实现自己的理想和价值。

(三)认识不清导致职业定位不准

大学生自我认识不清是职业生涯规划不准的重要原因,因此,要做好职业生涯规划,首先要从认识自我开始。有效地进行人生定位,选择适合自己的发展路径是当代大学生职业生涯规划的必经之路。然而,客观、真实、准确地认识自己是不容易的,我们对自我的认识要么评价过高,充满理想化,要么评价过低,悲观失望,缺乏前进的动力。有的同学对自己的认识仅仅停留在个人的兴趣、爱好、特长、性格等显性的品质上,而对自我的世界观、意志力、吃苦精神、进取心等潜在的品质缺乏重视。职业与兴趣、专业、特长相统一不是通过渴望和想象就能做到的,而是要将一个人的职业价值取向、性格特征、意志品质与自己的专业有机结合,在学习与实践中逐步产生兴趣,增长能力,从而增加对职业的认同感。大学生的专业知识对未来职场的影响是一个宽泛、基础的概念,而不是一一的对应关系。在本科教育阶段,国家培养的是宽口径、厚基础、综合素质较高的人才,因此大学生要避免陷入类似"学了金融就要进银行"是认识误区。

(四)职业生涯规划过程管理不到位

大学生职业生涯规划是一个不断发展变化的动态过程,每一个阶段对职业的认识、理解乃至职业终极目标的视线都会有不同,随着自身的成长,需要循序渐进地调整个人职业生涯规划。

职业生涯规划的过程管理不到位主要体现在:其一,它未能与大学阶段学业规划紧密结合。部分大学生凭"感觉"、随"潮流"规划职业目标,与大学生活、学习目标脱节,职业目标成为空想,也无学习的动力。其二,部分大学生对社会实践的认识不够清晰。例如一些大学生为了增加"职业经验",选择诸如发传单、家教、送水、促销等兼职;还有一些大学生盲目选择考证来增加择业"分量",认为证书就能代表能力,整天穿梭于导游证、驾驶证、律师证、教师证、会计证等各种考证班中乐此不疲。然而这些社会实践缺乏围绕职业定向的方向性,结果耗费大量的时间和精力,收效却不太大。其三,缺乏过程管理反馈机制。任何事物都是不断运动发展变化的,大学生也正处在对自身世界和外在世界的认识、评价、借鉴、内化、深化从而指导实践的过程之中,初入大学制定的职业规划、时间路径与实际情况会产生偏差,需要自身及时自我控制、自我修正方可实现。

第二节　大学生职业生涯规划的原则与步骤

一、大学生职业生涯规划的原则

(一)职业规划的要素

大学生的职业规划属于个人职业规划的范畴,因而具有明显的个性化特征,不同的人由于具有不同的个性特征,其职业规划的侧重点会有所不同,所要考虑的要素也就不同。但每个人在制定自己的职业规划时还是有共同规律可循的。其中,影响职业规划时的一些决定性要素是每个做职业规划的人必须要考虑的。我国知名职业规划专家罗双平曾用一个精辟的公式总结出职业规划的三大要素:

职业规划＝知己＋知彼＋抉择

"知己"是对自身条件的充分认识和全面了解,包括气质、性格、兴趣、特长、智商(IQ,一个人的知识和能力)、情商(EQ,一个人控制和管理感情和情绪的能力)、价值观等;"知彼"是在对自己的职业发展有关的外部环境的探索和相关信息的有效掌握,包括组织环境、组织发展战略、人力资源需求、晋升发展机会、政治环境、社会环境、经济环境等;"抉择"是在知己知彼的基础上,再来确定既是自己有浓厚兴趣的、能充分发挥自己专长的,又是符合现实,与组织环境、社会环境相适应的职业目标,从而做到择己所长、择世所需,并达到效益最大的效果。

只有做到充分认识自我、了解自我,熟悉职业环境状况及其对人才的需求情况,才能做出正确的选择。

每个人都渴望事业的成功,但如果一味地好高骛远,反而会适得其反,因此,在制定个人职业规划时既要有挑战性,又要避免目标脱离实际而没有可行性,同时还应注意适时调整。

(二)大学生职业生涯规划的原则

职业生涯规划需要遵循以下几条原则。

1. 利益结合原则

利益结合原则即个人发展、企业发展和社会发展相结合的原则。没有这三者利益的结合,就不会有职业生涯的成功。在进行职业生涯规划时,要寻求社会、企业和个人的利益结合点。从个人全面发展的宗旨来看,利益结合是方法,主要用来更好地处理个人与企业、社会之间的关系,寻找个人发展与企业发展的结合点。

职业生涯规划是对人一生的职业生活进行的安排,是面向未来的生活设计,而不是对当前的生活计划。一个好的职业规划,一定要有长远眼光,能够考虑到 5 年、10 年,甚至更久以后可能发生的个人、家庭及社会的发展变化。因此,注重利益结合原则,应该是贯穿于职业生涯规划中的一条重要原则,也就是说,职业生涯规划虽然要以现实条件为依据,但也不要被眼前的某些现象所迷惑。无论对自己还是对社会,都要把眼光放得远一点儿,少一点眼前的个人利益,多一点长远希望,立足于既可挖掘自己的潜力和潜能,又能有利于企业和社会的可持续发展。在这样的心境和视野下,人就会具有激情、职业素质和灵性,制定出的职业生涯发展方向、目标、策略和办法,也会具有挑战性。

2. 全程性原则

全程性原则也称系统性原则。即对职业生涯发展的整个历程作全程考虑,同时将职业生涯计划实施当成一个系统工程,并纳入到个人的发展战略之中,涵盖了个人一生的职业生活内容。也就是说,拟定生涯规划时必须考虑到自身职业生涯发展的整个历程,从系统和整体的角度全盘谋划,避免顾此失彼或相互脱节。因为人生的各个发展阶段是持续连贯地衔接下来的。因此,在制定职业生涯规划的时候,必须考虑到职业生涯发展的整个历程,作全程的考虑,而不仅仅是对某一阶段的安排。

个人要充分了解职业生涯发展阶段理论,掌握职业生涯发展的一般规律和特点,然后根据自身的分析判断,制定不同时期的职业生涯规划,设定不同阶段的发展目标、任务要求和实施方法。各个具体规划与人生的总规划要保持一致,不能左右不定,浪费各发展阶段的人力资本积累。

3. 发展性原则

发展性原则是指在制定和采取职业生涯的具体实施措施时,要充分考虑变化与发展性因素,如目标或措施是否能根据环境及组织、个体的变化发展性因素而做调整,以及调整的幅度及范围等。在进行职业生涯规划时,要考虑到所选择的职业方向是否有利于自己的个人发展和职业前途。工作本身应该有两个基本目的:一是通过个人劳动来赚钱满足自己和家人的生存需要;二是通过工作实现自己的价值,获得个人发展。随着人们生活水平的不断提高,现在人们越来越重视工作的第二个目的。大学生在择业时,一定要遵循发展性原则,排除社会时尚、从众心理、利益因素等干扰。这就要求规划目标与措施要具有一定的挑战性,不能只满足于仅保持其原来状况,要以发展的眼光去看待职业,看目标能否实现人—职匹配,能否促进职业的发展。这样,在完成规划目标时只要付出一定努力,实现目标后就会感受到较大的成就感。

同时,成才的过程,就是人的职业发展的过程。因此,在确定职业目标时,首先考虑的不应该是大城市、高收入、工作条件优越等因素,而应该看能否实现人—职匹配,能否促进职业的发展。确定职业目标时如果能充分认识职业的社会意义,以发展的眼光去看待职业,去从事适合于自己特长的职业,虽然暂时声望不高或收入较低,但毕竟为成才创造了有利的条件:人—职匹配,能充分发挥素质优势;追求者不多,能获得更多的发展机会;暂时的逆境,能锻炼出优秀的职业素质。

4. 阶段性原则

阶段性原则主要是指在进行职业生涯规划时,要充分考虑从组织和个体所处的不同发展阶段,并有目的、有步骤、有计划地调整和安排各个不同阶段的职业生涯规划。

制定规划是为了执行规划。因此,大学生在进行职业生涯规划时必须避免烦琐主义的"科学性",讲求简便易行的实用性,要把职业生涯规划视为每个人都能做和都应该做的人生功课。为此,制定规划时要力求简便、简单,采用抓住要点、不记其余的办法,最好用条文表述和图表示意的形式,便于自己一目了然,而不必长篇大论。但也一定要明确具体,一个好的职业规划,应该是目标明确而且具体。目标的明确和具体要求制定的目标应该有一些可以量化或评估的指标,比如时间限制、职位的提升和发展、薪水的提升、培训的计划等。

当然,人生所处的阶段不同,其生活的主要内容和奋斗目标也会有很大的差异。一般职业生涯发展规划的阶段主要划分为短期、中期和长期三种模式。短期规划一般为 3 年左右,这种规划主要是确定近期目标和明确其间需要完成的较为具体的任务;中期规划大多为 5 年左右,这种规划的重点是要规划出 3 至 5 年内的职业生涯的目标与任务以及具体实施途径;长期规划则为 5 至 10 年甚至更长,这种规划的重点是要理清人生的总体发展方向和趋势,对较长远的目标进行概括性的认识和把握,勾勒个人职业发展的大致轮廓。

5. 客观性原则

一般来说,职业生涯规划是个人设计完成的,难免带有主观色彩。但是,个人必须明白,这份规划不是给别人看的,而是给自己用的,因此必须为自己的未来负责,不可以敷衍了事,而应该力求客观。

一个好的职业生涯规划,应该是一个考虑了现实环境和个人条件的限制,且切实可行的规划。脱离实际或难以实现的规划都是不可取的。客观性原则,就是要求个人在自我评估时,对自己的智商、情商、专业特长、个性特点以及优缺点,要实事求是地评价,做到切实可行。不要隐瞒事实,也不要歪曲,使评估结果尽可能地接近真实的自我。同时,也要客观地评估所处的职业环境因素,比如家庭、健康、经济条件、文化等,正视职业现实矛盾和矛盾所孕育的发展机会,使评价结果建立在事实的基础上,而不是根据自己的好恶下结论。只有这样,职业生涯规划才符合实际,在以后的职业选择以及职业生活中发挥应有的作用。

6. 可评量原则

职业规划是预测未来的职业行动、确定将来的目标,各项主要行动何时实施、何时完成,应有明确的时间限制或标准,以便评量、检查,使自己随时掌握执行状况,并为规划提供参考的依据。

很多事实表明,一个明智的判断可能成就一生,一个愚蠢的判断可能毁掉一生,这种考验在做职业生涯规划时就出现了。所以,职业生涯规划要强调可评量的原则。个人可以借助现代预测工具,对自身和社会的一些发展趋势进行科学预测,以此作为判断依据,可能会减少一些重大失误。比如,在有多种职业发展路线的情况下,是选择社会上热门职业为个人目标,还是选择新兴的冷门职业为个人目标;是选择挣钱多、进修机会少的职业岗位,还是选择待遇低、发展机会多的职业岗位。在诸如此类决定取舍的关头,就需要根据可评量原则用前瞻性的思维做判断。

此外,进行职业生涯规划时还要遵循挑战性原则(目标或措施宜具有挑战性)、变动性原则(目标或措施具有弹性和缓冲性,随着环境的变化而做调整)、一致性原则(主要目标和分目标、目标与措施、个人目标与组织发展目标要一致)、激励性原则(目标要符合自己的性格、兴趣和特长,能对自己产生内在的激励作用)。

二、大学生职业生涯规划的基本步骤

大学生要做好职业生涯规划就必须按照职业生涯规划的流程认真做好每一个环节。一个完整的、科学的、翔实的职业生涯规划应该包括环境分析、自我评估、确立目标、制定行动规划以及评估与反馈五个基本环节,也就是说职业生涯规划的实施分为五个步骤。

(一)环境分析

很多人都认为自我评估应该是职业生涯规划的第一步,但是我们认为,自我评估是要在一定的环境分析基础上进行的。因为环境因素不仅影响到个人职业生涯的发展,还会影响到我们生活的各个方面。所以,职业生涯规划要充分认识与了解相关的环境,评估环境因素对自己职业生涯发展的影响,分析环境条件的特点、发展变化情况,把握环境因素的优势与限制,了解本专业、本行业的地位、形势以及发展趋势。

(二)自我评估

自我评估是指对自身的内在条件作出全面正确的认识和评估,它是个人职业生涯规划的基础,也是能否获得可行规划方案的前提。要审视自己、认识自己、了解自己,做好自我评估,包括自己的兴趣、特长、性格、学识、技能、智商、情商、思维方式等。即要弄清我想干什么、我能干什么、我应该干什么、在众多的职业面前我会选择什么等问题。根据家长、老师和同学们的评价，借助于职业兴趣测验和性格测验，发现自己是一个较为外向开朗的人还是内向稳重的人，并对哪些问题较为感兴趣，如经济问题还是管理问题；或擅长哪些技能如分析，对数字敏感，语言表达能力等。也可分析出自己的一些弱点，比如说："一般而言，在校期间从未参加过社会实践的大学生的抗压力能力、合作能力较弱，考虑问题深度不够，文字表达能力不佳。"

"知人为聪，知己为明，知人不易，知己更难。"这说明了解自己很困难，但是了解自己却很重要。大学生在求职择业的过程中，要清楚了解自己的才能，才能找到最适合自己的工作，才能在工作岗位上发挥自己的最大优势，正所谓"知己知彼"，方能"百战不殆"，所以"知己"很关键，它是职业规划的基本要素之一。只有从自身实际出发，给自己一个明确的定位，才能展现自己的与众不同，赢得竞争优势和用人单位的认可。因此，作为大学生，需要对自己的成长历程进行系统总结和分析，借以了解自己的个性和个人素养。可以说，对自我及环境了解得越透彻，越能做好职业生涯规划设计。反之，如果忽视了自我评估，职业生涯规划就很容易中途夭折。

(三)确立目标

确立目标是制定职业生涯规划的关键，通常目标有短期目标、中期目标、长期目标和人生目标之分。长远目标需要个人经过长期艰苦努力、不懈奋斗才有可能实现，确立长远目标时要立足现实、慎重选择、全面考虑，使之既有现实性又有前瞻性。短期目标更具体，对人的影响也更直接，也是长远目标的组成部分。

通常所说的职业理想是指人们对未来职业表现出来的一种强烈的追求和向往，是人们对未来职业生活的构想和规划，是指可预想到的，有一定实现可能的最长远的目标。职业目标的确定，是个人理想的具体化和可操作化。职业理想形成后，每个人都会确立明确的职业方向，职业方向直接决定着一个人的职业发展。因此，大学生应尽快确定自己的职业目标，尽早思考打算成为哪方面的人才，打算在哪个领域成才等问题。对这些问题的不同答案，不仅会影响个人的职业目标的确定，也会影响个人成功的机会。

(四)制定行动规划

在确定了职业生涯目标后，行动便成了关键的环节。没有行动，职业目标只能是一种梦想难以实现，也就谈不上事业的成功。因此，要制定实现职业生涯目标的行动策略，要有具体的行为措施来保证。那么，要制定周详的行动规划，更要注意去落实这一行动规划。因此，在行动计划的指引下，个人要锲而不舍地为实现目标而努力，全力以赴地为实现目标而奋斗。因为目标的实现过程是没有平坦的大道可走的，只有不畏艰辛和劳苦、矢志不渝、不懈追求的人才能达到光辉的顶点。

(五)评估与反馈

在人生的发展阶段，由于社会环境的巨大变化和一些不确定因素的存在，会使我们发现原来制定的职业生涯目标与规划有所偏差，这时需要将整个职业生涯规划在实施中去检验，看效果如何，及时诊断生涯规划各个环节出现的问题，找出相应对策，对规划进行调整与完善，从而保证我们的追日之途顺利持续下去，并最终实现最高人生理想。

大学生在学习、实践的过程中,应该有意识地不断对自己进行评估和总结。这里分为两个方面:一方面是通过评估总结较长时间(通常指 1~2 年)的学习,检验自己的自我评估和环境分析是否恰当,人生长期的目标设定是否合适;另一方面是要检验自己的计划和行动方案是否合理到位及是否可行。

综合评价的目的是进一步加强自我认识、自我了解,并且能较为准确地进行自我剖析,以明确自身优势,发现自身不足,调整职业发展目标。从这个意义上说,反馈评估的确是一个再认识、再发现的过程。

课堂延伸
KETANGYANSHEN

我的生涯档案记录

一、活动目的:

回顾自己的过去并展望未来,对职业生涯进行初步认识。

二、活动内容:

1. 回忆过去发生过哪些重大的事情? 这些事情对你产生过什么影响?

2. 想象你未来将扮演哪些角色,并且说一说这些角色和过去所扮演的角色有何不同? 你打算如何扮演这些角色?

3. 找出你未来扮演角色中的职业角色,这些职业角色对其他角色会有什么影响? 谈一谈你的看法。

三、活动版块:

1. 我的奋斗历程。

过去的角色:

现在的角色:

2. 生命的轨迹:请用简单的线条画出自己的生命轨迹,注明时间(年龄)、角色和重要事件。

时间(年龄):

角色:

重要事件:

3. 我的人生蓝图。

未来可能的角色:

打算如何扮演这些角色:

认识过去是为了展望未来,过去的经历可以帮助人们成长,看清未来的方向,理性地进行选择和规划未来人生。这是一份真正属于你自己的生涯档案记录,帮你想想以前的自己,看看大学期间里你有什么感想,也帮你规划未来。现在,就请你动动笔、动动脑吧!

第三节　大学生职业生涯规划常用的方法

大学生职业生涯规划的方法有 SWOT 分析方法、5 WHAT 法、大学生涯愿景模型法等,具体内容如下,其中SWOT分析方法请见本书第六章第四节。

一、5"WHAT"法

进入大学后,许多同学开始思考"我是一个什么样的人""毕业后的职业道路在何方""如何才能找到满意的工作""我能做什么"等一系列问题。这说明,同学们已经开始有了职业意识,并已开始思考自身的职业发展问题。通过不断地询问自己,客观地回答自己提出的问题,并将其归纳整理出来,就能形成一份科学的职业生涯规划。

许多职业咨询机构和心理学专家进行职业咨询和职业生涯规划时,常常采用的一种方法就是5"What"法,它是一种归零思考的模式:从问自己是谁开始,一路问下去,共有五个问题。通常人们回答了这五个问题,找到它们的最高共同点,职业生涯规划也就完成了。5"What"法的五个问题如下。

(一)What am I?

首先问自己"我是什么样的人?"这是个自我分析、自我认识的过程。分析的内容包括个人的兴趣爱好、性格倾向、身体状况、教育背景、专长、过往经历和思维能力。回答这个问题应该对自己进行一次深刻的反思,有一个清醒的认识。通过访谈、问卷、网络测评等方式对个人兴趣、性格、气质、特长等进行全面的探索和审视,清醒客观地认识自我,找出自身的优势和劣势。最好把自己的优点和缺点都一一列出来,这样就能对自己有个全面的了解。

(二)What do I want?

问问自己"我想干什么?"这是对自己职业发展的心理趋向的探究,是对目标发展过程、对自身职业发展的思考,包括职业目标、收入目标、学习目标、名望期望和成就感。解答这一问题需要心理倾向测试。每个人在不同阶段的兴趣和目标并不完全一致,有的甚至很不相同,但兴趣会随着年龄增长而逐渐稳定,并最终成为自己的终身理想。因此,我们要反复地问自己"我想干什么?"从而最终决定自己的职业目标。

特别要注意的是学习目标的不断确立。只有不断确立学习目标,才能不被激烈的竞争淘汰,才能不断超越自我,登上更高的职业高峰。

(三)What can I do?

问问自己"我能干什么?"这是对自己能力与潜力的全面总结,判断你能够做什么。一个人职业的定位最根本的还要归结于他的能力,而他职业发展空间的大小则取决于其潜力。对于一个人潜力的了解应该从几个方面着手去认识,比如对事的兴趣、做事的韧性、临事的判断力以及知识结构是否全面、知识技能是否及时更新等。把能确定的能力和自己认为能够开发出来的潜力一一列举出来,并进行认真的排序,使自己能够清晰地了解自己的能力所在,判断自己能够做什么。

一个人最好能学以致用,发挥自己的专长,在学习过程中积累自己的专业知识技能。同时个人工作经历也是一个重要的经验积累。

（四）What can support me？

问问自己"什么是我的职业支撑点？""我具有哪些职业竞争能力以及我有哪些资源和社会关系？"客观方面的包括经济发展、人事政策、企业制度、职业空间等因素主观方面包括同事关系、领导态度、亲戚关系等因素。职业生涯规划是人生规划的主体部分，是同个人、家庭和社会生活结合在一起的，是和个人追求幸福生活密不可分的。有时，我们在做职业选择时常常忽视主观方面的事情，没有将一切有利于自己发展的因素调动起来，从而影响了自己的职业发展。所以制定职业生涯规划，要和个人的人生目标结合起来，要把职业生涯和家庭、社会生活结合起来。

（五）What can I be in the end？

社会就业领域的行业和职位众多，哪个才适合自己呢？明晰了前面 4 个问题，就会从各个问题中找到对实现有关职业目标的有利和不利条件，列出不利条件最少的，自己想做而且又能够做的职业目标，那么对第 5 个问题——"自己最终的职业目标是什么？"自然就有了一个清楚明了的框架。每个人的个性特征、能力以及价值取向有所不同，都有适合自身的行业与职业，选择最好的并不一定是最适合的，选择最适合的才是最好的，需尽量做到人职匹配。

二、大学生涯愿景模型法

个人愿景是发自个人内心的、真正最关心的、一生最渴望达成的事情，它是一个特定的结果，一种期望的未来或意向，当一个人为自己认为至高无上的目标奉献无限心力的时候，他就拥有了一种自然的、发自内心的强大力量。大学生涯愿景模型法是指对大学生的职业生涯愿景给予分析并构建愿景模型，使大学生能够清晰地了解自己的职业生涯意向，最终制定出一份科学合理的职业生涯规划。

（一）个人愿景的内容

个人愿景主要包括以下几个方面。

（1）自我形象：你希望自己成为什么样的人？假如可以变成自己所向往的那种人，你会有哪些特征？

（2）有形财产：你希望有哪些物质财产？希望拥有多少？

（3）家庭生活：在你的理想中，你的家庭生活环境应该是什么样子？

（4）个人健康：你对于自己的健康、身材、运动以及其他和身体有关的事情有什么期望？

（5）人际关系：你希望和同事、家人、朋友以及其他人保持怎样的关系？

（6）职业状况：你理想中的职业状况是什么样的？你希望自己的努力可以发挥出什么样的影响力？

（7）个人休闲：在个人的学习、旅游、阅读或其他活动领域中，你希望创造出什么样的成就？

（二）个人愿景的建立

要想建立个人愿景，应该学会把焦点放在全过程追求的目标上，而非仅放在次要的目标上，这样的能力是"自我超越"的动力。人在做真正想做的事情时，就会精力充沛、充满热忱。即使遭受挫折也会坚忍不拔，信念坚定，认为是自己份内该做的事，觉得值得。人的意愿如果很强烈，做事情的效率也自然会提高。

（三）个人愿景的清晰

每个人都有自己的愿景，但在很多情况下，人们对自己的愿景往往是模糊的，或者是有误解的，尤其是涉世未深的大学生。这样就会造成行动的盲目，在进行职业生涯规划时，就会遇到困难，并且影响职业生涯规划的科学性。因此，对于每个人来说，最关键的不是如何建立自己的愿景，而是如何使自己的愿景清晰明了。那么，如何清晰自己的愿景呢？主要分为以下三个步骤。

1. 想象实现愿景后的情景

假如你得到了深深渴望获得的成果，那么，这到底是什么样的情景？怎样形容？你的感觉如何？这种感觉是不是你真正想要的？

2. 形容个人愿景

想象你正在达成你一生最热切渴望达成的愿望，这些愿望会是什么样子？比如，回顾中小学时代、高中毕业时、大学毕业时、参加工作后以及现在的个人愿景，哪些实现了？哪些还未实现？未实现的原因是什么？

3. 检验并弄清楚愿景

分步检视你写下来的个人愿景所组成的清单和每个方面，从而找出最接近你内心深处的层面：假如你现在就可以实现愿景，你会接受它吗？假定你现在就实现了愿景，能为你带来了什么？你接受了它，你的感受又是怎样？

课堂延伸
KETANGYANSHEN

填写未来履历表

通过填写未来履历表，使同学们开始憧憬未来的生活，帮助大家树立职业信念，有效地进行生涯规划。

1. 想象你未来的职业是什么，填写未来的履历表。
2. 找出自己现在各方面情况与未来履历表上的差距并进行分析。
3. 从需要改进的方面入手，制定初步的实施计划。
4. 与小组成员谈一谈你未来的职业，要想获得这份职业你还应该做些什么。

未来履历表

未来时间：_____年，彼时年龄：____岁

求职身份	□上班族　□应届生　□兼职族　□其他：		
姓　　名		年　　龄	
性　　别		出生日期	
E-mail		电话号码	
职位名称		参加工作时间	
住　　址			

请描述所选职位的工作内容（限500字以内）

希望待遇		最高学历	□大专 □本科 □硕士 □博士
教育程度	校　　名		专业名称
高中			
专科			
大学			
硕士			
博士			
擅长的第二外语	精通：□英语　□日语　□法语　□德语　□其他：		
	略通：□英语　□日语　□法语　□德语　□其他：		
已获得的认证资格			
计算机应用水平			
其他专长			
工作经验	公司名称	职务名称	工作起讫时间

几个大学生关于职业生涯规划的切身体会

面对社会职场,回顾大学生活,大学毕业生以及那些即将毕业的大学生们对职业生涯规划有哪些感触和体会?职业生涯规划到底对大学生就业有多大的帮助?

体会一:职业生涯规划是一笔财富

"大一刚入学时,学校要求我们进行职业生涯规划,并开设了相关的课程,当时我很有抵触情绪,觉得将来选择何种职业是自己的事,学校还是不要过多地干预为好。但是现在回过头来看,我当初的想法是多么幼稚……"谈起自己大学四年的职业生涯规划,已考取北京政府部门公务员的朱小兵觉得职业生涯规划很重要,合理的职业生涯规划能让自己在有限的大学生活中学到知识,锻炼能力,顺利实现就业。

他说,2004年入学不久,参加了职业生涯规划课,虽然他兴致不高,但为了完成学校的任务,他还是按着老师的要求认真做了。等职业生涯规划课程结束,朱小兵欣喜地发现,还是有所收获,尽管是被动学习,但他不由自主地对自己未来该从事何种职业有了思考。

朱小兵是一个性格外向的人,好交朋友,他认为自己适合做一些与人打交道的工作。而他学的专业又刚好是公关,他觉得自己所学专业还不错。朱小兵综合考虑自身各方面因素后,决定将来做一些咨询服务之类的工作。生活、学习有了明确的方向后,他充实地过好每一天、每一年。大一时他为自己设立好职业方向,了解清楚自己的兴趣爱好;大二时他继续了解和学习专业知识,丰富社会工作的理论知识;大三时他积极参加各项社会活动,利用假期参加社团组织的社会调研活动,到企业兼职实习,获得实践经验……

这些经历看起来轻松,其实都是靠着他的一份份努力与付出才做到的。"大学里的每一份付出,只有当你面向职场的时候才显得弥足珍贵。"大四的时候,朱小兵参加了很多知名企业的面试,很多企业对他的职业生涯规划和大学生活表示欣赏,这也使得他在求职竞争中脱颖而出。

"大学时间真的很短暂,人们都说有规划的人往往可以少走弯路,这在我的身上得到了验证。"朱小兵说。

体会二:度过职业生涯规划迷茫期

"大学生由于心理不成熟以及对社会认识不清,在职业生涯规划过程中遇到困难,往往不能找到有效的解决途径,从而产生困惑、迷茫。度过职业生涯规划的迷茫期显得十分重要。"中国矿业大学大四学生方鑫说,大二时,他对自己的职业生涯规划存在怀疑。他按照家人的意愿读了国际贸易专业,但是从小对文学特别感兴趣的他,认为自己适合做一名编辑。

"为了找回自我,走出迷茫期,我不断地自我调节,毕竟没有比自己还了解自己的人了,我也会找师长聊天,找辅导员或班主任,把自己的近况告诉老师。"方鑫说。

"专业不可能改变了,与其闷闷不乐,还不如埋头做好自己的事情。"方鑫最后下定决心从事与文学有关的专业。在接下来的大学时光里,他通过参加文学论坛的机会认识很多知名作家,并经他们的介绍,得到了在一家晚报做兼职编辑的机会。

现在方鑫已经彻底度过了迷茫期,对大学毕业后能否到报社当编辑,他觉得通过大学的锻炼应该不会有多大的问题。

体会三:到社会上修正职业航向

"我第一次进行职业生涯规划是在大学一年级。那时,对专业和职场都比较陌生,一到社会实习才发现,自己的职业生涯规划完全不符合实际,太理想化了。"南昌大学大三学生汪峰本来将自己的职业定位为一名教师,但多次实习后,他改变了这一想法。

汪峰父母都是老师,刚入大学他觉得自己以后也应该和父母一样,成为一名教师。

大二时,他到父母教书的中学实习,一个月过去,他发现自己不适合做教学工作,他对自己未来的职业方向产生了怀疑。在极度困惑的时候,汪峰想到了自己的专业,他本身学的是经济学。为此,他找到了一个在本地一家外贸公司实习的机会,过了一段时间汪峰觉得自己对贸易很有兴趣,由此他改变了自己的职业方向。

职业生涯规划是一个长期的过程,除了在校时有职业生涯规划外,进入社会工作后,调整修正个人的职业生涯规划依然必不可少。

讨论:几个大学生的职业生涯规划给你哪些启示?

第三章　职业认知

4盏灯的对话

一则校园广告展示了这样一幅画面：4盏灯从左至右依次排列，左边的一盏灯非常明亮，右边的一盏灯则没有亮。这4盏灯每相邻的两盏间都有一段对话，它们影响着灯的明暗度。

第一盏灯后的对话是："我有一个想法，想去做。"回话说："可以做到吗？"第二盏灯略暗了一些，灯后的对话是："我试试看。"回话说："很难吧！"第三盏灯变得更加昏暗了，灯后的对话是："周围的人都不同意我去做。"回话说："那就算了吧！"第四盏灯最终熄灭了。

现实中，熄灭想法总要比点燃想法容易得多。不少大学生因为面对困难而疑问、担心和失望，最终自暴自弃，导致前进之"灯"完全熄灭。对于今天的大学生来说，在就业和择业上都将面临着前所未有的压力和挑战。但是，只要大家"有一个想法，想去做""有一个目标，就去行动"，并且坚持到底，一定会把自己的发展之"灯"点亮。

第一节　大学生职业信息的了解

美国学者舒尔兹认为，职业是一个人为了不断取得个人收入而连续从事的、具有市场价值的特殊活动，这种活动决定着从业者的社会地位。可见充分了解职业信息是非常关键的。对于大学生来说，在进行职业生涯规划时，应该了解的职业信息包括以下几方面内容。

一、职业信息的内容

职业信息的缺乏成为当前大学生职业生涯规划中硬性的难题。"知己知彼，百战不殆"。只有充分了解了职业之后，才能知道这个职业是否适合自己，避免失误。所以，在大学期间就必须了解职业的有关情况。具体而言，职业信息主要包括以下内容：工作内容、工作环境、能力和技能要求、从业人员共有的人格特征、未来发展前景、薪资待遇、对生活的影响，等等。其中有一些内容我们能够从政府正规的网站上得到详细的资料，比如工作内容、工作环境、能力和技能要求等,但是如从业人员共有的人格特征等,则可能只有职业人才最有发言权,因此需要广拓渠道,获得相关方面的信息。

二、我国职业的分类

了解职业的分类以及新职业,可以帮助大学生更好地结合自己所学专业进行职业生涯规划。了解职业的分类与自己所学专业的关系,就可以带有目的性地进行职业生涯规划,对于大学生职业目标的确定有着重要意义。

人们过去常说的"三百六十行"早已经无法涵盖现代的职业门类了。目前,根据我国不同部门公布的标准分类,主要有两种类型。

(1)根据国家统计局、国家标准总局、国务院人口普查办公室 1982 年 3 月公布,供第三次全国人口普查使用的《职业分类标准》,将职业划分为 8 大类、64 中类、301 小类;1993 年原劳动部发布的《中华人民共和国职业工种分类目录》,将职业工种划分为 46 大类、4700 多工种;1999 年,原劳动和社会保障部组织制定了《中华人民共和国职业分类大典》,依据在业人口所从事的工作性质的同一性进行分类,将全国范围内的职业划分为大类、中类、小类三层,即 8 个大类、66 个中类、413 个小类、1838 个细类职业,一直沿用至今。每个大类的名称,所含中类、小类和细类职业的数量如表 3-1 所示。

表 3-1　我国职业的划分类型

类别	内容	中类	小类	细类(职业)
一	国家机关、党群组织、企业、事业单位负责人	5	16	25
二	专业技术人员	14	115	379
三	办事人员和有关人员	4	12	45
四	商业、服务业人员	8	43	147
五	农、林、牧、渔、水利业生产人员	6	30	121
六	生产、运输设备操作人员及有关人员	27	195	1119
七	军人	1	1	1
八	不便分类的其他从业人员	1	1	1

(2)国家发展计划委员会、国家经济委员会、国家统计局、国家标准局批准,于 1984 年发布,并于 1985 年实施的《国民经济行业分类和代码》。

这项标准主要按企业、事业单位、机关团体和个体从业人员所从事的生产或其他社会经济活动的性质的同一性分类,即按其所属行业分类,将国民经济行业划分为门类、大类、中类、小类四级。

其中门类共 13 个:农、林、牧、渔、水利业;工业;地质普查和勘探业;建筑业;交通运输业、邮电通信业;商业、公共饮食业、物资供应和仓储业;房地产管理、公用事业、居民服务和咨询服务业;卫生、体育和社会福利事业;教育、文化艺术和广播电视业;科学研究和综合技术服务业;

金融、保险业；国家机关、党政机关和社会团体；其他行业。

这两种分类方法符合我国国情，简明扼要，具有实用性，也符合我国的职业现状。

三、新职业简介

新职业是指社会经济发展中已经存在一定规模的从业人员，具有相对独立成熟的职业技能，但没有被《中华人民共和国职业分类大典》收录的职业。它包括：全新职业，即随着社会经济发展和技术进步而形成的新的社会群体性工作；更新职业，即原有职业内涵由于技术更新产生较大变化，从业方式已与原有职业相比发生质的变化的职业。

自 2004 年开始，劳动和社会保障部发布了许多新的职业。新职业的开发，对引导职业教育和职业培训改革、规范企业用工和从业人员的从业行为、促进就业和再就业、完善劳动力市场建设、加强人力资源能力建设具有重要作用。

截至 2009 年 11 月，劳动和社会保障部门发布的新职业共分成了十二批次，其统计如表 3-2 所示。

表 3-2　我国发布新职业统计表（截至 2009 年 11 月止）

批次	新职业名称
第一批新职业 （2004 年 08 月 19 日）	形象设计师、锁具修理工、呼叫服务员、水生哺乳动物驯养师、汽车模型工、水产养殖质量管理员、汽车加气站操作工、牛肉分级员、首饰设计制作员
第二批新职业 （2004 年 12 月 10 日）	商务策划师、会展策划师、数字视频（DV）策划制作师、景观设计师、模具设计师、建筑模型设计制作员、家具设计师、客户服务管理师、宠物健康护理员、动画绘制员
第三批新职业 （2005 年 3 月 31 日）	信用管理师、网络编辑员、房地产策划师、职业信息分析师、玩具设计师、黄金投资分析师、企业文化师、家用纺织品设计师、微水电利用工、智能楼宇管理师
第四批新职业 （2005 年 10 月 25 日）	健康管理师、公共营养师、芳香保健师（SPA）、宠物医师、医疗救护员、计算机软件产品检验员、水产品质量检验员、农业技术指导员、激光头制造工、小风电利用工、紧急救助员
第五批新职业 （2005 年 12 月 12 日）	礼仪主持人、水域环境养护保洁员、室内环境治理员、霓虹灯制作员、印前制作员、集成电路测试员、花艺环境设计师、计算机乐谱制作员、网络课件设计师、数字视频合成师
第六批新职业 （2006 年 04 月 29 日）	数控机床装调维修工、体育经纪人、木材防腐师、照明设计师、安全防范设计评估师、咖啡师、调香师、陶瓷工艺师、陶瓷产品设计师、皮具设计师、糖果工艺师、地毯设计师、调查分析师、肥料配方师
第七批新职业 （2006 年 9 月 21 日）	房地产经纪人、品牌管理师、报关员、可编程序控制系统设计师、轮胎翻修工、医学设备管理师、农作物种子加工员、机场运行指挥员、社会文化指导员、宠物驯导师、酿酒师、鞋类设计师

批次	新职业名称
第八批新职业 (2007年1月11日)	会展设计师、珠宝首饰评估师、创业咨询师、手语翻译员、灾害信息员、孤残儿童护理员、城轨接触网检修工、数控程序员、合成材料测试员、室内装饰装修质量检验员
第九批新职业 (2007年4月25日)	衡器装配调试工、汽车玻璃维修工、工程机械修理工、安全防范系统安装维护员、助听器验配师、豆制品工艺师、化妆品配方师、纺织面料设计师、生殖健康咨询师和婚姻家庭咨询师
第十批新职业 (2007年11月22日)	劳动关系协调员、安全评价师、玻璃分析检验员、乳品评鉴师、品酒师、坚果炒货工艺师、厨政管理师、色彩搭配师、电子音乐制作师、游泳救生员
第十一批新职业 (2008年5月28日)	动车组司机、动车组机械师、燃气轮机运行值班员、加氢精制工、干法熄焦工、带温带压堵漏工、设备点检员、燃气具安装维修工
第十二批新职业 (2009年11月12日)	皮革护理员、调味品品评师、混凝土泵工、机动车驾驶教练员、液化天然气操作工、煤气变压吸附制氢工、废热余压利用系统操作工、工程机械装配与调试工

四、我国产业和行业的划分

产业,是对能够带来增加值(附加值)的社会经济领域的总称,属于经济学概念。因此,产业应该是按照规模经济和范围经济要求集成起来的行业群体,故产业的涵盖范围不仅指工业,还包括非工业。比如教育,大家在争论教育到底是不是产业时,中国人民大学校长纪宝成教授在担任国家教育部发展规划司司长时就指出"教育是产业,但是不能产业化",这一句话明确地说明了教育的产业性质;同时也说明,产业可指工业以外的行业,并且是由多个相对独立但业务性质完全一致的行业组成的,或者说是由分散在多个行业、具有同样业务性质的经济组织组成的。比如,国民经济划分为第一产业、第二产业、第三产业。在这里,产业概念的外延要大于行业。

(一)我国产业的划分

自新中国成立以来,我国的产业划分经历了若干次变更。根据2002年最新的划分方法,我国的产业划分如下。

1. 第一产业

第一产业又称第一次产业,指以利用自然力为主,生产不必经过深度加工就可消费的产品或工业原料的部门。其范围各国不尽相同。一般来说,主要包括农业、林业、渔业、畜牧业和采集业。有的国家还包括采矿业。在我国,根据国家统计局对三次产业的划分规定,第一产业指农业,主要包括种植业、林业、牧业和渔业。

2. 第二产业

第二产业是对第一产业和本产业提供的产品(原料)进行加工的部门,主要包括采矿业,制造业,电力、燃气、水的生产和供应业以及建筑业。

3. 第三产业

第三产业根据我国的实际情况可分为两大部分:一是流通部门,二是服务部门。具体可分为以下四个层次。

层次一:流通部门,包括交通运输、仓储及邮电通信业,批发和零售贸易、餐饮业等。

层次二:为生产和生活服务的部门,包括金融、保险业,地质勘查业,水利管理业,房地产业,社会服务业,农、林、牧、渔服务业,交通运输辅助业,综合技术服务业等。

层次三:为提高科学文化水平和居民素质服务的部门,包括教育、文化艺术及广播电影电视业,卫生、体育和社会福利业,科学研究业等。

层次四:为社会公共需要服务的部门,包括国家机关、党政机关和社会团体以及军队、警察等。

(二)我国行业的划分

行业划分也称为"行业分类",是根据人类生产活动产生的先后顺序进行的。我国新国民经济核算体系引进了联合国推荐,并在西方国家通用的国民生产账户(即 The System of National Accounts,简称 SNA)核算体系中有关于行业分类的标准,还保留原来使用的"物质产品平衡表体系"(即 The System of Material Product Balances,简称 MPS)的行业分类。我国的行业分类具体坚持两条原则:其一,区分物质生产领域和非物质生产领域。其二,主要按分类对象所从事社会经济活动的性质的同一性来划分其所属行业,即按其所属的行业而非其行政隶属关系分类。

根据国标修订方案,将国民经济行业分为 16 大标准门类。具体为:农林牧渔业,采掘业,制造业,电力煤气及水的生产和供应业,建筑业,地质勘查业,水利管理业,交通运输、仓储及邮电通讯业,批发和零售贸易、餐饮业,金融、保险业,房地产业,社会服务业,卫生、体育和社会福利业,教育、文化艺术及广播电影电视、科学研究和综合技术服务业,国家机关、政党机关和社会团体,其他行业。

根据税收经济的特点和具体情况的不同,简化归并为 13 个大类。具体为:农林牧渔业,采掘业,制造业,电力煤气及水的生产和供应业,建筑业,地质勘查业,水利管理业,交通运输、仓储及邮电通讯业,批发和零售贸易、餐饮业,金融、保险业,房地产业,社会服务业,科教文卫业,其他行业。

我国很多高校的设置、各高校内部专业的设置,就是根据上述已有的产业、行业活动来进行归类并细分的,比如农业大学、海洋大学、商业大学;商业大学的金融专业、国际贸易专业等等。大学生要进行职业生涯规划,必须首先选择一个产业或者一个行业性活动来作为自己的职业方向,因而了解行业和产业是非常必要的。

第二节　我国当前就业的基本形势

2013 年被媒体称为"史上最难就业年",而 2014 年,全国高校毕业生总人数达到 727 万,2015 年高校毕业生达到 749 万,比 2014 年增加 22 万,再次创下历史新高。与此同时,2015 年国内外经济环境依然错综复杂,从国际环境看,欧美持续低增长、低通胀,日本复苏疲软等,对我国出口的外部需求造成极大压力,加之传统出口市场增长疲软,接下来要调整出口战略,主动改变外部环境。对于国内来说,目前,我国经济正处在一个调结构、转方式的关键阶段,结构调整的阵痛在继续释放,增速换挡的压力有所加大,而且新旧动力的转换也在进行之中,新动力还难以对冲传统动力下降的影响,以至于国内经济下行的压力还是比较大。这种严峻的经济发展形势,造成了我国就业压力大。

一、我国近五年就业情况统计

根据国家统计局 2010—2014 年五年的统计数据,我国近五年就业基本情况如表 3-3 所示。

表 3-3　我国 2010—2014 年就业基本情况

项目	2010	2011	2012	2013	2014
就业人员合计(万人)	76105	76420	76704	76977	77253
第一产业	27930.535	26594	25773	24171	22790
第二产业	21842.135	22544	23241	23170	23099
第三产业	26332.33	27282	27690	29636	31364
就业人员构成(合计＝100)					
第一产业	36.7	34.8	33.6	31.4	29.5
第二产业	28.7	29.5	30.3	30.1	29.9
第三产业	34.6	35.7	36.1	38.5	40.6
按城乡分就业人员(万人)					
城镇就业人员	34687	35914	37102	38240	39310
乡村就业人员	41418	40506	39602	38737	37943
城镇登记失业人数(万人)	908	922	917	926	952
城镇登记失业率(%)	4.1	4.1	4.1	4.05	4.10

注:以上数据来源为《中国统计年鉴》和国家统计局官方网站。

二、当前我国就业形势的特征

就业问题是经济社会发展中的一个核心问题,近年来,劳动力就业市场"招工难"与"就业难"并存的现象让人疑惑。特别是每年春节过后都会出现一方面"招工难"另一方面"找工作难"的现象。这种就业的结构性矛盾,反映了在市场供求总量基本相当的情况下,人力资源供给与岗位需求之间的不匹配,在一批劳动者难以实现就业的同时,另有一批企业则难以招到员工。

党中央、国务院始终把就业问题摆在十分重要的位置。进入转型发展的新阶段后,根据人口结构和就业形势发生的深刻变化,实施了就业优先的战略和更加积极的就业政策,缓解了就业矛盾。1978—2014年,我国就业人员从40152万人增加到了77253万人,年均增加1030万人;城镇登记失业率长期保持基本稳定。与此同时,大量农村富余劳动力向非农产业有序转移。2012年,我国农民工数量达到2.6亿人。

根据国家统计局2010—2014年五年的统计数据,我国当前整体就业形势呈现以下几个特征。

(一)就业人数增长较快,总体就业压力大,近年来渐趋稳定

2014年,全社会就业人员达到77253万人,比1978年增加37101万人,年均增长1.9%。其中:城镇从业人员39310万人,乡村就业人员37943万人。可见改革开放以来,随着经济较快的增长,以及人口的增加,特别是进入劳动市场的人口数量的增加,我国就业人口数呈激增状态。虽然我国GDP保持了年均8%以上的增速,但与就业人口数的快速增长相比,就业压力仍然比较大。

(二)就业结构加快调整,第三产业就业人员快速增长

随着产业结构调整力度的加大,劳动力从第一产业向第二、三产业转移的步伐加大,使得就业人员在三次产业间的分布进一步调整。2014年末,在全国77253万就业人员中,从事第一产业的人员为22790万人,占全部就业人员的29.5%;从事第二产业的就业人员为23099万人,占29.9%;从事第三产业的就业人员为31364万人,占40.6%。三次产业就业人员的比例由2008年的39.6:27.2:33.2调整为2012年的29.5:29.9:40.5。纵观近五年来从事三大产业的人口数变化,第一产业(通常包括农业、林业、牧业、副业和渔业)就业人口数正缓慢下降,第二产业(通常包括制造业、采掘业、建筑业等)就业人口数保持平稳,而第三产业(通常包括商业、金融、保险、运输、通讯等现代服务业)就业人口数则呈现快速增长势头。这也符合国际通行的现代化发展的指标,即随着社会经济和科学进步,国民经济各部门的产值和就业人员的比例不断发生变化,最显著的变化趋势是第三产业的比重将持续上升。到目前为止,发达国家第三产业的产值和就业人口的比重一般都在50%以上,成为规模最大、增长最快的产业。相比之下我国还有较大的增幅空间。

(三)当前就业的结构性矛盾

从总量上看,城市青年和困难群体、农村富余劳动力仍然居多,就业的总量压力并未减轻,

但其表现形式也会更多地融于就业结构性矛盾之中。从就业压力看，正从总量为主向总量压力与结构性矛盾并存转变，未来将要更多面对的是结构性矛盾。

其一，就业的总量压力。虽说我国劳动年龄人口于2012年底达到顶峰，之后开始出现下降，但20～59岁的就业年龄人口仍在增加，2010年我国15～64岁的人口占总人口的74.5%，比2000年提高4.4个百分点，就业的总量压力依然不小，尤其要注意高校毕业生的就业、农业富余劳动力的转移就业和就业困难群体的再就业等三个方面。在市场就业机会平衡的状况下，以高校毕业生为主体的青年就业难的问题却日益突出，近3年有所加剧。

其二，产业结构调整影响就业结构。2001—2014年的14年间，第二产业的用人需求比重从2001年的22.3%持续上升，至2012年达到30.1%，上升了7.8个百分点；第三产业的用人需求比重从2001年的27.7%上升至2014年的40.6%，上升了12.9个百分点，第一产业则由2001年的50%下降至2014年的29.5%，降低了20.5个百分点。由此可以看出，在近十几年就业总量不断扩大的过程中，第二、三产业对就业需求比重的加大和第一产业对就业需求比重的缩小，反映出产业结构与就业结构的内在联系。

其三，就业结构性矛盾突出。2013年我国经济自身正处于从规模扩张向内部调整的拐点，经济结构的调整也必然带来需求的变化，从而造成一些新兴行业需求人才、中高级人才供不应求，而一些传统行业、过剩产能和落后产能的行业却出现大批失业人群。目前劳动力市场对中高级专业技术人员的用人需求增加，而对初级技能劳动者的用人需求有所减少。市场上技能劳动者的需求量大，但大量劳动者由于缺乏技能就业难、工作稳定性较差。就业的结构性矛盾反映出我国教育培训体制的许多深层次问题，如高等教育功能定位不清，扩张过快；职业教育发展不足，职业培训体系不健全、培训水平不高；技工学校发展的环境有待改善等问题。

其四，大学生及其他城镇群体就业困难。目前普工、一线操作工招工难伴随着技能人才短缺、大学生就业难。今后几年进入劳动力市场的大学生数量还将不断增加。2013年高校毕业生699万人，而2015年则达到749万人。各地一批国有集体企业破产人员安置问题不断出现，其他城镇新生劳动力及困难群体的就业压力也很大。目前农村家庭普通本科毕业生就业最困难，面对不需要太多技能的岗位薪金不断提高，部分年轻人，尤其是农村的年轻人不愿意多读书。

三、影响就业的主要因素

就业结构性矛盾的出现，与经济增速减缓有关，与劳动密集型产业向中西部地区梯度转移有关；与农民工在农业之外求职再不用"舍近求远"有关；与农业本身吸引力的增强有关；与区域经济发展逐步协调有关；也与我国人口变动与劳动力供求状况有关。可以说，"用工荒"是经济社会发展必须经历的一个阶段性现象，解决这个问题需要政府、企业、职业培训和中介机构等多方面努力，而且需要一定的时间。

(一)经济增速放缓,对就业的拉动效应减弱

就业与经济发展密切相关，随着经济规模和产业结构的变化，单位GDP增长的就业拉动能力明显扩大。据测算，每亿元GDP容纳的就业量，第二产业约为1058人，第三产业为1348

人,后者超过前者约30%。2013年,服务业增加值占GDP比重首次超过第二产业。近十年来单位GDP增长拉动新增就业数量总体呈上升态势。2008年以前,GDP增长一个百分点,拉动就业增加不足100万人,而目前上升到140~160万人。

从国内经济形势看,2014年我国经济增长7.4%,处在预期目标的合理区间,但已连续3年低于8%的水平,国内经济运行总体平稳,但发展速度变缓,下行的压力短时期内还难以改变,用工整体需求下降,进而极大地减少了由经济快速增长而带来的就业需求量的增加,影响了经济增长对就业的拉动效应。

从国际形势看,世界经济复苏减缓,直接影响着已经融入世界经济的我国的对外贸易,使得外向型出口企业发展困难,吸纳就业能力下降。为维护竞争优势,各国多采取贸易保护措施,使得我国已经连续十几年成为全球遭受贸易摩擦最多的国家,后危机时代我国外部经济发展环境比较复杂,对我国外部经济拉动就业产生了不利影响。

(二)城镇化中农村劳动力转移就业压力大

近年来,我国城镇化建设不断加快,城镇化率大幅提高,农村劳动力向城镇转移的步伐加快,城镇人口快速增加,我国城镇化率由2000年的36.2%上升到2013年的53.7%。在城镇化进程中,农村的就业压力减轻,但是劳动力转移就业压力增大。一是城镇对农村劳动力就业吸纳能力有限,每年城镇中新成长劳动力、高校毕业生需就业;二是农村劳动力向大中型城市转移的门槛较高。由于户籍限制、素质技能要求、就业信息不畅通等因素,农村转移劳动力寻找工作难度大。

(三)新兴产业的加快发展影响到就业水平

一方面,在大力调整夕阳产业和淘汰落后产能时,要对涉及职工的转移安置提供帮助;另一方面,新兴产业在我国具有良好的发展前景,这其中必然导致技术技能人才短缺。此外,由于科技进步、劳动生产率提高等因素,也使一些企业减少新员工吸纳,甚至排挤出部分劳动力,这也会导致就业的结构性问题。

(四)区域经济格局调整特别是中西部地区加快发展导致劳动力流动新变化

近年来,我国中西部经济发展不断加快,农民工工资不断上涨,与东部地区的差距缩小,如在东中西部务工的农民工月收入差距已经缩小至30元左右。区域就业形势差别明显,东部地区求职人数同比出现大幅下降。随着中西部地区传统劳务输出大省的工作环境好转,返乡就业、创业正成为越来越多外漂农民工的新选择。

(五)企业用工成本的承受力与劳动者高期望值的矛盾导致供求双方难以对接

从2009年以来,货币工资一直以两位数的速度快速增长,且增速逐年加快。据统计,2013年全国共有27个地区调整了最低工资标准,平均调增幅度为17%;有17个地区制定了工资指导线,基准线普遍在14%左右。调查反映,当前工资增长和企业承受能力的矛盾已导致许多中小企业和大型劳动密集企业的普工短缺。

(六)人口结构变化使劳动力供给增长放缓

我国劳动适龄人口的总量开始减少,在新生劳动力供给方面,大学生将占据一半左右的水平,农民工总量特别是跨省流动农民工的增速减缓,并逐步趋于稳定。据预测,我国劳动年龄人口将于 2016 年达到峰值,总量为 9.99 亿人,之后逐渐下降,到 2020 年将下降至 9.87 亿人。2011—2020 年就业年均增速将比前期下降 0.9 个百分点,拉动经济增长率下降约 0.4 个百分点。城镇化加速推进所释放的农村富余劳动力和劳动力素质的提高,仍然不能弥补劳动力人数减少对经济增长造成的负面影响。

从我国就业形势总体发展趋势来看,对于当代大学毕业生来说,一是要认清就业形势,当前我国总体就业形势依然十分严峻,就业压力大;二是随着经济社会的发展,我国产业结构的变迁,大学生应当积极转变就业观念,去基层就业,去私营企业就业,勇于创业,应当成为当代大学毕业生应有的意识。

第三节　大学生职业环境的分析

近年来,社会的快速变化、科技的高速发展、市场竞争的加剧,对个人的发展都产生了很大的影响。在这种情况下,大学生如果能够很好地利用外部环境,就有助于事业的成功,否则,就会处处碰壁,事倍功半,难以成功。

一、了解环境的意义

确定职业目标除了要全面认识、了解自己外,还要对外部环境进行分析,评估职业环境存在的机遇与挑战。

所谓职业环境分析,就是充分认识、了解外界的工作环境。这种分析、探索是指向外部的,即认清所选定的职业在社会环境中的发展过程和目前所处的社会地位,以及社会发展趋势对此职业的影响等。人们可以通过职业环境分析弄清楚环境对自身职业发展的要求、影响及作用,对各种影响因素加以衡量、评估并作出反应。

了解环境是大学生职业生涯规划中必不可少的一个环节,具有非常重要的意义。

(一)可以增强个人实力

对就业环境准确地把握可以引导人们正确认识自身的个性特质、现有与潜在的资源优势,帮助其对自己的价值进行重新定位并使其持续增值;引导人们对自己的优势与劣势进行综合对比分析,使其树立明确的职业发展目标与职业理想;引导人们评估个人目标与现实之间的差距;引导人们进行前瞻与实际相结合的职业定位,搜索或发现新的或有潜力的职业机会;学会如何运用科学的方法采取可行的步骤与措施,不断增强个人的职业竞争力,实现自己的职业目标与理想。

（二）可以提升成功的机会

了解环境可以增强发展的目的性与计划性，从而提升成功的机会。在了解环境寻求职业发展时要有计划、有目的，不可盲目地"撞大运"。很多时候我们的职业生涯受挫就是由于对周围环境没有很好的把握或者说没有对这种环境进行科学的分析与总结。

（三）可以提升应对竞争的能力

当今社会处在变革的时代，到处充满着激烈的竞争。物竞天择，适者生存。尤其是我国加入WTO后，职业活动的竞争更加激烈。要想在这场激烈的竞争中脱颖而出并立于不败之地，必须了解自己所处的环境。这样才能做到心中有数，不打无准备之仗。而不少应届大学毕业生不是首先坐下来考虑自己的环境，而是拿着简历与求职书到处乱跑，总想会撞到好运气找到好工作。结果是浪费了大量的时间、精力与资金。实际上未雨绸缪，先把握住大环境，磨刀不误砍柴工，有了清晰的认识与明确的目标之后再把求职活动付诸实践，这样的效果要好得多，也更经济、更科学。

当前很多大学毕业生盲目择业，频繁跳槽。在择业之前，不去考察企业，不能根据自己的特点、特长去选择适合自己的企业，结果造成择业过程的盲目性。盲目择业带来的直接后果是盲目跳槽。盲目跳槽成为毕业生就业过程中最常见的现象之一。据统计，大学毕业生就业三个月之内跳槽占就业毕业生总数的30％，半年之内跳槽占毕业生总数的50％。在"市场主导、政府调控、学校推荐、实行市场与毕业生双向选择"的大学生就业政策下，毕业生跳槽属于正常现象，但毕业生频繁跳槽则会给企业、学校、个人等都带来不应有的损失：一是增加了自己就业成本；二是丧失了机会（自己错失了机会，同时也浪费别人的机会）；三是给学校的声誉带来不好影响；四是给企业带来损失，同时给自己的自信心带来伤害。因此，了解环境具有特别重要的意义。

【知识小贴士】

大学生要善于充分利用各种有利的环境因素

所谓积极的环境因素，就是有利于自身就业的各种"利好消息"，包括：各种鼓励毕业生就业的最新政策；用人单位用人观念的转变；大学生严峻的就业形势已经引起各方的关注。大学生利用积极的环境因素，要把握以下两个原则。

1. 积极配合

积极配合是利用环境因素的前提，如果对环境的变化无动于衷，也就谈不上利用有利的环境因素，相反还会受制于环境的变化。比如，服务西部、到农村基层工作、报考公务员等，可以说是十分值得大学生考虑的就业渠道，可有的大学生一心只关注传统的到大城市、大企业的"就业模式"，于是这些机会就在他们的"毫不关注"中溜走了。另外，还有的大学生用高学历吃香、关系吃香的陈旧就业思维去面对全新的就业环境，遭受挫折也就在所难免。

2. 合理利用

积极配合环境是一种态度，是成才观念、就业观念跟上时代变化的表现，而怎样利用环境,关系到最终的实效。在实践中,有的大学毕业生利用"过了头",一味想着可能的好处,想着自己可以获得什么优惠,而对可能的不利、自己应该履行的职责和义务很少考虑,最终影响了就业的顺利进行,也影响职业生涯的发展。比如,国家出台了未就业毕业生可将其户口和档案保留在原就读学校或省级毕业生就业指导服务机构的政策,这一政策是为缓解一些有就业困难的大学生的压力而制定的,可有的已经找到工作,打算签约的大学毕业生则打起小算盘,准备利用"缓冲"时间另谋高就,寻找更好的就业机会。有些毕业生认为,既然政策允许两年内就业,就慢慢找,一年、两年,一定要找到一个完全满意的工作岗位。其实这种想法是不对的,现在找工作,是与同期的几百万毕业生竞争工作岗位。往后拖一年,又将与新毕业的几百万人竞争,竞争将更加激烈。此时若与同期毕业已经就业但想"跳槽"的人相比较,又存在着无实践经验的差异,更是处于劣势地位。所以,合理利用环境因素必须适度。

二、大学生应该了解的环境内容

大学生在进行职业生涯规划时,应该了解社会环境、学校环境及家庭生活环境,主要评估和分析环境条件的特点、发展与需求变化趋势、自己与环境的关系以及环境对个人提出的要求、环境对自己的影响等。对大学生来说,对环境的认知包括对社会环境的认知、对学校环境的认知和对家庭环境的认知等三部分。

(一)了解社会环境

了解环境首先应该从大的环境入手,即首先从社会环境入手。社会环境主要包括社会的政治环境、经济环境和就业环境三个方面。

1. 社会政治环境

这里所谓社会政治环境是指国家关于大学生就业的相关制度和政策。就业制度和政策对于大学生求职择业具有重要意义,它是大学生就业的方向指南。了解大学生就业制度和政策的变化和具体内容,大学生在就业过程中就会减少盲目性,就会有明确的努力方向。

2. 社会经济环境

随着社会的发展和科技的进步,人们已经开始进入"新经济"时代。所谓新经济,就是以信息技术为主导,以多门类高科技产业为支柱,在经济结构、组织、体制和运行上带有新特点的经济。在新经济条件下,大学生应该对世界的发展形势、特征、对人们就业的影响以及我国社会经济的形势有所了解。因为只有掌握了社会经济的大形势,才能更加高瞻远瞩,更加准确地规划职业生涯。

3. 社会就业环境

社会就业环境主要包括:社会热点职业门类分布与需求状况、自己所选择的职业在当前和未来社会中的地位情况等。社会就业环境主要表现在就业形势和大学生就业环境两方面。就业形势与就业环境反映了一段时间内就业市场的整体趋势,对大学生个体求职择业有着重要影响。大学生在就业前应该有针对性地了解就业形势和就业环境,以便调整自己的就业目标和策略。

社会热点职业门类分布与需求状况:社会的变迁与价值观念对于生活在社会中的个体来说也有重大的影响,要重点分析信息社会对职业生涯发展的影响,分析信息社会对人才成长的要求与挑战。还要注意人的价值观念的变化。因为随着社会的发展,人的价值观念都在不同程度地发生变化,人的需要层次也在不断提高。这些变化都将对人的职业生涯产生直接的影响。另外,科学技术日新月异,知识更新的周期日趋缩短,因此,在职业生涯规划中要充分考虑到知识的补充、理论的更新、观念的转变、思维的变革等。

自己所选择的职业在当前与未来生活中的地位情况:首先,要对自己所面对的劳动力市场有个大致的了解,了解自己的专业在劳动力市场上是属于什么样的地位,是处于"卖方市场"还是处于"买方市场"呢? 这在很大程度是决定着个体在劳动力市场上处于相对主动的地位还是被动的地位;其次,要考察自己的职业在当前及未来社会中的地位情况,这对于一个人的职业生涯来说是非常重要的。

(二)了解学校环境

大学生在制定自己的职业规划时,必须对学校环境有清楚的认知。主要包括两方面:学校环境分析和课程设置分析。学校环境分析包括学校所处位置(优缺点)、校风学风、师资队伍、教学条件等。课程设置分析包括本专业的课程设置、学位课程设置、与未来职业发展有关的课程设置等。

大学生在刚刚跨入大学门槛时,会觉得生活环境和学习环境发生了重大变化。由父母的"重点保护"对象过渡到独立性较强的集体生活;由老师的"重点培养"对象转变为自主性学习;由过去见识、交往、活动范围较狭窄的生活环境到置身于大学这个小社会中等。诸如此类变化,许多大学生可能会一时难以适应,心理矛盾加剧,学习缺乏动力,人际关系紧张,严重影响了大学生的学习生活,从而影响到生涯规划。为此,要尽快适应大学学习生活,早日完成由中学到大学的过渡,需要做到以下几点。

第一,尽快确立新的学习生活目标。高尔基说过:"一个人追求的目标越高,他的才能就发展越快,对社会就越有益。"目标是激发人的积极性、产生自觉行为的动力。人一旦没有生活目标,就会意志消沉、浑浑噩噩。大学新生需要尽快熟悉大学生活,树立新的奋斗目标。

第二,尽快适应大学的学习方法。正确的方法是成功的捷径。大学生进入大学后碰到一个普遍问题,就是学习方法的不适应。很多人习惯于老师天天陪伴、督促,被动接受知识的中学学习方式,对大学的学习特点和规律一无所知。进入大学以后,面对生活需要自理、学习需要自主、大量的学习时间要求自己安排等情况,他们感到无所适从,学习成绩明显下降。因而大学新生迫切需要通过向老同学取经、向老师取经等各种渠道,尽快了解大学学习特点和规律,并根据自己的特点和经验,迅速摸索出一套适合自己特点和大学学习特点的学习方法。

第三,尽快找到新的朋友。大学生刚刚离开昔日的中学好友和师长及家乡、亲人,来到新的集体中生活,面对陌生的校园、陌生的大楼、陌生的面孔,他们特别需要帮助,需要理解。但是,由于许多学生缺乏独立生活和集体生活的能力,既不善于让别人了解自己,也不善于接近他人,缺少新的朋友,"寂寞感"和"孤独感"油然而生,陷入烦恼和痛苦之中。大学新生要摆脱这种烦恼,首先要树立自信,大胆热情地与他人进行交往;其次,要主动参加集体活动,热情帮助他人,扩大自己的交往范围,从而结识新同学,结交新朋友,冲淡思乡之情,消除孤独之感。

只有顺利适应了大学生活,才会建立起新的学习环境和人际关系,这对于大学生未来的职业生涯规划以及就业是非常有帮助的。大学生可以通过老师的指导、相关专业技能的学习、同学朋友的帮助和鼓励不断提高自身的职业能力,最终促进职业生涯的成功。

课程作为学校教育活动的基础,具有导向、塑造、重组和发展受教育者个性人格的作用。课程设置是指某一专业各类各种课程的设立和安排。一个成熟的课程设置系统,应该包括以下三类课程设置。

第一类是基础课程。指某一专业学生学习的基础理论、基本知识的综合类课程。其作用是为学生掌握专业知识、发展相关能力打下坚实的基础。从表面上看,这些课程好像和就业没有什么直接关系,但它们对学生的可迁移能力、学习能力的培养和提高功不可没。

第二类是本学科的核心课程或学位课程,重在学生技能和技巧的培养,针对性较强,强调的是"学有所用"。通常来说,学生在学校所学到的知识完全和社会的需求吻合是件十分幸运的事,但在大多数情况下,学生所具备的知识、能力、技巧往往跟岗位需要有一定的差异,这时候,就需要靠学生通过基础课程学习所培养的能力来进行调整和适应了。

第三类是与未来职业发展有关的课程。当今世界处于信息时代,科学技术迅猛发展,社会生产更新加快,新的信息成爆炸式的增长,知识周期迅速缩短,这些变化对国家经济基础产生了深远的影响。信息社会最基本的一个特点,是劳动者不再只是生产过程中的直接生产者,而且还要处理有关生产过程不断变化的信息。劳动者的知识结构、解决问题的能力和学习方式都发生了巨大的变化。因此,学校不但要开设有关新学科、新知识的前沿性课程,更要开设有关提高搜集处理信息及有关提高学习和研究能力的课程。

(三)了解家庭生活环境

大学生不同于中学生,进入大学后,大学生有更多相对自由的时间和空间,其所接触的生活范围相对扩大,因此大学生应该对自己生活的周围环境有所了解,这对于大学生的职业选择也有重要的意义。大学生的家庭生活环境主要包括家庭环境、小区环境、社会实践单位环境、社会交际环境等。

家庭环境主要包括家庭的经济条件、父母的工作、父母对子女的期望等。家庭因素是影响大学生职业生涯规划的重要因素之一,这足以证明了解家庭环境的重要性。

小区环境是指大学生家庭所在小区的环境,主要包括地理环境、组织环境、人文环境等,这对大学生的职业选择和发展有着比较直接的影响。

社会实践单位环境主要是指大学生在参加社会实践时所在单位的环境,包括企业的发展、企业的性质等信息。大学生参加社会实践就是为了毕业以后能够顺利地适应社会工作、顺利地就业。因此,了解社会实践单位的具体情况很有可能帮助大学生顺利就业。比如大学生在了解了社会实践单位的具体情况之后,可以通过自己的努力争取在此单位继续工作的机会。大学生也可以通过与社会实践单位的内部人员的交往获取就业信息和指导,扩大自己的交际范围和就业信息获取途径。

社会交际环境是指大学生的人际交往情况。大学生应该了解周围亲戚、朋友、同学等相关情况,为自己的就业拓宽信息渠道。

总之,大学生应该在了解自身的基础上,了解职业、了解环境,以确定自己的职业目标,做好职业定位,帮助自己顺利就业。

课堂延伸
KETANGYANSHEN

访谈职业人物

访谈职业人物一般都是直接与职场成功人士面对面的交流的过程,因此在获取职业信息的同时还可以了解这些成功人士的成功秘诀以及他们的职业生涯规划、生涯决策方法。

访谈步骤:

步骤一:确定访谈的职业人物,并制定详尽的访谈提纲。

步骤二:按照访谈计划对职业人物进行采访,可以参照访谈提纲来了解自己所需的职业信息及他们的成功之道。

步骤三:访谈结束后进行认真的总结,填写《职业目标人物生涯访谈问卷》,并由组织者根据情况加以总结。

通过实际的访谈,总结各成员在访谈过程中碰到的困难、得到的最大收获、对自己的启示等情况,通过交流、总结,让成员们增进对各种行业的了解,明确自己的奋斗目标。

职业目标人物生涯访谈问卷

一、被访人基本情况

姓名:　　　　　　　　　　　　　　　性别:

毕业学校:　　　　　　　　　　　　　所学专业:

现工作单位:　　　　　　　　　　　　联系方式:

二、访谈内容

1. 您目前从事什么工作,这份工作的主要职责是什么?

2. 您是如何获得这份工作的?

3. 您在从事这一工作之前,在哪些单位做过哪些工作?

4. 在现在这份工作中,您通常每天都做些什么?

5. 这种职业需要什么样的技能和其他能力? 有什么样的要求?

6. 对于这份工作,您最喜欢它的是什么? 最不喜欢的又是什么? 对生活有什么样的影响?

7. 目前这一行业同类岗位的薪酬水平如何?

8. 您对您现在所在的行业有些什么看法?

9. 您通过什么渠道提升自己? 至今为止,您参加过哪些培训和继续教育?

10. 就您知道的情况而言,我所学的专业可以进入哪些领域工作?

11. 如果我想在您这个行业发展的话,我现在可以通过一些什么样的方式、提高哪些技能或素质,以便日后能进入这一行业呢?

12. 总体而言,您对您目前的工作是否满意?

A. 满意(　　　) B. 不满意(　　　)

13. 您能给我一些学习或就业方面的建议吗?

(如果被访谈人是校友,请继续以下问题)

14. 您对学校的总体评价是否满意?

A. 满意(　　　) B. 不满意(　　　)

15. 请您对母校的建设提几点建议:

访谈人:　　　　　班级:　　　　　学号:　　　　　访谈时间:

第四章　自我探索

【困惑与迷思】

★叶馨已经大三了,很快就要面临着毕业找工作的问题:是找一份收入一般但是稳定且福利好的工作,还是找一份薪水较高但挑战很大且极不稳定的工作?

★陆一像许多大学生一样,在高考填志愿选择专业时是懵懵懂懂的,不知道该选什么专业好。别人告诉她"选择你自己喜欢的",她却发现自己并不了解真正喜欢什么。她听大人们的意见,选了"女孩比较合适"的外语专业。她对自己所学的专业谈不上非常喜欢,但也不是特别烦。她很在意别人的看法,如她所学的专业是否有前途,其他专业怎样的好,等等。每当这时候,她都会陷入困惑和迷茫,疑惑所学的专业究竟是否适合自己,不知道什么样的职业才是自己最喜欢的。

第一节　自我认知概述

古人说,"人贵有自知之明",老子也说过,"知人者智,自知者明",大军事家孙子则有"知己知彼,百战不殆"的传世名言。可以说,从古到今,人们对于自我的认识始终处于一个无尽的探索之中。我是谁? 我能做什么? 如此的问题不管是有意识的还是潜意识的,或多或少都会出现在我们的脑海里。

一、自我认知的要点

职业生涯管理从自我认知和环境认知开始。只有认清了自我,认清了环境,才能建立切实可行的职业生涯目标,并制定实现目标的行动方案。

自我认知是指个人对自己的了解和认识,其中包括认识自己的长处与缺点,并调整自己的情绪、意向、动机、个性和欲望,对自己的行为进行反省等。在求职找工作之前,清楚的自我认知使你能够了解自己的职业价值观、兴趣、爱好、能力、特长、人格特征以及弱点和不足,以便作出明智的职业选择,找到一份真正适合自己的工作。在职业转换和职业发展中,通过对自己的总结盘点,找到成功和失败的原因,从中吸取经验教训,可以促使自己的职业生涯走向成功。

在心理学上，自我是一个独特的、持久的同一身份的我，主要包括作为认知对象的我和行为主宰者的我。认知自我属于自我意识范畴，它包括自我觉察、自我认知、自我分析、自我评价等。可以从"我是谁""我从哪里来""我要到哪里去"三个问题入手来进行分析。

(一)"我是谁?"

"我是谁?"包括物质自我、社会自我和精神自我三个部分。

物质自我是对自己生理状况如身高、体重、形态，以及住房、财产、衣物和装饰等的认识。一个人对自己的外貌长相、服饰打扮的定位和评价是物质自我的认识反映。这一部分有形的"自我"可以说是每个人对于"自我"最直接的感受和理解。

社会自我是对自己在社会关系、人际关系中的角色、地位、作用和权利等的认识和体验。社会自我使个体在社会化过程中得以发展和成长。

精神自我是自我认知中最核心的部分，它是对"我"的内部主观存在的认识，是自身心理特征如需要、动机、价值观、能力、气质、性格等的认识。

(二)"我从哪里来?"

"我从哪里来?"主要是要了解自己从出生到现在的所有经历、受教育程度与个人实践能力。一般包括自己的籍贯、家庭状况，自己的学历、阅历、知识、技能、社会地位和社会资源等的认识。

(三)"我要到哪里去?"

"我要到哪里去?"主要是要了解自己将来要做什么，要实现什么目标，一般包括对自己未来的人生设计。如自己希望在情感上、经济上、社会成就上达到什么样的目标，以及实现目标的具体方法。

正确认识自我是一个人迈向成功职业生涯的重要步骤，一个人如果无法充分认识自己，所有的努力都可能只是为了符合他人的期待和要求，而与自己的内心状态不符。只有通过自我探索了解自己的内在需求，个人的潜能才会得以充分发挥。

二、自我认知的方法

自我认知是建立在自我观察与自我分析基础上的对自身条件的全面评估，要力求实事求是。每人都有自己独特的个性。个性有先天的成分，但决定个性的是后天的培养和熏陶。在择业过程当中，找到适合自己个性发挥和发展的职业对每个人来说，都是非常重要的。认识自己主要有自省比较法、他人评价法、心理测量法等。

(一)自省比较法

自省比较法即通过自我反省、自我总结、自我比较的方法认识自己，如现在的自己与过去的自己比较，自己某一方面的素质与其他方面的素质比较等；也可以用自己与他人比较，如与同学朋友相比较，与优秀毕业生或某些典型人物比较等；还可以用自己的行为期望与行为结果相比较,即对某行为的自我期望的评估与行为最终产生的结果之间的比较;还可以用自己对自己的期望与社会对自己的期望相比较。

(二)他人评价法

他人评价法是大学生自我认识的一个重要方法,因为自己对自己的评价往往带有主观偏见,尤其是对自己的突出优点和缺点估计不足,如能借鉴他人对自己的评价(一般指就业指导老师、学校老师、父母、朋友、同学等对自己了解的人的看法、评价),就能比较准确地认识自己。一般来说,长期学习、工作、生活在一起的人对自己的言行看在眼里、记在心里,印象很深,对自己的评价会更公正、更客观。

(三)心理测量法

除了自省比较、听取他人评价这两种方法外,心理测量法也不失为一种科学的检测手段,它主要是通过回答有关问题来认识自己、了解自己,既简洁、经济又能有效地达到目的。大学生可以用不同的量表,通过心理检测,测量出自己心理素质、性格、能力等方面的情况。

自我心理测试的量表很多,内容包括方方面面,如性格测试、情绪测试、智力测试、技能测试、记忆力测试、创造力测试、观察力测试、应变能力测试、想象力测试、管理能力测试、人际关系测试、行动能力测试等。

第二节　大学生自我认知的内容

认识自己并不容易。在当前的大学生中,很明显地存在一些缺乏自我认知的现状。作为有独立生存能力的社会人,很多高校学生却出现了目标模糊、迷茫失落的状态,在学习、生活中缺乏切合实际的指导。这一切,最终源于对自己的认识不够,不知道"我是谁",不知道"我"要做什么、该做什么。

大学生在职业生涯规划之前,首先应从职业需求的角度去进行自我认识与自我评价,做到知己:学什么专业、有什么兴趣爱好、性格特征如何、职业能力如何、有无创新精神、身体状况与学习基础如何等。明确自己喜欢什么、能够做什么、现在做什么、对"现在的我"有一个比较深刻的了解。因此,大学生自我认知需要从如下几方面内容着手。

一、我是谁——职业人格的自我认知

人格也称个性,是指一个人在遗传素质的基础上,在个体成长中形成的、区别于他人的、独特稳定的心理倾向和心理总特征的总和。它包括气质和性格两方面特征。

气质是指人说话、办事时表现的脾气,如有的人是急性子,有的人是慢性子。它是人的一种心理特征,包括人与外界事物接触中反映出来的感受性、耐受性、反应的敏捷性、情绪的兴奋性以及心理活动的内向性与外向性等特点。

性格是指一个人对客观现实的稳定态度以及与之相适应的习惯化了的行为方式,是个性最鲜明的表现。性格的形成是一个长期、复杂的过程,是一个人生活环境、生活经历的反映。性格在一定程度上能掩盖和改造气质,还能对能力的形成和发展起制约作用。性格是组成个性的重要心理特征,它从本质上反映了一个人的精神面貌和思想境界。

职业人格是一个人在职业中稳定的、习惯化的思维方式和行为风格,是个人不同于他人活动的动力特征的稳定态度和行为方式。它贯穿于人的整个心理活动过程,影响着个人的活动方式、风格和工作绩效。它也包括气质和性格两个方面。但一般都不孤立地考虑气质类型,而更多地从性格特征考虑问题。

(一)职业人格的作用

人的性格类型与职业之间具有一定的相关性:一方面是不同的性格类型适应不同的职业要求;另一方面是从事某种特定职业的人员,会按照职业的要求不断巩固或者调整原有的性格特征,甚至影响职业原有的一些特点。对于一个成功者而言,性格是一个比较重要的条件。有一句话说:"播种行为,收获习惯;播种习惯,收获性格;播种性格,收获命运。"性格特征可以决定一个人职业生涯道路的顺利与否,所以,从事与性格匹配的职业发展极为重要。

职业心理学的研究表明,不同的职业有着不同的性格要求,大学生在选择职业或岗位时应充分考虑自己的性格特征。例如,性格外向、善于交际、耐心细致、为人热情的人适合做人事顾问、营销员、演员、记者、教师等与人交往的工作;性格内向的人适合做有计划、稳定、类似研究的工作;精神饱满、意志坚强、有韧性、不怕吃苦的人适合做挑战性较强的工作;活泼好动、敏感的人适合于多变、对反应迅速要求较高的工作;性格安详平稳的人最适合条理性和持久性强的工作。

但是,性格与职业之间并不存在严格的对应关系,任何对性格与职业关系的固定、静止、片面的看法都是有失偏颇的。不同类型性格的人在同一职业领域中能够有各具特色的表现,同一性格的人在不同的职业领域中也会各显魅力。

(二)职业人格的分类

美国著名职业指导专家霍普金斯大学教授约翰·霍兰德把千差万别的人格类型归纳为六个基本类型,同时把成千上万的职业划分为相应的六大类,每一人格类型对应于一个职业类型。六种人格类型及相应的职业类型如表4-1所示。

表4-1　人格类型与相适应的职业类型

人格类型	特　点	典型职业
现实型	此种类型的人愿意使用工具从事操作性工作,动手能力强,做事手脚灵活,动作协调。偏好于具体任务,不善言辞,做事保守,较为谦虚。缺乏社交能力,通常喜欢独立做事	喜欢使用工具、机器,需要基本操作技能的工作。对要求具备机械方面才能、体力或从事与物件、机器、工具、运动器材、植物、动物相关的职业有兴趣,并具备相应能力。例如,技术性职业(计算机硬件人员、摄影师、制图员、机械装配工),技能性职业(木匠、厨师、技工、修理工、农民、一般劳动)

续表

人格类型	特 点	典型职业
研究型	此种类型的人是思想家而非实干家,抽象思维能力强,求知欲强,肯动脑,善思考,不愿动手。喜欢独立的和富有创造性的工作。知识渊博,有学识才能,不善于领导他人。考虑问题理性,做事喜欢精确,喜欢逻辑分析和推理,不断探讨未知的领域	喜欢智力的、抽象的、分析的、独立的定向任务,要求具备智力或分析才能,并将其用于观察、估测、衡量、形成理论、最终解决问题的工作,并具备相应的能力。例如,科学研究人员、教师、工程师、电脑编程人员、医生、系统分析员
艺术型	此种类型的人有创造力,乐于创造新颖、与众不同的成果,渴望表现自己的个性,实现自身的价值。做事理想化,追求完美,不重实际。具有一定的艺术才能和个性。善于表达、怀旧、心态较为复杂	喜欢的工作要求具备艺术修养、创造力、表达能力和直觉,并将其用于语言、行为、声音、颜色和形式的审美、思索和感受,具备相应的能力。不善于事务性工作。例如,艺术方面(演员、导演、艺术设计师、雕刻家、建筑师、摄影家、广告制作人)、音乐方面(歌唱家、作曲家、乐队指挥)、文学方面(小说家、诗人、剧作家)
社会型	此种类型的人喜欢与人交往、不断结交新的朋友、善言谈、愿意教导别人。关心社会问题、渴望发挥自己的社会作用。寻求广泛的人际关系,比较看重社会义务和社会道德	喜欢要求与人打交道的工作,能够不断结交新的朋友,从事提供信息、启迪、帮助、培训、开发或治疗等事务,并具备相应能力。例如,教育工作者(教师、教育行政人员)、社会工作者(咨询人员、公关人员)
企业型	此种类型的人追求权力、权威和物质财富,具有领导才能。喜欢竞争、敢冒风险、有野心、抱负。为人务实,习惯以利益得失、权利、地位、金钱等来衡量做事的价值,做事有较强的目的性	喜欢要求具备经营、管理、劝服、监督和领导才能,以实现机构、政治、社会及经济目标的工作,并具备相应的能力。例如,项目经理、销售人员、营销管理人员、政府官员、企业领导、法官、律师
常规型	此种类型的人尊重权威和规章制度,喜欢按计划办事,细心、有条理,习惯接受他人的指挥和领导,自己不谋求领导职务。喜欢关注实际和细节情况,通常较为谨慎和保守,缺乏创造性,不喜欢冒险和竞争,富有自我牺牲精神	喜欢要求注意细节、精确度、有系统有条理,具有记录、归档、据特定要求或程序组织数据和文字信息的职业,并具备相应能力。例如,秘书、办公室人员、记事员、会计、行政助理、图书馆管理员、出纳员、打字员、投资分析员

(三)职业人格的评定

职业人格是大学生胜任未来职业的一个重要的心理因素,掌握一定的评定方法,从而科学地了解自己,一方面有利于在校期间有意识地塑造自己的良好品德,克服不良的态度和行为方式;另一方面,也有利于适应未来职业的要求。评定职业人格的方法主要有以下几种。

1. 观察法

观察法是通过观察活动来了解自己的各种表现。例如,学校的学习活动、课外活动、劳动实践活动等。这种观察可以是自我观察，也可以是由别人来观察。观察应当是有目的地进行，根据目的还可以先拟定一个观察计划，然后逐项分析。观察时要做好记录，供以后分析讨论用。观察的内容还包括交谈，因为语言是思维的重要工具，在交谈中，一个人是健谈还是少言寡语，言论是否真诚可信，都能反映出谈话者的人格特征。此外，人的非言语信息，如面部表情、语调、语速、手势、坐姿、人与人的空间距离、衣着打扮等都可以提供被观察者的性格特征方面的各种信息。

操作方法：拟定一份观察计划，写得越具体越好，然后根据计划内容逐项完成，在此过程中一定要做好记录，当所有计划内容均完成后便将之前的所有记录列出进行逐项分析，进而得到最终的分析结果。

2. 个人作品分析法

个人作品是指日记、自传、作文、艺术创作品和其他劳动产品。这些作品是个人人格特征的投射物，大学生可以通过对自己的这些作品的自我分析或相互分析，从中获得很多信息。

操作方法：一般就是选择一些自己所完成的个人作品，从中分析其创作思路，创作手法、风格及其所带的感情色彩，进而从中了解自己的真实个性与性格。

3. 心理测试法

心理测试法包括投射法测验和标准化的人格问卷测验。目前，很多高校都会定期举行一些针对大学生心理问题的测试。大学生可以通过测试得到更为明确的心理诊断结果。

操作方法：一般就是根据自己需要了解的内容，选择相关的心理测试题，按照测试所列的问题依次回答，每回答一个问题都凭自己第一感觉而定，不应做太久的思考，更不可先去看标准答案再回答问题。回答完所有问题后，根据要求统计，确定最终类型，进而看这一类型的测试分析来评定自己。

4. 咨询法

从观察、作品分析和心理测试中可以获得大量的有关人格特征的信息、资料和结果，咨询则是在此基础上，由老师与同学进行面谈、讨论和诊断。人格特征是十分复杂的，而且又处在成长的过程之中，仅靠某一种方法是难以准确地把握一个人的性格特征的。因此，大学生要通过进行专门的咨询来了解自己的人格特征。当然，咨询的方法也是多样化的，咨询者以职业指导教师为主，此外，可征询其他教师、同学、家长和熟悉自己的人的意见，还可以采用座谈、讨论和其他活动方式来进行咨询。

操作方法：选择比较资深职业指导教师或比较了解自己的人，然后将自己的想法告诉他们，在向咨询者倾诉的时候尽量将自己的真实想法与平时所表现的行为特征或苦恼说出来，然后再回答咨询者所提出的问题，咨询者会根据你的陈述及你谈话时所表现出来的特征，帮你分析，从而帮助你更好地找到最真实的自己。咨询最好是专门找时间面对面地进行，那种想凭一两条手机短信而进行科学咨询的想法是不现实的。

当然，了解自己的人格特征更重要的目的是促进个人职业道德的健康发展。因此，不论是学校安排的调查，还是座谈或测试，都要积极配合和参与。

(四)通过 MBTI 了解自己的性格

1. 背景

心理类型理论的首次出现是在 1913 年。当时正值召开国际精神分析大会,著名心理学家卡尔·荣格在会上提出个性的两种态度类型:内倾(后来也称内向)和外倾(后来也称外向)。1921 年他在《心理类型学》一书中又对这两种类型的态度作了详细的阐述,并提出了四种功能类型,即理性功能的相互对立的两种类型——思维功能与情感功能以及非理性功能的相互对立的两种类型——感觉功能和直觉功能。由此,荣格将两种态度类型和四种功能类型组合起来,形成了八种个性类型:外倾思维型、外倾情感型、外倾直觉型、外倾感觉型、内倾思维型、内倾情感型、内倾直觉型、内倾感觉型。

美国心理学家布里格斯(Katharine Cook Briggs)和迈尔斯(Isabel Briggs Myers)母女在荣格的两种态度类型和四种功能类型的基础上,又增加了判断和知觉两种类型,由此组成了个性的四维八极特征,它们彼此结合就构成了十六种个性类型。经过二十多年的研究后,编制成了《迈尔斯-布里格斯类型指标》,从而把荣格的类型理论付诸实践。继而,迈尔斯又在荣格的优势功能、劣势功能、主导功能和从属功能等概念的基础上,进一步提出功能等级等概念,并有效地为每一种类型确定了其功能等级的次序,又提出了类型的终生发展理论,对心理类型理论做出了新的贡献。

这种理论可以帮助解释为什么不同的人对不同的事物感兴趣、擅长不同的工作,并且有时不能互相理解等问题。这个工具已经在世界上运用了数十年的时间,夫妻利用它增进融洽,老师学生利用它提高学习、授课效率,青年人利用它选择职业,组织利用它改善人际关系、进行团队沟通等多个方面。在世界五百强中,有 80% 的企业有 MBTI 的应用经验。

2. 指标

四个维度:MBTI 人格共有四个维度,每个维度有两个方向,共计八个方面:外向(extroversion,E)和内向(introversion,I);感觉(sensing,S)和直觉(intuition,N);思考(thinking,T)和情感(feeling,F);判断(judging,J)和知觉(perceiving,P)。例如:

我们与世界的相互作用是怎样的?	外向(E)和内向(I)
我们自然留意的信息类型?	感觉(S)和直觉(N)
如何做决定?	思考(T)和情感(F)
做事方式?	判断(J)和知觉(P)

每个人的性格都落足于四种维度每一种中点的这一边或那一边,我们把每种维度的两端称作"偏好"。例如,如果你落在外向的那一边,那么就可以说你具有外向的偏好。如果你落在内向的那一边,那么就可以说你具有内向的偏好。

3. 十六种类型

四个维度,两两组合,共有十六种类型。以各个维度的字母表示类型,如下:

ESFP ISFP ENFJ ENFP ESTP ISTP INFJ INFP

ESFJ ISFJ ENTP INTP ESTJ ISTJ ENTJ INTJ

　　四个维度在每个人身上会有不同的比重,不同的比重会导致不同的表现,关键在于各个维度上的人均指数和相对指数的大小。

　　性格的特征不同,其行为习惯就不同,行为习惯的差异,会决定职业的选择差异。性格类型与职业之间具有一定的相关性,不同性格类型适应不同的职业要求,同时,从事某种职业的特定人员,会按照职业要求不断巩固或者调整原有的性格特征。

　　当不同性格的人选择了与之相匹配的职业或岗位时,才能更好更快地发挥自己的独特性。比如,从事财会工作,应具有的性格是独立性强,具有怀疑精神,聪慧富有才识,还需要具有敏感性和恒心;担任推销主管,应具有的性格是乐群外向,精明,具有很强的探索精神,并且能够独当一面;从事编辑工作,应具有性格敏感、富于幻想,做事细致认真。只有职业岗位选择与自己的性格相匹配,一个人的潜力才能源源不断地最大限度被挖掘。

　　性格的态度特征和意志特征对职业选择和职业成就会产生重要影响。首先,个人性格中对工作和学习的态度特征会对自身职业选择和发展产生直接影响。有的人把学习、工作当作自身需要,有的人则把学习、工作看成一种负担;有的人勤劳肯干,有的人懒惰消极;有的人认真负责,有的人敷衍了事;有的人周密细致,有的人粗心大意。其次,性格中对社会、集体和他人的态度特征也会对自身职业产生影响。见异思迁、行为孤僻、自私自利、脾气暴躁的人表现出的对他人、集体、社会的漠不关心或蔑视社会的行为规范,就不适于从事与人打交道的职业。再次,性格中对自己的态度特征也会影响到自身职业发展,有的人谦虚低调,有的人骄傲自满;有的人自信,有的人自卑;有的人严于律己,有的人放任散漫。最后,性格中的意志特征也同职业的选择及成就有密切关系。缺乏韧性的人不适宜从事诸如外科医生、科学研究员、资料管理、运动员等要求耐力很强的工作;动摇、怯懦、散漫的人,不适宜选择诸如思想政治工作、外交人员、教师等职业。

活动体验

MBTI 自测

E-I 外向—内向

外向:	内向:
(注意力和能量主要指向外部世界的人和事,而从与人交往和行动中得到活力)	(注意力和能量集中于自己的内心世界,从对思想、回忆和情感的反思中获得活力)
• 从人际交往中获得能量	• 从时间中获得能量
• 喜欢外出	• 喜静、多思、冥想(离群、与外界相互误解)
• 表情丰富,外露	• 谨慎、不露表情
• 喜欢交互作用,合群	• 社会行为的反射性(会失去机会)
• 喜行动、多样性(不能长期坚持)	• 独立、负责、细致、周到、不蛮干
• 不怕打扰,喜自由沟通	• 不怕长时间做事、勤奋;怕打扰,先想然后讲
• 先讲,然后想;易冲动、易后悔、易受他人影响	
Extraversion ————外向	Introversion ————内向

S-N 感觉—直觉

感觉：	直觉：
（用自己的五官来获取信息。喜欢收集实实在在的、确实已出现的信息。对于周围所发生的事件观察入微，特别关注现实）	（通过想象、无意识等超越感觉的方式来获取信息。喜欢看整个事件的全貌，关注事实之间的关联。想要抓住事件的模式，特别善于看到新的可能性）
• 通过五官感受世界、注重真实的存在、实际	• 通过第六感洞察世界、注重应该如何，比较笼统
• 用已经有的技能解决问题	• 喜学新技能
• 喜具体明确	• 不重准确、喜抽象和理论
• 重细节（少全面性）	• 重可能性、讨厌细节
• 脚踏实地	• 好高骛远，喜欢新问题
• 做有可能有结果的事、能忍耐、小心	• 凭爱好做事，对事情的态度易变
• 可做重复工作（不喜新）不喜展望	• 提新见解、仓促结论
Sensing 感觉	**Intuition** 直觉

T-F 思考—情感

思考：	情感：
（通过分析某一行动或选择的逻辑后果来做出决定。会将自己从情景中分离出来，对事件的正反两方面进行客观地分析。从分析和确认事件中的错误并解决问题中获得活力。目标是要找到一个能应用于所有相似情景的标准或原则）	（喜欢考虑对自己和他人来说什么是最重要的。会在头脑中将自己放在情景所涉及的所有人的位置上并试图理解别人的感受，然后在此基础上根据自己的价值判断做出决定。从对他人表示赞赏和支持中获得活力。目标是创造和谐的氛围，把每一个人都当作一个独特的个体来对待）
• 分析，用逻辑客观方式决策	• 主观和综合，用个人化的、价值导向的方式决策；考虑决策对他人的影响
• 坚信自己的观点正确，不考虑他人意见	• 和谐、宽容、喜欢调解
• 清晰、正义、不喜欢调和主义	• 不按照逻辑思考
• 批判和鉴别力	• 考虑环境
• 规则	• 喜欢工作场景中的情感，从赞美中得到享受，也希望他人的赞美
• 工作中少表现出情感，也不喜欢他人感情用事	
Thinking 思考	**Feeling** 情感

J-P 判断—知觉

判断：	知觉：
（喜欢将事情管理得井井有条,过一种有计划的、井然有序的生活。喜欢做出决定,完成后继续下面的工作。生活通常会比较有规划、有秩序,喜欢把事情敲定下来。按照计划和日程办事对他们来说很重要。从完成任务中获得能量）	（喜欢以一种灵活的、自发的方式生活,更愿意去体验和理解生活而不是去控制它。详细的计划或最后的决定会使他们感到被束缚。愿意对新的信息和选择保持开放,直到最后一分钟。足智多谋,善于调节自己适应当前场合的需要,并从中获得能量）
• 封闭定向 • 结构化和组织化 • 时间导向 • 决断,事情都有正误之分 • 喜命令,控制、反应迅速,喜欢完成任务 • 不善适应	• 开放定向 • 弹性化和自发化 • 探索和开放结局 • 好奇,喜欢收集新信息而不是做结论 • 喜欢观望,喜欢开始许多新的项目,但不完成 • 优柔寡断、易分散注意
Judging ┗判断	Perceiving ┗知觉

【MBTI 十六种人格类型】

1. ISTJ 型

严肃、少言、依靠精力集中,通过全面性和可靠性获得成功。注重实践、有秩序、实事求是、有逻辑、现实、值得信赖。他们自己决定该做什么,并坚定不移地朝着目标前进,不易分心。喜欢将工作、家庭和生活都安排得井井有条。重视传统和忠诚。

2. ISFJ 型

少言、友善、有责任感和良知。坚定地致力于履行他们的义务。可以使任何项目和群体更加稳定。忠诚、体贴、周到、刻苦、精确,他们的兴趣通常不是技术性的。有洞察力,能对必要的细节有耐心,关心他人的感受。努力把工作和家庭环境营造得有序而温馨。

3. INFJ 型

沉静、坚强、责任心强、关心他人、富有创造力,坚持自己的价值观。全力投入自己的工作。因其坚定的原则而受尊重。寻求思想、关系、物质等之间的意义和联系。希望了解什么能够激励人,对人有很强的洞察力。对于怎样更好地服务大众有清晰的远景,别人可能会尊重和追随他们。在对于目标的实现过程中有计划而且果断坚定。

4. INTJ 型

具有创造性的思想,并大力推动他们自己的主意和目标。目光远大、能很快洞察到外界事物间的规律并形成长期的远景计划。一旦决定做一件事情就会开始规划并直到完成为止。在吸引他们的领域,他们有很好的能力去组织工作并将其进行到底。不轻信,具有批判性、独立性、有决心,对于自己和他人的能力和表现要求都非常高。

5. ISTP 型

安静的观察者，只要有问题发生，就会马上行动。自制、以独有的好奇心和出人意料的有创意的幽默，观察和分析生活。分析事物运作的原理，对于原因和结果感兴趣，能从大量的信息中很快地找到关键的症结所在，用逻辑的方式处理问题，重视效率。

6. ISFP 型

羞怯、友善、敏感、和谐、谦虚看待自己的能力。不喜欢争论和冲突，不将自己的观点和价值观强加于人。喜欢有自己的空间，喜欢按照自己的时间表工作。一般来说，无意于做领导工作，但对于自己的价值观和自己觉得重要的人非常忠诚，有责任心。他们享受眼前的乐趣，所以事情做完经常松懈而不愿让过度的紧迫和费事来破坏这种享受。

7. INFP 型

沉稳的观察者、理想主义、忠实，希望外部的生活和自己内心的价值观是统一的。有求知欲，能很快看到事情的可能性，能成为实现想法的催化剂。只要某种价值观不受到威胁，他们善于适应、善于接受。愿意谅解别人和了解充分发挥人潜力的方法。对财富和周围的事物不太关心。

8. INTP 型

安静、内向、灵活、适应力强。喜欢理论性的和抽象的事物，热衷于思考而非社交活动。对于自己感兴趣的领域有超凡的集中精力和深度解决问题的能力。谋求他们的某些特别的爱好得到运用的那些职业。多疑，有时会有点挑剔，喜欢分析。

9. ESTP 型

擅长于现场解决问题，注重当前，自然不做作。喜欢行动，不喜多加解释。对任何的进展都感到高兴。往往喜好机械的东西和运动，享受和他人在一起的时刻。善应变、容忍、重实效，注重结果，觉得理论和抽象的解释非常无趣。最喜好能干好、能掌握、能分析、能合一的交际事物。学习新事物最有效的方式是通过亲身感受和练习，喜欢物质享受和时尚。

10. ESFP 型

开朗、随和、友善、接受力强。热爱生活、人类和物质上的享受。喜欢和别人一起将事情做成功。喜欢行动并力促事情发生。他们了解正在发生的事情并积极参与。在工作中讲究常识和实用性，并使工作显得有趣。在需要丰富的知识和实际能力的情况下表现最佳。灵活自然不做作，对于新的任何事物都能很快地适应，学习新事物最有效的方式是和他人一起尝试。

11. ENFP 型

热情洋溢、极富朝气、机敏、富于想象力，认为人生有很多的可能性。能很快地将事情和信息联系起来，然后很自信地根据自己的判断解决问题。常常依据他们自己的能力去即席成事，而不是事先准备。几乎能够做他们感兴趣的任何事情，对任何困难都能迅速给出解决办法。总是需要得到别人的认可，也总是准备着给予他人赏识和帮助。经常能对他们想做的任何事情找到令人信服的理由。灵活、自然不做作，有很强的即兴发挥的能力，言语流畅。

12. ENTP 型

敏捷、睿智、有发明天才，长于许多事情。有激励别人的能力、机警、直言不讳。可能处于逗趣而争论问题的任何一个方面。在解决新的、具有挑战性的问题时机智而有策略，不希望例行公事,很少会用相同的方法做相同的事情,易把兴趣从一点转移到另一点。能够轻而易举地为他们的要求找到合乎逻辑的理由。善于找出理论上的可能性,然后再用战略的眼光分析。善于理解别人。

13. ESTJ 型

实际、现实主义、果断、迅速行动起来执行决定。由于有天生的商业或机械学头脑,所以对抽象理论不感兴趣。善于将项目和人组织起来将事情完成,并尽可能用最有效率的方法得到结果,在实施计划时强而有力。喜欢组织和参与活动,通常能做优秀的领导人。注重日常的细节,有一套非常清晰的逻辑标准,有系统性地遵循,并希望他人也同样遵循。

14. ESFJ 型

热心、健谈、受欢迎、有责任心、天生的合作者、积极的委员会成员。要求和谐并可能长于创造和谐,并为此果断地执行。喜欢和他人一起精确并及时地完成任务。事无巨细都会保持忠诚。能体察到他人在日常生活中的所需并竭尽全力帮助。在得到鼓励和赞扬时工作最出色。主要的兴趣在于那些对人们的生活有直接和明显的影响的事情。

15. ENFJ

敏感、热情、为他人着想、有责任心。真正地关心他人的所想所愿。善于发现他人的潜能,并希望能帮助他们实现。处理事情时尽量适当考虑别人的感情。能成为个人或群体成长进步的催化剂。能提出建议或轻松而机智地领导小组讨论。喜社交、受欢迎、有同情心,对表扬和批评敏感。

16. ENTJ 型

直率、果断,有天生的领导能力。能很快看到公司/组织程序和政策中的不合理性和低效能性,发展并实施有效和全面的系统来解决问题。善于长期的计划和目标的设定。长于需要论据和机智谈吐的任何事情,如公开演讲之类。通常见多识广,博览群书,喜欢拓广自己的知识面,并将此分享给他人。在陈述自己的想法时非常强而有力。

(五)气质的自我认知

1. 气质的分类

关于气质类型,心理学家从不同的角度,做了各自的分类。

(1)体液说

在 2000 多年前,西方医学之父——古希腊的希波克拉底就提出了体液说。他认为,人体内有不同的体液:血液、黄胆汁、黑胆汁和黏液。后古罗马的医生盖仑发展了体液说,正式提出了人有四种气质:胆汁质、多血质、黏液质、抑郁质。

胆汁质:黄胆汁多的人易激动,好发怒,不可抑制。

多血质:血液多的人热情,活泼好动。

黏液质:黏液多的人冷静,沉稳。

抑郁质:黑胆汁多的人冷静,沉稳。

(2)体型说

20 世纪 20 年代德国精神病医生克雷奇米尔根据自己的临床观察发现病人所犯精神病的

种类和他的体型有关。

美国医生谢尔顿和心理学家 Stevens 在 20 世纪 40 年代提出，人的体型是由胚叶决定的，因此，胎儿的发育就已经决定了他的气质类型。

（3）血型说

日本的古川竹二提出"血型说"，认为 A 型血的人温和老实、消极保守、焦虑多疑、冷静但缺乏果断，富于感情；B 型血的人积极进取、灵活好动、善于交际、喜欢多管闲事；O 型血的人胆大好胜、自信、意志坚强、爱支配人；AB 型的人外表像 B，内在却像 A。

（4）激素说

内分泌腺影响着人的新陈代谢，并影响着人的行为。心理学家伯曼（L. Berman）等人提出，人的气质是由某种内分泌腺的活动所决定的，人的气质特点与内分泌腺的活动有密切关系。根据人体内哪种内分泌腺的活动占优势，可以把人分成甲状腺型、脑下垂体型、肾上腺型、副甲状腺型、胸腺型、性腺型。

①甲状腺型：甲状腺分泌增多者精神饱满、不易疲劳、知觉敏锐、意志坚强、处事和观察迅速、容易动感情甚至感情迸发。

②脑下垂体型：脑垂体分泌增多者性情强硬、脑力发达、有自制力、喜欢思考、骨骼粗大、皮肤甚厚、早熟。

③肾上腺型：肾上腺分泌增多者雄伟有力、精神健旺、皮肤深黑而干燥、毛发浓密、专横、好斗。

④副甲状腺型：副甲状腺分泌增多者安定、缺乏生活兴趣、肌肉无力。

⑤胸腺型：胸腺位于胸腔内，幼年发育，青春期后停止生长，逐渐萎缩。如果成年胸腺不退化者，则单纯、幼稚、柔弱、不善于处理工作。

⑥性腺型：性腺分泌增多者常感不安、具有攻击性。

生理学的研究表明，气质确实与某些内分泌系统的活动有关，但是孤立的将气质完全归结于内分泌腺的活动，则忽视了神经系统对气质的决定性作用。

（5）神经活动类型说

前苏联科学家巴甫洛夫通过实验发现神经系具有强度（对刺激物产生兴奋强或弱）、均衡性（或称平衡性，兴奋或抑制谁占优势）和灵活性（兴奋过程和抑制过程的转换速度），不同气质类型的神经系统特性见表 4-2。

表 4-2　不同气质类型的神经系统特性

对应特征 气质类型	对应神经过程的基本特征			高级神经 活动类型	行为特点
	强度	均衡性	灵活性		
胆汁质	强	不均衡		兴奋型	攻击性强，容易兴奋，不易约束，难以抑制
多血质	强	均衡	灵活	活泼型	活泼好动，反应敏捷，喜欢交际，情绪外露
黏液质	强	均衡	不灵活	安静型	安静沉稳，不易活动，反应迟缓，不爱交际
抑郁质	弱			抑制型	行为孤僻，对事敏感，体验深刻，胆小畏缩

2. 各气质类型的特点

多血质的人像春天,敏捷好动,开朗活泼,善于交际。在群体中比较受欢迎,言语富有感染力,表情生动,反应敏捷。但情绪不够稳定,喜怒易变,注意力容易转移,对事物的热情维持时间不长。

胆汁质的人像夏天,热情奔放,情绪兴奋,乐观向上。为人直爽坦诚,工作主动,行为果断,爱指挥人。但自制力较差,容易感情用事,脾气暴躁,行为具有攻击性。对工作、生活中碰到的困难能坚决克服,但如果短期内不能解决困难,则会情绪低落,心灰意冷。

抑郁质的人似秋天,沉稳冷静,感情细腻,体验深刻,富于想象。工作认真,不轻易许诺。在群体中会周到地领会别人的想法和感觉。但不善与人交往,在处理事情时优柔寡断,多愁善感,主动性较差。

黏液质的人如冬天,富于理性美,感情不易发生且不外露,自制力强。行动缓慢沉着,善于完成需要意志力和长时间注意的工作。但有时情感过于冷淡,行动拘谨,不擅随机应变,缺乏创新精神。

应当指出,并不是所有的人都可以按照四种传统气质类型来划分,只有少数人是四种典型气质的代表,多数人往往以一种气质为主兼有其他气质类型的特点,是介于各种类型之间的中间类型。因此,在判断某个人的气质时,并非要把他划归为某种类型,主要是观察和测定构成他的气质类型的各种心理特性以及构成气质生理基础的高级神经活动的基本特性。

3. 如何看待气质类型

(1)气质具有稳定性与可塑性(由神经过程的特点决定,是先天形成的,很难改变)。

(2)气质类型没有好坏之分(表4-3)(重要的是了解自己,发扬自己气质中的积极方面,努力克服消极方面)。

表4-3　气质的两重性

气质类型	主要心理特征	
	积极性	消极性
胆汁质	热情果敢、精力充沛等	急躁易怒、难以自制等
多血质	活泼机敏、感情丰富等	情感多变、轻率浮躁等
黏液质	沉着冷静、坚毅实干等	执拗冷淡、动作迟缓等
抑郁质	情感深刻、细心谨慎等	多疑孤僻、柔弱易倦、缺乏自信心等

(3)气质类型不从根本上决定一个人成就的高低,但能影响工作的效率(考虑职业的适应性)。

(4)气质类型影响性格特征形成的难易和对环境的适应。

(5)气质类型能影响健康(气质类型极端的人情绪兴奋性太强或太弱,适应环境的能力较差,容易影响到身体的健康)。

人的气质由于受先天因素和后天的生活实践及教育的影响,所以是很复杂的。在生活中大多数人的气质类型表现为"混合型"。

尽管气质没有好坏之分,但气质能够影响一个人的工作效率。特别是在一些需要经受高度身心紧张的职业中,气质不仅关系到工作的效率,还关系到事业的成败。

二、我想要什么——职业需要的自我认知

需要是个体感到某种欠缺而力求得到满足的一种内心状态。需要主要是指个体生存和发展两大需要,对一个人的身心健康和成长非常重要。著名心理学家亚伯拉罕·马斯洛认为:"你在生活中所做的每一件事情都是为了满足自己的需要。"他基于自己的研究提出:"在人类的需求层次当中,只有当低层次的需求首先得到了满足,人们才会去追求高层次的需要。"马斯洛把人的需要从低到高分为如下五个层次。

(一)生理的需要

人类最基本的需要是食物、水、睡眠、空气、身体活动、感官刺激等,这些需要的满足使我们得以生存。以生存为导向的人就是长期以来一直努力却又无法使生理需要得到充分满足的人。如果你长期处于饥饿、干渴或睡眠不足的状态,你所有的行为就会直接指向那些能满足这些需求的活动。

(二)安全的需要

人们需要住在一个安全、有序、稳定、可靠、可以得到保护并且远离恐惧和焦虑的环境里。安全需要包括生理和心理的安全。以安全需要为导向的人,他们在生理上相对得到了很好的满足,但在安全的需要上没有得到充分的满足。

(三)归属的需要

马斯洛将其称之为"爱和归属的需要",也就是被他人认可、获得他人的感情和爱他人、对他人付出感情的需要。归属的需要实际上是要与他人发展良好的社会关系。

(四)尊重的需要

人们需要来自他人的,以注意、欣赏、认可或地位等方式表现出来的尊重,以及建立在对自己的能力、成就、才干和独立的感觉之上的自尊。对尊重需要的满足会形成良好的自尊和自我价值感。

(五)自我实现的需要

马斯洛需要层次论的顶点是开发自我的潜能、充分发挥自己的天赋和才能、实现自己的人生任务并获得人格的独立性和统一性的需要。只有当个人非常好地满足了前四个层次的需求,才会在自我实现的层次上采取行动。马斯洛所描述的自我实现的人对现实有着非常准确的知觉,对自己、他人和自然有很好的认同,有自发性,具有关注外界事物的能力。马斯洛称之为"越来越渴望成为原来的自己,即成为自己有能力成为的人"。

人们通常首先希望满足较低层次的需求,其次才会希望满足较高层次的需求。(但在特殊的环境下,也不一定遵循这个层次规律。)当一种需求得到满足时,另一种更高层次的需求就会占主导地位。我们在不同时间、不同条件下,个人需求会有所差异。

需求产生动机,动机决定行为。马斯洛的需要层次论从心理学的角度深刻阐述了工作、职业对我们的真实含义,阐述了各种动机对我们择业的影响。

【知识小贴士】

弗鲁姆的择业动机理论

美国心理学家弗鲁姆(V. H. Vroom)在1964年出版的《工作和激励》一书中,提出了解释员工行为激发程度的期望理论的基本公式:$M = V \times E$。

其中M为动机强度,指积极性的激发程度,表明个体为了一定目标而努力的程度。V为效价,指个体对一定目标重要性的主观评价。E为期望值,指个体实现目标可能性的大小,也就是目标实现的概率。员工个体行为动机的强度取决于效价大小和期望值的高低。

弗鲁姆认为这一理论也可以用来解释个人的职业选择行为,具体化为择业动机理论。该理论的应用(即个人如何进行职业选择)分为如下两个步骤。

1. 确定择业动机

择业动机用公式表示为:择业动机 = 职业效价 × 职业概率。

公式中,职业效价指择业者对某项职业价值的评价。职业效价取决于两方面,一是择业者的择业价值观,二是择业者对某项具体职业要素如兴趣、工资、发展空间、工作条件等的评价。

公式中职业概率是指择业者获得某项职业可能性的大小。职业概率大小通常取决于以下四个因素。

(1)某项职业的社会需求量

在其他条件一定的情况下,职业概率同职业需求量呈正比关系。

(2)择业者的竞争能力

竞争能力即择业者自身求职就业和工作能力,能力越强,获得职业的可能性越大。

(3)竞争系数

竞争系数指谋求同一种职业的劳动者人数的多少。在其他条件一定的情况下,竞争系数越大,职业概率越小。

(4)其他随机因素

择业动机公式表明,对择业者来说,某项职业的效价越高,获取该项职业的可能性越大,那么,择业者选择该项职业的意向或者倾向越大;反之,某项职业对选择者而言其效价越低,获取该项职业的可能性越小。

2. 比较择业动机,确定选择的职业

比较择业动机就是择业者对其视野内的几种目标职业,分别进行价值评估和获取该项职业可能性的评价,然后通过比较,选择某项职业。

三、我喜欢做什么——职业兴趣的自我认知

兴趣是人们对特定的事物、活动及人为对象所产生的积极的、带有倾向性的态度,即人们为了乐趣和享受而做的事情。兴趣是影响人们工作满意度、职业稳定性和职业成就感的重要因素,同时也是对职业进行分类的重要基础。从事自己感兴趣的职业,将会给我们带来智慧、动力和勇气。很多成功人士就是将兴趣和事业结合在一起,才取得了伟大的成就。因此,职业兴趣是生涯规划中进行自我探索的一个重要方面。

在大学生中,有的人觉得自己的兴趣十分模糊,有的人兴趣又过于广泛,还有的人兴趣明确却因为种种原因进入了一个与自己兴趣不相符的专业。大家都对此感到苦恼,想要知道怎样才能将自己的兴趣与未来的职业结合起来。更重要的是,怎样正确认识自己、了解自己的兴趣,并将它与自己的专业和职业结合,这是当代大学生普遍面临的问题。

(一)职业兴趣的作用

对个人来说,如果从事有兴趣的工作,就会更加努力,从而更加容易取得成就。从某种意义上甚至可以说,兴趣比能力更重要。

美国芝加哥大学心理学教授米哈利花了30多年的时间对几百位各行各业的人进行了访谈,研究是什么东西真正令人们感到幸福和满足。他发现,和人们通常想象的不同,不是在人们很放松、什么事也不做的时候,而是当人们专心致志地从事某种活动、甚至完全沉浸在这种活动中的时候,他们感到最为愉快和满足。对不同的人而言,这种幸福和满足的来源也不同,可能是跳舞,可能是演奏乐器、绘画,也可能是阅读、写作或即兴演讲,等等。

米哈利的这一发现说明:人们的满足感、幸福感往往来源于从事某种活动,而不是无所事事或单纯的享乐游玩。他一直强调要做自己喜爱的事情才能获得快乐。而这也正是工作原本的意义所在。显然,如果我们从事的事情是自己所喜欢的,那我们的工作和生活就会愉快得多,多半也会对这样的工作更有激情,更有可能在这样的工作中获得满足感。

职业兴趣是有关职业偏好的认识倾向。从事一项自己喜欢的职业,职业生涯就会变得更有趣、更为有意义,也更易获得职业满意与成功。一个人如果从事着自己感兴趣的工作,就有可能充分发挥他的积极性,想尽一切办法,努力将工作做好,而且他还可以从工作中得到满足,感到愉快。很多成功的事例都证明了这一点。被世人称为球王的贝利曾说过:"我热爱足球,足球就是我的生命!"正是对足球的执著和热爱,使贝利步入足坛,把踢足球作为他终生的职业选择,也正是足球给他带来了无穷的乐趣、巨大的荣誉和丰厚的财富。

而如果一个人从事了一种他很不喜欢的工作,他就不太可能积极主动地去做,甚至有时还不自觉地表现出一种被动的、消极的、拖拉的工作态度,因而常常得不到领导和同事们的赞扬,甚至与他们在工作上产生矛盾,进而加剧对工作的厌烦和郁闷不快的心情,使整个生活失去绚丽的色彩。

任何人的任何兴趣都不是与生俱来的,而是以一定的素质为前提。从兴趣的产生和发展来看,一般要经历这样一个过程:有趣→乐趣→志趣。

　　有趣是兴趣过程的第一阶段,也是兴趣发展的低级水平,它往往比较短暂,一瞬即逝,易起易落。处于这一阶段的兴趣常常与人对某一事物的新奇感相联系,随着这种新奇感的消失,兴趣也会自然地逝去。如小的时候今天想当老师,明天想当医生。

　　第二阶段为乐趣。它是在有趣定向发展的基础上形成的,是兴趣发展的中级阶段。在这一阶段或水平上,人们的兴趣会向专一的、深入的方向发展。如一个人觉得无线电很有乐趣,他不但会去学习这方面的相关知识,还会亲自进行装配和修理,参加有关的兴趣小组活动。

　　第三阶段为志趣。当人们的乐趣与人的社会责任感、理想、奋斗目标结合起来时,便由乐趣转为志趣。它是兴趣发展的高级水平,具有社会性、自觉性和方向性等特点,是走向成功的根本动力,也是成功的重要保证。贝利对足球的爱就是兴趣发展到志趣这一最高境界的表现。

　　具体来说,兴趣对人们的职业活动的作用主要表现在以下三个方面。

1. 兴趣是人们职业选择的重要依据

　　正像人们在日常生活中喜欢参加自己感兴趣的活动一样,具有一定兴趣类型的人更倾向于寻找与此有关的职业,特别是在外界环境限制较小时,人们都会选择自己感兴趣的职业。因此,对个人的兴趣类型有了正确的评估后,就有可能顺利地进行职业选择。

2. 兴趣可以增强人的职业适应性

　　一个人对某一方面的工作有兴趣时,即使在别人眼中显得枯燥的工作也会变得丰富多彩、趣味无穷。因为兴趣可以调动人的全部精力,使人以敏锐的观察力、高度的注意力、深刻的思维和丰富的想象力投入工作,促进人能力的发挥,兴趣和能力的合理结合会大大提高工作效率。研究表明:如果一个人从事自己感兴趣的职业,就会发挥他的全部才能的 $80\%\sim90\%$,而且长时间保持高效率却不感到疲劳;而对所从事工作没有兴趣的人,只能发挥其全部才能的 $20\%\sim30\%$。

3. 兴趣在某些情况下具有决定性作用

　　由于兴趣的本质特征所决定,兴趣影响一个人的工作满意度和稳定性,在某些情况下,如不考虑经济因素,甚至具有决定性作用。一般来说,从事自己不感兴趣的职业很难让人感到满意,并由此会导致工作的不稳定。

(二)职业兴趣的分类

　　由于人与人之间存在着很大的差异,对同一种职业就会产生不同的反应:有的人喜欢,有的人厌恶,有的人无动于衷。所以,虽然职业成千上万,分类比较复杂,一时难以全面掌握,但可以从人的职业兴趣的角度进行分类。表 4-4 列出了 12 种不同的职业兴趣类型以及与之相适应的职业类型。

表 4-4 职业兴趣类型与职业类型

兴趣类型	特点	相适应的职业举例
喜欢与工具打交道	此类型的人喜欢使用工具、器具进行劳动的活动,而不喜欢从事与人或动物打交道的职业	修理工、木匠、建筑工、裁缝等
喜欢与人相接触	此类型的人喜欢与他人接触的工作,他们喜欢销售、采访、传递信息一类的活动	记者、营业员、邮递员、推销员等
喜欢从事文字符号类工作	此类型的人喜欢与文字、数字、表格等打交道的工作	会计、出纳、校对员、打字员、档案管理员、图书管理员等
喜欢地理地质类职业	此类型的人喜欢在野外工作,如地理考察、地质勘探等活动	勘探工、钻井工、地质勘探人员
喜欢生物、化学和农业类职业	此类型的人喜欢实验性的工作	农技员、化验员、饲养员等
喜欢从事社会福利和助人工作	此类型的人乐意帮助别人,他们试图改善他人的状况,喜欢独自与人接触	医生、律师、教师、护士、咨询人员
喜欢行政和管理的工作	此类型的人喜欢管理人员的工作,愿意做别人的思想工作,他们在各行各业中起着重要的作用	辅导员、行政管理人员等
喜欢研究人的行为	此类型的人喜欢谈论涉及人的主题,他们爱研究人的行为举止和心理状态	心理学工作者,哲学、人类学研究者
喜欢从事科学技术事业	此类型的人喜欢科技工作类活动	建筑师、工程技术人员
喜欢从事想象的和创造性的工作	此类型的人喜欢需要有想象力和创造力的工作,喜欢创造新的式样和方法	演员、作家、创作人员、设计人员、画家等
喜欢做操纵机器的技术工作	此类型的人喜欢运用一定的技术,操纵各种机器,制造产品或完成其他任务	驾驶员、飞行员、海员、机床工等
喜欢从事具体的工作	此类型的人喜欢制作能看得见、摸得着的产品,希望很快看到自己的成果,他们从完成的产品中得到自我满足	厨师、园林工、农民、理发师等

从大的方面来说,兴趣可分为直接兴趣和间接兴趣。你喜欢跳舞、打球,可能是因为这些活动本身对你很有吸引力,通过这些活动你会获得愉快和满足,这就是直接兴趣。你可能虽然不太喜欢打球,但通过打球你可以结交很多朋友,赢得集体荣誉,是这些结果在吸引你去打球,这就是间接兴趣。直接兴趣和间接兴趣可以相互转化,也可以相互结合,从而更有效地调动我们的积极性。

建议大家在选择职业时首先明确自己的兴趣类型,寻找与此兴趣类型相匹配的职业。

(三)职业兴趣的评定

兴趣的评定主要是运用职业兴趣问卷,通过完成这些问卷,了解自己感兴趣的职业。这种方法的优点是:在完全没有明确职业概念时,通过问卷测验可以了解自己的职业兴趣领域,获得一批备选职业,丰富对职业领域及所感兴趣职业的范围。

目前,国内外运用得最广泛的职业兴趣问卷是斯特朗职业兴趣量表(Strong Interest Inventory,SII)、霍兰德自我探索量表(Self-Directed Search,SDS)、库德职业兴趣量表(Kuder Occupational Interest Survey,KOIS),它们被称为职业兴趣测验三大著名量表。目前许多测评量表都可以在计算机上完成,由电脑给出测评结果和测评报告。

当然,并不是所有的兴趣都应该或能够在自己的职业中得到满足。兴趣也可以通过兼职、志愿活动、参加社团、业余爱好等多种方式来实现。关键在于工作和生活(不同的生活角色)之间的协调与平衡,以及工作与个人爱好的适度统一。在选择职业的时候,有必要将兴趣作为一个重要因素考虑进去。

在实际的生活中,兴趣与职业也往往交织在一起。虽然我们将兴趣划分为职业兴趣和非职业兴趣,但这二者之间却往往很难区分,几乎每一种兴趣都可以与某种职业联系起来。例如,逛商场、购物的兴趣可以演变为采购或着装指导的工作;饲养小动物的兴趣可以与动物饲养人员、宠物医生、野生动物保护专家挂钩。很多人也的确将自己的业余爱好变成了自己的职业。例如,有的人因为喜欢收集地图而成为文物研究机构的研究人员,也有的人因为喜好旅游而成立野外探险俱乐部并成为旅游器材经销商。这样的例子比比皆是。

活动体验

霍兰德自我探索量表

本测验量表将帮助您发现和确定自己的职业兴趣和能力特长,从而更好地作出求职择业的决策。如果您已经考虑好或选择好了自己的职业,本测验将使您的这种考虑或选择具有理论基础,或向您展示其他合适的职业;如果您至今尚未确定职业方向,本测验将帮助您根据自己的情况选择一个恰当的职业目标。

本测验共有七个部分,每部分测验都没有时间限制,但请您尽快按要求完成。

第一部分　您心目中的理想职业

对于未来的职业,您得早有考虑,它可能很抽象、很朦胧,也可能很具体、很清晰。不论是哪种情况,现在都请您把自己最想干的3种工作或最想读的3种专业,按顺序写下来。

1. _____

2. _____

3. _____

第二部分　您所感兴趣的活动

下面列举了若干种活动,请就这些活动判断你的好恶。喜欢的或符合的,请在□里打"√",反之则打"×"。请按顺序回答全部问题。

R:实际型活动　　是:打"√",否:打"×"。

1. 装配修理电器或玩具 □　　　2. 修理自行车 □

3. 用木头做东西 □　　　4. 开汽车或摩托车 □

5. 用机器做东西 □　　　6. 参加木工技术学习班 □

7. 参加制图描图学习班 □　　　8. 驾驶卡车或拖拉机 □

9. 参加机械和电气学习班 □　　　10. 装配修理机器 □

统计"是"一栏得分计

I：研究型活动　　　是：打"√"，否：打"×"。

1. 读科技图书和杂志 □　　　2. 在实验室工作 □

3. 改良水果品种，培育新的水果 □　　　4. 调查了解土和金属等物质的成分 □

5. 研究自己选择的特殊问题 □　　　6. 解算术或玩数学游戏 □

7. 物理课 □　　　8. 化学课 □

9. 几何课 □　　　11. 生物课 □

统计"是"一栏得分计

A：艺术型活动　　　是：打"√"，否：打"×"。

1. 素描/制图或绘画 □　　　2. 参加话剧/戏剧 □

3. 设计家具/布置室内 □　　　4. 练习乐器/参加乐队 □

5. 欣赏音乐或戏剧 □　　　6. 看小说/读剧本 □

7. 从事摄影创作 □　　　8. 写诗或吟诗 □

9. 进艺术（美术/音乐）培训班 □　　　10. 练习书法 □

统计"是"一栏得分计

S：社会型活动　　　是：打"√"，否：打"×"。

1. 学校或单位组织的正式活动 □　　　2. 参加某个社会团体或俱乐部活动 □

3. 帮助别人解决困难 □　　　4. 照顾儿童 □

5. 出席晚会、联欢会、茶话会 □　　　6. 和大家一起出去郊游 □

7. 想获得关于心理方面的知识 □　　　8. 参加讲座会或辩论会 □

9. 观看或参加体育比赛和运动会 □　　　10. 结交新朋友 □

统计"是"一栏得分计

E：企业型活动　　　是：打"√"，否：打"×"。

1. 说服鼓动他人 □　　　2. 卖东西 □

3. 谈论政治 □　　　4. 制定计划、参加会议 □

5. 以自己的意志影响别人的行为 □　　　6. 在社会团体中担任职务 □

7. 检查与评价别人的工作 □　　　8. 结交名流 □

9. 指导有某种目标的团体 □　　　10. 参与政治活动 □

统计"是"一栏得分计

C：传统型活动　　　是：打"√"，否：打"×"。

1. 整理好桌面和房间 □　　　2. 抄写文件和信件 □

3. 为领导写报告或公务信函 □　　　4. 检查个人收支情况 □

5. 打字培训班 □　　　6. 参加算盘、文秘等实务培训 □

7. 参加商业会计培训班 □　　　8. 参加情报处理培训班 □

9. 整理信件、报告、记录等 □　　10. 写商业贸易信 □

统计"是"一栏得分计

第三部分　您所擅长并能获胜的活动

下面列举了若干种活动,请在你能做或大概能做的事的□里打"√",反之则打"×"。请按顺序回答全部问题。

R:实际型能力　　　是:打"√",否:打"×"。

1. 能使用电锯、电钻和锉刀等 □　　2. 知道万用表的使用方法 □

3. 能够修理自行车或其他机械 □　　4. 能够使用电钻床、磨床或缝纫机 □

5. 能给家具和木制品刷漆 □　　　6. 能看建筑设计图 □

7. 能够修理简单的电气用品 □　　8. 能修理家具 □

9. 能修理收录机 □　　　　　　　10. 能简单地修理水管 □

统计"是"一栏得分计

I:研究型能力　　　是:打"√",否:打"×"。

1. 懂得真空管或晶体管的作用 □　　2. 能够列举三种蛋白质多的食品 □

3. 理解铀的裂变 □　　　　　　　4. 能用计算尺、计算器、对数表 □

5. 会使用显微镜 □　　　　　　　6. 能找到三个星座 □

7. 能独立进行调查研究 □　　　　8. 能解释简单的化学 □

9. 理解人造卫星为什么不落地 □　　10. 经常参加学术的会议 □

统计"是"一栏得分计

A:艺术型能力　　　是:打"√",否:打"×"。

1. 能演奏乐器 □　　　　　　　　2. 能参加二部或四部合唱 □

3. 唱或独奏 □　　　　　　　　　4. 扮演剧中角色 □

5. 创作简单的乐曲 □　　　　　　6. 会跳舞 □

7. 绘画、素描或书法 □　　　　　8. 能雕刻、剪纸或泥塑 □

9. 设计板报、服装或家具 □　　　10. 写得一手好文章 □

统计"是"一栏得分计

S:社会型能力　　　是:打"√",否:打"×"。

1. 有向各种人说明解释的能力 □　　2. 常参加社会福利活动 □

3. 能和大家一起友好相处地工作 □　4. 善于与年长者相处 □

5. 会邀请人、招待人 □　　　　　6. 能简单易懂地教育儿童 □

7. 能安排会议等活动顺序 □　　　8. 善于体察人心和帮助他人 □

9. 帮助护理病人和伤员 □　　　　10. 安排社团组织的各种事务 □

统计"是"一栏得分计

E:企业型能力　　　是:打"√",否:打"×"。

1. 担任过学生干部并且干得不错 □　2. 工作上能指导和监督他人 □

3. 做事充满活力和热情 □　　　　4. 有效利用自身的做法调动他人 □

5. 销售能力强 □　　　　　　　　6. 曾作为俱乐部或社团的负责人 □

7. 向领导提出建议或反映意见 □　　8. 有开创事业的能力 □

9. 知道怎样成为优秀的领导者 □　　10. 健谈善辩 □

统计"是"一栏得分计

C：传统型能力　　是：打"√"，否：打"×"。

1. 会熟练地打印中文 □　　2. 会用外文打字机或复印机 □

3. 能快速记笔记和抄写文章 □　　4. 善于整理保管文件和资料 □

5. 善于从事事务性的工作 □　　6. 会用算盘或计算器 □

7. 能很快分类和处理大量文件 □　　8. 能使用计算机 □

9. 能搜集数据 □　　10. 善于为自己或集体做财务预算表 □

统计"是"一栏得分计

第四部分　你所喜欢的职业

下面列举了多种职业，请逐一认真地看，如果是你有兴趣的工作，请在 □ 里打"√"，反之则打"×"。请按顺序回答全部问题。

R：实际型职业　　是：打"√"，否：打"×"。

1. 飞机机械师 □　　2. 野生动物专家 □

3. 汽车维修工 □　　4. 木匠 □

5. 测量工程师 □　　6. 无线电报务员 □

7. 园艺师 □　　8. 长途公共汽车司机 □

9. 电工 □　　10. 火车司机 □

统计"是"一栏得分计

I：研究型职业　　是：打"√"，否：打"×"。

1. 气象学或天文学者 □　　2. 生物学者 □

3. 医学实验室的技术人员 □　　4. 人类学者 □

5. 动物学者 □　　6. 化学者 □

7. 数学学者 □　　8. 科学杂志的编辑或作家 □

9. 地质学者 □　　10. 物理学者 □

统计"是"一栏得分计

A：艺术型职业　　是：打"√"，否：打"×"。

1. 乐队指挥 □　　2. 演奏家 □

3. 作家 □　　4. 摄影家 □

5. 记者 □　　6. 画家、书法家 □

7. 歌唱家 □　　8. 作曲家 □

9. 电影电视演员 □　　10. 电视节目主持人 □

统计"是"一栏得分计

S：社会型职业　　是：打"√"，否：打"×"。

1. 街道、工会或妇联干部 □　　2. 小学、中学教师 □

3. 精神病医生 □　　4. 婚姻介绍所工作人员 □

5. 体育教练 □　　6. 福利机构负责人 □

7. 心理咨询员 ☐　　　　　　　　8. 共青团干部 ☐

9. 导游 ☐　　　　　　　　　　　10. 国家机关工作人员 ☐

统计"是"一栏得分计

E：企业型职业　　是：打"√"，否：打"×"。

1. 厂长 ☐　　　　　　　　　　　2. 电视片编制人 ☐

3. 公司经理 ☐　　　　　　　　　4. 销售员 ☐

5. 不动产推销员 ☐　　　　　　　6. 广告部长 ☐

7. 体育活动主办者 ☐　　　　　　8. 销售部长 ☐

9. 个体工商业者 ☐　　　　　　　10. 企业管理咨询人员 ☐

统计"是"一栏得分计

C：传统型职业　　是：打"√"，否：打"×"。

1. 会计师 ☐　　　　　　　　　　2. 银行出纳员 ☐

3. 税收管理员 ☐　　　　　　　　4. 计算机操作员 ☐

5. 簿记人员 ☐　　　　　　　　　6. 成本核算员 ☐

7. 文书档案管理员 ☐　　　　　　8. 打字员 ☐

9. 法庭书记员 ☐　　　　　　　　10. 人口普查登记员 ☐

统计"是"一栏得分计

第五部分　您的能力类型简评

下面两张表是您在六个职业能力方面的自我评定表。您可以先与同龄者比较出自己在每一方面的能力，然后经斟酌后对自己的能力作评估。请在表中适当的数字上画圈。数字越大，表示你的能力越强。

注意，请勿全部画同样的数字，因为人的每项能力不可能完全一样。

表 A

R 型	I 型	A 型	S 型	E 型	C 型
机械操作能力	科学研究能力	艺术创作能力	解释表达能力	商业洽谈能力	事务执行能力
7	7	7	7	7	7
6	6	6	6	6	6
5	5	5	5	5	5
4	4	4	4	4	4
3	3	3	3	3	3
2	2	2	2	2	2
1	1	1	1	1	1

表 B

R 型	I 型	A 型	S 型	E 型	C 型
体育技能	数学技能	音乐技能	交际技能	领导技能	办公技能
7	7	7	7	7	7
6	6	6	6	6	6
5	5	5	5	5	5
4	4	4	4	4	4
3	3	3	3	3	3
2	2	2	2	2	2
1	1	1	1	1	1

第六部分　统计和确定您的职业倾向

请将第二部分至第五部分的全部测验分数按前面已统计好的六种职业倾向(R 型、I 型、A型、S 型、E 型和 C 型)得分填入下表,并作纵向累加。

测试	R 型	I 型	A 型	S 型	E 型	C 型
第二部分						
第三部分						
第四部分						
第五部分 A						
第五部分 B						
总分						

请将上表中的六种职业倾向总分按大小顺序依次从左到右排列。

_____型、_____型、_____型、_____型、_____型、_____型

最高分_____　您的职业倾向性得分_____　最低分_____

第七部分　您所看重的东西——职业价值观

这一部分测验列出了人们在选择工作时通常会考虑的九种因素(见所附工作价值标准)。现在请您在其中选出最重要的两项因素,并将序号填入下边相应空格上。

最重要:_____　　　　次重要:_____

最不重要:_____　　　次不重要:_____

附:工作价值标准

1. 工资高、福利好;　　　　2. 工作环境(物质方面)舒适;　3. 人际关系良好;

4. 工作稳定有保障;　　　　5. 能提供较好的受教育机会;　6. 有较高的社会地位;

7. 工作不太紧张、外部压力少;8. 能充分发挥自己的能力特长;9. 社会需要与社会贡献大。

以上全部测验完毕。

现在,将你测验得分居第一位的职业类型找出来,对照下表,判断一下自己适合的职业类型。

职业索引——职业兴趣代号与其相应的职业对照表(仅供参考,不仅限于这些职业——编者注)

R(实际型):木匠、农民、操作X光的技师、工程师、飞机机械师、鱼类和野生动物专家、自动化技师、机械工(车工、钳工等)、电工、无线电报务员、火车司机、长途公共汽车司机、机械制图员、修理机器、电器师。

I(调查型):气象学者、生物学者、天文学家、药剂师、动物学者、化学家、科学报刊编辑、地质学者、植物学者、物理学者、数学家、实验员、科研人员、科技工作者。

A(艺术型):室内装饰专家、图书管理专家、摄影师、音乐教师、作家、演员、记者、诗人、作曲家、编剧、雕刻家、漫画家。

S(社会型):社会学者、导游、福利机构工作者、咨询人员、社会工作者、社会科学教师、学校领导、精神病工作者、公共保健护士。

E(事业型):推销员、进货员、商品批发员、旅馆经理、饭店经理、广告宣传员、调度员、律师、政治家、零售商。

C(常规型):记账员、会计、银行出纳、法庭速记员、成本估算员、税务员、核算员、打字员、办公室职员、统计员、计算机操作员、秘书。

RIA:牙科技术员、陶工、建筑设计员、模型工、细木工、制作链条人员。

RIS:厨师、林务员、跳水员、潜水员、染色员、电器修理、眼镜制作、电工、纺织机器装配工、服务员、装玻璃工人、发电厂工人、焊接工。

RIE:建筑和桥梁工程、环境工程、航空工程、公路工程、电力工程、信号工程、电话工程、一般机械工程、自动工程、矿业工程、海洋工程、交通工程技术人员、制图员、家政经济人员、计量员、农民、农场工人、农业机械操作、清洁工、无线电修理、汽车修理、手表修理、管工、线路装配工、工具仓库管理员。

RIC:船上工作人员、接待员、杂志保管员、牙医助手、制帽工、磨坊工、石匠、机器制造、机车(火车头)制造、农业机器装配、汽车装配工、缝纫机装配工、钟表装配和检验、电动器具装配、鞋匠、锁匠、货物检验员、电梯机修工、托儿所所长、钢琴调音员、装配工、印刷工、建筑钢铁工、卡车司机。

RAI:手工雕刻、玻璃雕刻、制作模型人员、家具木工、制作皮革品、手工绣花、手工钩针纺织、排字工作、印刷工作、图画雕刻、装订工。

RSE:消防员、交通巡警、警察、门卫、理发师、房间清洁工、屠夫、锻工、开凿工人、管道安装工、出租汽车驾驶员、货物搬运工、送报、勘探员、娱乐场所的服务员、起卸机操作工、灭害虫者、电梯操作工、厨房助手。

RSI:纺织工、编织工、农业学校教师、某些职业课程教师(诸如艺术、商业、技术、工艺课程)、雨衣上胶工。

REC:抄水表员、保姆、实验室动物饲养员、动物管理员。

REI:轮船船长、航海领航员、大副、试管实验员。

RES:旅馆服务员、家畜饲养员、渔民、渔网修补工、水手、收割机操作工、搬运行李工、公园服务员、救生员、登山导游、火车工程技术员、建筑工、铺轨工。

RCI：测量员、勘测员、仪表操作者、农业工程技术、化学工程技师、民用工程技师、石油工程技师、资料室管理员、探矿工、煅烧工、烧窑工、矿工、保养工、磨床工、取样工、样品检验员、纺纱工、炮手、漂洗工、电焊工、锯木工、刨床工、制帽工、手工缝纫工、油漆工、染色工、按摩工、木匠、农民建筑工、电影放映员、勘测员助手。

RCS：公共汽车驾驶员、一等水手、游泳池服务员、裁缝、建筑工、石匠、烟囱修建工、混凝土工、电话修理工、爆炸手、邮递员、矿工、裱糊工、纺纱工。

RCE：打井工、吊车驾驶员、农场工、邮件分类员、铲车司机、拖拉机司机。

IAS：普通经济学家、农场经济学家、财政经济学家、国际贸易经济学家、实验心理学家、工程心理学家、心理学家、哲学家、内科医生、数学家。

IAR：人类学家、天文学家、化学家、物理学家、医学病理、动物标本剥制者、化石修复者、艺术品管理者。

ISE：营养学家、饮食顾问、火灾检查员、邮政服务检查员。

ISC：侦察员、电视播音室修理员、电视修理服务员、验尸室人员、编目录者、医学实验室技师、调查研究者。

ISR：水生生物学者、昆虫学者、微生物学家、配镜师、矫正视力者、细菌学家、牙科医生、骨科医生。

ISA：实验心理学家、普通心理学家、发展心理学家、教育心理学家、社会心理学家、临床心理学家、目标学家、皮肤病学家、精神病学家、妇产科医师、眼科医生、五官科医生、医学实验室技术专家、民航医务人员、护士。

IES：细菌学家、生理学家、化学专家、地质专家、地理物理学专家、纺织技术专家、医院药剂师、工业药剂师、药房营业员。

IEC：档案保管员、保险统计员。

ICR：质量检验技术员、地质学技师、工程师、法官、图书馆技术辅导员、计算机操作员、医院听诊员、家禽检查员。

IRA：地理学家、地质学家、声学物理学家、矿物学家、古生物学家、石油学家、地震学家、原子和分子物理学家、电学和磁学物理学家、气象学家、设计审核员、人口统计学家、数学统计学家、外科医生、城市规划家、气象员。

IRS：流体物理学家、物理海洋学家、等离子体物理学家、农业科学家、动物学家、食品科学家、园艺学家、植物学家、细菌学家、解剖学家、动物病理学家、作物病理学家、药物学家、生物化学家、生物物理学家、细胞生物学家、临床化学家、遗传学家、分子生物学家、质量控制工程师、地理学家、兽医、放射性治疗技师。

IRE：化验员、化学工程师、纺织工程师、食品技师、渔业技术专家、材料和测试工程师、电气工程师、土木工程师、航空工程师、行政官员、冶金专家、原子核工程师、陶瓷工程师、地质工程师、电力工程师、口腔科医生、牙科医生。

IRC：飞机领航员、飞行员、物理实验室技师、文献检查员、农业技术专家、动植物技术专家、生物技师、油管检查员、工商业规划者、矿藏安全检查员、纺织品检验员、照相机修理者、工程技术员、编计算机程序者、工具设计者、仪器维修工。

CRI：簿记员、会计、记时员、铸造机操作工、打字员、按键操作工、复印机操作工。

CRS：仓库保管员、档案管理员、缝纫工、讲述员、收款人。

CRE：标价员、实验室工作者、广告管理员、自动打字机操作员、电动机装配工、缝纫机操作工。

CIS：记账员、顾客服务员、报刊发行员、土地测量员、保险公司职员、会计师、估价员、邮政检查员、外贸检查员。

CIE：打字员、统计员、支票记录员、订货员、校对员、办公室工作人员。

CIR：校对员、工程职员、海底电报员、检修计划员、发报员。

CSE：接待员、通讯员、电话接线员、卖票员、旅馆服务员、私人职员、商学教师、旅游办事员。

CSR：运货代理商、铁路职员、交通检查员、办公室通信员、簿记员、出纳员、银行财务职员。

CSA：秘书、图书管理员、办公室办事员。

CER：邮递员、数据处理员、办公室办事员。

CEI：推销员、经济分析家。

CES：银行会计、记账员、法人秘书、速记员、法院报告人。

ECI：银行行长、审计员、信用管理员、地产管理员、商业管理员。

ECS：信用办事员、保险人员、各类进货员、海关服务经理、售货员、购买员、会计。

ERI：建筑物管理员、工业工程师、农场管理员、护士长、农业经营管理人员。

ERS：仓库管理员、房屋管理员、货栈监督管理员。

ERC：邮政局长、渔船船长、机械操作领班、木工领班、瓦工领班、驾驶员领班。

EIR：科学、技术和有关周期出版物的管理员。

EIC：专利代理人、鉴定人、运输服务检查员、安全检查员、废品收购人员。

EIS：警官、侦察员、交通检验员、安全咨询员、合同管理者、商人。

EAS：法官、律师、公证人。

EAR：展览室管理员、舞台管理员、播音员、驯兽员。

ESC：理发师、裁判员、政府行政管理员、财政管理员、职业病防治者、售货员、商业经理、办公室主任、人事负责人、调度员。

ESR：家具售货员、书店售货员、公共汽车的驾驶员、日用品售货员、护士长、自然科学和工程的行政领导。

ESI：博物馆管理员、图书馆管理员、古迹管理员、饮食业经理、地区安全服务管理员、技术服务咨询者、超级市场管理员、零售商品店店员、批发商、出租汽车服务站调度员。

ESA：博物馆馆长、报刊管理员、音乐器材售货员、广告商售画营业员、导游、（轮船或班机上的）事务长、飞机上的服务员、船员、法官、律师。

ASE：戏剧导演，舞蹈教师，广告撰稿人，报刊、专栏作者，记者，演员，英语翻译。

ASI：音乐教师、乐器教师、美术教师、管弦乐指挥、合唱队指挥、歌星、演奏家、哲学家、作家、广告经理、时装模特。

AER：新闻摄影师、电视摄影师、艺术指导、录音指导、丑角演员、魔术师、木偶戏演员、骑士、跳水员。

AEI：音乐指挥、舞台指导、电影导演。

AES：流行歌手、舞蹈演员、电影导演、广播节目主持人、舞蹈教师、口技表演者、喜剧演员、模特。

AIS：画家、剧作家、编辑、评论家、时装艺术大师、新闻摄影师、演员、文学作者。

AIE：花匠、皮衣设计师、工业产品设计师、剪影艺术家、复制雕刻品大师。

AIR：建筑师、画家、摄影师、绘图员、环境美化工、雕刻家、包装设计师、陶器设计师、绣花工、漫画工。

SEC：社会活动家、退伍军人服务官员、工商会事务代表、教育咨询者、宿舍管理员、旅馆经理、饮食服务管理员。

SER：体育教练、游泳指导。

SEI：大学校长、学院院长、医院行政管理员、历史学家、家政经济学家、职业学校教师、资料员。

SEA：娱乐活动管理员、国外服务办事员、社会服务助理、一般咨询者、宗教教育工作者。

SCE：部长助理、福利机构职员、生产协调人、环境卫生管理人员、戏院经理、餐馆经理、售票员。

SRI：外科医师助手、医院服务员。

SRE：体育教师、职业病治疗者、体育教练、专业运动员、房管员、儿童家庭教师、警察、传达员、保姆。

SRC：护理员、护理助理、医院勤杂工、理发师、学校儿童服务人员。

SIA：社会学家、心理咨询者、学校心理学家、政治科学家、大学或学院的系主任、大学或学院的教育学教师、大学农业教师、大学工程和建筑课程的教师、大学法律教师、大学数学教师、大学医学教师、大学物理教师、大学社会科学教师、生命科学教师、研究生助教、成人教育教师。

SIE：营养学家、饮食学家、海关检查员、安全检查员、税务稽查员、校长。

SIC：描图员、兽医助手、诊所助理、体检检查员、监督缓刑犯的工作者、娱乐指导者、咨询人员、社会科学教师。

SIR：理疗员、救护队工作人员、手足病医生、职业病治疗助手。

四、我能够做什么——职业能力的自我认知

能力是指一个人完成某项任务，从事某种活动所必备的本领。获得能力有两种途径，一种是与生俱来的，也称为天赋，当你出生时便已拥有的能力，如音乐能力、身体协调能力以及运动能力等，很多人拥有像贝多芬一样的音乐天资，只是他们从来没有去发现和发展这方面的机会；另一种是可以通过后天学习培养的能力，也称为技能，如语言表达能力、组织协调能力、人际交往能力等，这些能力是通过后天学习、锻炼而获得的能力。古人云"勤能补拙"，我们通过努力学习、训练，是能够不断提升自身技能的。

职业能力是指人们从事某种职业活动必须具备的本领，即在该职业活动中表现出来的各种能力的综合。它包括学习能力、言语能力、数学能力、空间推理能力、知觉能力、抽象推理能力、逻辑推理能力、人际沟通能力以及资料处理能力等。不同的职业要求从业者有不同的能

力,如教师、播音员、记者等职业要求有较强的言语能力;统计、测量、会计等职业,要求有较强的数理能力;而画家、建筑师、医生等职业对形态知觉能力要求颇高;手指灵活能力较强的人则适合于从事外科医生、乐师、雕刻家等职业。

显然,职业能力的内涵不单纯是操作技能或动手能力等技术性的职业素质,而是包括知识、技能、态度、情感、价值观等多方面内容;更进一步说,完成职业所需的,诸如沟通能力、团队合作能力、心理承受能力等非技术性的职业素质在职业能力的内涵中同样占据着十分重要的地位。

(一)职业能力的分类

职业能力是在一般能力和特殊能力的基础上发展起来的,它是多种能力的有机组合。由于职业能力是多种能力的综合,因此,我们可以把职业能力分为一般职业能力、专业能力和职业综合能力。

1. 一般职业能力

一般职业能力主要是指一般的学习能力、文字和语言运用能力、数学运用能力、空间判断能力、形体知觉能力、颜色分辨能力、手的灵巧度、手眼协调能力等。此外,任何职业岗位的工作都需要与人打交道,因此,人际交往能力、团队协作能力、对环境的适应能力,以及遇到挫折时良好的心理承受能力都是我们在职业活动中不可缺少的能力。

2. 专业能力

专业能力主要是指从事某一职业的专业素养。在求职过程中,招聘方最关注的就是求职者是否具备胜任岗位工作的专业能力。例如,你去应聘教学工作岗位,对方最看重你是否具备最基本的教学能力。

3. 职业综合能力

这里主要给大家介绍国际上普遍注重培养的"关键能力",主要包括四个方面。

(1)跨职业的专业能力

从以下三方面可以体现出一个人跨职业的专业能力:一是运用数学和测量方法的能力;二是计算机应用能力;三是运用外语解决技术问题和进行交流的能力。

(2)方法能力

一是信息收集和筛选能力;二是掌握制定工作计划、独立决策和实施的能力;三是具备准确的自我评价能力和接受他人评价的承受力,并能够从成败经历中有效地吸取经验教训。

(3)社会能力

社会能力主要是指一个人的团队协作能力、人际交往和善于沟通的能力。在工作中能够协同他人共同完成工作,对他人公正宽容,具有准确裁定事物的判断力和自律能力等,这是岗位胜任和在工作中开拓进取的重要条件。

(4)个人能力

随着我国经济体制改革的深入、法制的不断健全完善,人的社会责任心和诚信将越来越被重视,假冒伪劣将越来越无藏身之地,一个人的职业道德会越来越受到全社会的尊重和赞赏,爱岗敬业、工作负责、注重细节的职业人格会得到全社会的肯定和推崇。

(二)大学生应具备的职业能力

大学生走入社会进入职场,要想胜任工作、取得自身的发展,需要具备各种各样的能力,最基本的能力应包括以下几种。

1. 社会适应能力

社会适应能力是指人们随外界环境和时代变迁而改变自己的行为方式、生活方式、交往范围、思维习惯、思想认识和价值观念的能力。现代社会是复杂多变的,要适应各种状况,保证自己从学校到社会的顺利过渡,就应该提高自己的社会适应能力。学校教育是基础教育、通才教育,走上工作岗位以后可能有些知识用不上,有些知识不够用,有的则要从头学起。这就要求刚走上社会的大学生,根据工作的需要去调整自己的知识结构、能力结构以及行为方式,尽快地培养自己适应社会的应变能力。

2. 人际交往能力

人际交往能力指择业者以社会认可的方式,妥善处理人与人之间的关系,并与他人和谐共处、共同发展的能力。对一个集体或团队来说,良好的人际关系意味着团结、和谐、力量和事业的发展,这也是很多用人单位重视大学生的人际交往能力的原因。作为大学生,只有具备一定的人际交往能力,善于处理各种人际关系,才能在工作中充分施展自己的才能。

3. 表达能力

表达能力指以语言、文字或其他方式阐明自己的观点、意见或展示自己思想感情的能力。它主要包括口头表达能力和书面表达能力。口头表达能力要求语言的流畅性、灵活性和艺术性;书面表达能力要求文句的逻辑性、艺术性和条理性。表达能力是现代人才必须具备的基本素质之一,被誉为"敲开企业大门的第一块砖"。人们在日常学习、工作、生活中,常常会交流思想、讨论问题、互通情况、阐述观点等,如果不注意表达能力的培养,即使有再好的见解和办法,表达不确切、不清楚,也会直接影响个人本领的施展。因此,对大学毕业生来说,表达能力在将来的工作岗位上是极为重要的。大学生应该利用在校期间加强锻炼,不断提高中、外文表达能力。

4. 创新能力

创新能力是指用个人所具备的知识,通过不断地探索研究,在头脑中独立地创造出新的思维,提出新的见解和做出新的选择的能力。它是推动知识经济发展的核心动力,是各种智力因素和能力素质在新的层面上融为一体、有机结合后所形成的一种合力。它包括发现问题、提出问题、发现规律的能力,创造性地分析问题和解决问题的能力,发明新技术、创造新产品的能力,提出新思想的能力等。在知识经济异军突起的时代,创新能力是人们取得竞争优势的必备素质之一。因此,大学生应于在校期间不断增强开拓创新意识,加强开拓创新能力的锻炼,为今后工作中能有所成就、有所创造奠定良好的基础。

5. 实际动手能力

把创造性思维变成实际的物质成果，或是用生动形象的实践过程呈现创造性思维的转化能力即为实际动手能力，也称为实际操作能力。这种能力对大学生，尤其是对工科大学生来说尤为重要。现实工作中，尤其是在科研、生产第一线，精通理论、实践动手能力强的人才是最受欢迎的。目前，很多大学生在实际工作中，都是理论能力非常强、实践动手能力却很弱，这就直接影响了其个人能力的充分发挥。所以，大学生在学校不仅要积累知识，还要通过参加科研活动、生产实习和勤工俭学等，着力培养和提高实际动手能力。

6. 组织管理能力

组织管理能力是指带领团队完成某项综合性工作的能力，包括策划、组织、实践、协调、决断、指导和平衡等多方面能力。目前，用人单位普遍欢迎具有一定的交往能力和组织工作能力的大学生。许多单位挑选大学生时，在关注其学业成绩的同时，对其学生干部的经历和社会工作的经验也很感兴趣。因为，大学生将来无论从事何种工作，都离不开一定的组织管理，即便没有走上管理岗位，也需要很好地融合到某一个团队中去。所以，大学生在校期间应积极参加各种社会活动，尽量参与社会工作，不断增强自己的组织管理能力，以利于毕业以后的发展。

(三)职业能力的评定

社会上的职业很多，各种职业对人的能力的要求也是各不相同的，而人的能力也存在很大的个别差异。因此，如果我们能对自己的职业能力作出恰当的评价，就可以结合自己的职业兴趣，选择适合自己的职业，并在选定的职业中充分施展自己的才华和优势。而职业能力倾向测验是一种测量人们从事某种职业活动潜在能力的评估工具，它具有诊断功能和预测功能，可以判断一个人的能力优势与成功发展的可能性，为人员选拔、职业设计与开发提供科学依据。

1. 特殊性倾向测验

这个测验是系列式的，包括四大类多个小测验，是国外企业常用的职业能力倾向性测验。这四类测验分别是：机械倾向性测验，主要测量人们对机械原理的理解和判断空间形象的速度、准确性以及手眼协调的运动能力；文书能力测验是专门了解个人打字、速记、处理文书和联系工作能力的测验，适合于科室和文职人员能力测量；心理运动能力测验，主要测验工业中许多工作所需的肌肉协调、手指灵巧或眼与手精确协调等技能；视觉测验，运用特殊仪器对视力的多种特征进行测验，以评定其是否符合一定工作的要求。

2. 多重能力倾向测验

多重能力倾向测验主要用来测量与某些活动有关的一系列心理潜能，能同时测定多种能力倾向。其中普通能力成套测验(GATB)是较有代表性且较常用的。GATB由8个纸笔测验和4个仪器测验组成，可以测量9种职业能力。

(1)G——智能。智能即一般的学习能力，包括对说明、指导语和诸原理的理解能力，推理判断能力,迅速适应新环境的能力。

(2)V——语言能力。语言能力是指按语言的意义及与它相关的概念,有效地掌握它的能力;对字词、句子、段落、篇章及其相关的理解能力;清楚而准确地表达信息的能力。它主要包括口头表达能力和文字理解与表达能力。

(3)N——数理能力。数理能力是指在正确而快速进行计算的同时,能进行推理,解决应用问题的能力。

(4)Q——书写知觉能力。书写知觉能力是指对文字、表格、票据等材料之细微部分正确知觉的能力;直观地比较、辨别字词和数字,发现错误并矫正的能力。

(5)S——空间判断能力。空间判断能力是指对记忆片段图形与立体图形之间的关系的理解能力和解决应用问题的能力。

(6)P——形态知觉能力。形态知觉能力是指对实物或图像的有关细节的正确知觉能力;根据视觉能够比较、辨别的能力;对图形的形状和阴影的细微差别、长宽的细小差异能够进行辨别的能力。

(7)K——动作协调能力。动作协调能力是指迅速、准确和协调地做出精确的动作,并迅速完成作业的能力;迅速而准确地作出反应动作的能力;手、眼协调运动的能力。

(8)F——手指灵活性。手指灵活性是指快速而准确地活动手指,操作细小物体的能力。

(9)M——手腕灵活性。手腕灵活性是指随心所欲地、灵巧地活动手以及手腕的能力;拿取、放置、调换、翻转物体时手的精巧运动和手腕的自由运动能力。

其中,V、N、Q 能力出色的人属于认知型职业类型,S 和 P 能力出色的人可归入知觉型,K、F、M 突出的人属于运动机能型。现实生活中,有许多人可能同时在上述能力类型中都相当优秀,或者 9 种能力水平相差不多,没有哪一种特别突出。一般能力倾向测验的意义在于帮助你发现什么样的职业领域最能发挥自己的潜能,而不是简单地划定"最适合的职业",要知道,人的很多能力是可以通过后天培养的。

以上 9 种能力中的每一种能力,都要通过一种测验获得。这种能力倾向测验,可以说是从个人在完成各种职业所必要的能力中,提炼出各种职业对个人所要求的最有特征的 2～3 种,其中纸笔测验可集体进行。记分采用标准分数,各能力因素的原始分数转换为标准分数后便可绘制个人能力倾向剖析图,并与职业能力倾向类型相对照,被试者就可以从测验结果中知道能够充分发挥个人能力特性的职业活动领域。

【知识小贴士】

成功经理人的 12 项自我管理能力

讨论:下列能力中,你具备了哪些能力? 全班讨论怎样才能做到一个成功的经理人,怎样进行职业规划。

1. 自我心态管理能力。自我心态管理是个人为达到人生目标进行心态调整以达到实现自我人生目标、实现最大化优化自我的一种行为。成功的经理人要善于进行自我心态管理,随时调整自我心态,持续保持积极的心态!

2. 自我心智管理能力。主观偏见是禁锢心灵的罪魁祸首,经理人的见识、行为总是受制于它。经理人要善于突破自我,要善于审视自我心智,要善于塑造正确的心智模式。

3. 自我形象管理能力。作为经理人,你的身上吸引了许多人的目光,所以形象很重要。经理人懂得如何更加得体地着装,如何适应社会对商务礼仪的要求,这可以让经理人更有魅力!

4. 自我激励管理能力。在我们每个人的生命里,都潜藏着一种神秘而有趣的力量,那就是自我激励。自我激励是一个人事业成功的推动力,其实质则是一个人把握自己命运的能力,经理人要有健康的心理,善于运用一定方法进行自我激励。

5. 自我角色认知能力。经理人的角色处于公司、上级、同级及下属、客户之间,若在定位上没有正确的认知能力,往往会落到上下难做人、里外不是人的地步。如何正确认知自己的角色,是经理人走向成功的重要环节!

6. 自我时间管理能力。每个经理人都同样地享有每年 365 天、每天 24 小时。可是,为什么有的经理人在有限的时间里既创造了辉煌的事业又能充分享受到亲情和友情,还能使自己的业余生活多姿多彩呢?关键的秘诀就在于成功的经理人善于进行自我时间管理。

7. 自我人际管理能力。有人说:"人际关系与人力技能才是真正的第一生产力。"因为人的生命永远不孤立,我们和周围所有的人都会发生关系,而生命中最主要的,也就是这种人际关系。由此看来,经理人要想成功,就应该加强自我人际管理能力。

8. 自我目标管理能力。生命的悲剧不在于目标没有达成,而在于没有目标!目标有多远,我们就能走多远。目标指引经理人工作的总方向。经理人每天的生活与工作,其实都可以理解为一个不断提出目标、不断追求目标并实现目标的过程。

9. 自我情绪管理能力。情绪能改变人的生活,有助于改善人际关系和说服他人。成功的经理人必须善于管理自我情绪。

10. 自我行为管理能力。根据社会伦理和组织所要求的行为规范,每个人的行为都可以分为正确的行为和错误的行为。经理人如何具有职业化的行为,如何对自我行为进行管理以达到职业化行为规范的要求,这是每个经理人都应该重视的事情。因为只有进行自我行为管理,坚守职业行为,才是经理人职业化素质的成熟表现。

11. 自我学习管理能力。学习是人类生存与发展的推动力。经理人最重要的能力是什么?是学习能力,经理人的竞争力就表现在学习力上。我们处在一个激烈竞争的时代,具备"比他人学得快的能力"是经理人唯一能保持的竞争优势。

12. 自我反省管理能力。反省是成功的加速器。经理人经常反省自己,可以去除心中的杂念,可以理性地认识自己,对事物有清晰的判断,也可以提醒自己改正过失。经理人只有全面地反省,才能真正认识自己,只有真正认识了自己,并付出了相应的行动,才能不断完善自己。

活动体验

职业能力自测

请您根据自己的实际情况,回答下列每一个问题。第一个括号填(强),第二个括号填(弱)。

第一组

1. 善于表达自己的观点　　　　　　　　　　　　　　　　（　）（　）

2. 阅读速度快,并能抓住中心内容　　　　　　　　　　　（　）（　）

3. 清楚地向别人解释难懂的概念　　　　　　　　　　　　（　）（　）

4. 对文章的字、词、段落的理解、分析和综合的能力　　　（　）（　）

5. 掌握词汇量的程度　　　　　　　　　　　　　　　　　（　）（　）

6. 您读书期间的语文成绩　　　　　　　　　　　　　　　（　）（　）

总计次数　　　　　　　　　　　　　　　　　　　　　　（　）（　）

第二组

1. 目测能力(如测量长、宽、高等)　　　　　　　　　　　（　）（　）

2. 解应用题的速度　　　　　　　　　　　　　　　　　　（　）（　）

3. 笔算能力　　　　　　　　　　　　　　　　　　　　　（　）（　）

4. 心算能力　　　　　　　　　　　　　　　　　　　　　（　）（　）

5. 使用工具(如计算器、算盘等)的计算能力　　　　　　　（　）（　）

6. 读书期间的数学成绩　　　　　　　　　　　　　　　　（　）（　）

总计次数　　　　　　　　　　　　　　　　　　　　　　（　）（　）

第三组

1. 作图能力　　　　　　　　　　　　　　　　　　　　　（　）（　）

2. 画三维度的立体图形　　　　　　　　　　　　　　　　（　）（　）

3. 看几何图形的立体感　　　　　　　　　　　　　　　　（　）（　）

4. 想象盒子展开后的平面形状　　　　　　　　　　　　　（　）（　）

5. 想象立体物体的能力　　　　　　　　　　　　　　　　（　）（　）

6. 玩拼板游戏　　　　　　　　　　　　　　　　　　　　（　）（　）

总计次数　　　　　　　　　　　　　　　　　　　　　　（　）（　）

第四组

1. 发现相似图形中的细微差异　　　　　　　　　　　　　（　）（　）

2. 识别物体的形状差异　　　　　　　　　　　　　　　　（　）（　）

3. 注意到多数人所忽视的物体的细节部分　　　　　　　　（　）（　）

4. 检查物体的细节　　　　　　　　　　　　　　　　　　（　）（　）

5. 观察图案是否正确　　　　　　　　　　　　　　　　　（　）（　）

6. 善于改正计算中的错误　　　　　　　　　　　　　　　（　）（　）

总计次数　　　　　　　　　　　　　　　　　　　　　　（　）（　）

第五组

1. 快速而正确的抄写资料(诸如姓名、日期、电话号码等)　（　）（　）

2. 发现错别字　　　　　　　　　　　　　　　　　　　　（　）（　）

3. 发现计算错误　　　　　　　　　　　　　　　　　　　（　）（　）

4. 发现图表中的细小错误　　　　　　　　　　　　　　　（　）（　）

5. 在图书馆很快地查找编码卡片 （　）（　）
6. 持久工作的能力（如较长时间地进行抄写资料） （　）（　）
总计次数 （　）（　）

第六组
1. 操作机器的能力 （　）（　）
2. 玩电子游戏或瞄准打靶 （　）（　）
3. 运动中身体的协调和灵活性 （　）（　）
4. 打球（如篮球、排球、乒乓球、羽毛球等）的姿势与水平 （　）（　）
5. 手指的协调性（如打字、珠算等） （　）（　）
6. 身体平衡的能力（如走平衡木等） （　）（　）
总计次数 （　）（　）

第七组
1. 灵巧地使用手工工具（如榔头、锤子等） （　）（　）
2. 灵巧地使用很小的工具（如镊子、缝衣针等） （　）（　）
3. 弹乐器时手指的灵活度 （　）（　）
4. 动手做一件小手工艺品 （　）（　）
5. 很快地削水果（如苹果、梨） （　）（　）
6. 修理、装配、拆卸、编织、缝补一类活动 （　）（　）
总计次数 （　）（　）

第八组
1. 善于在陌生的场合发表自己的意见 （　）（　）
2. 去新场所并结交新朋友 （　）（　）
3. 您的口头表达能力 （　）（　）
4. 善于与人友好交往并协同工作 （　）（　）
5. 善于帮助别人 （　）（　）
6. 擅长做别人的思想工作 （　）（　）
总计次数 （　）（　）

第九组
1. 善于组织集体活动 （　）（　）
2. 在集体活动或学习中，经常关心他人的情况 （　）（　）
3. 在日常生活中能经常动脑筋，出点子 （　）（　）
4. 冷静地果断地处理突然发生的事情 （　）（　）
5. 在工作中您认为自己的工作能力 （　）（　）
6. 善于解决朋友与同事之间的矛盾 （　）（　）
总计次数 （　）（　）

统计：现在请根据每组回答的"强""弱"的总次数，填入下表：

组	相应的职业能力	强（次数）	弱（次数）
第一组	语言能力	（　）	（　）
第二组	数理能力	（　）	（　）
第三组	空间判断能力	（　）	（　）
第四组	察觉细节能力	（　）	（　）
第五组	书写能力	（　）	（　）
第六组	运动协调能力	（　）	（　）
第七组	动手能力	（　）	（　）
第八组	社会交往能力	（　）	（　）
第九组	组织管理能力	（　）	（　）

职业能力自测结果分析

在强（次数）栏中找出两个数字最大的组，这两个组所表示的能力就是您在职业能力最强的方面，然后您可以对照下面的分析，看到您所适宜从事的职业有哪些，反之，您也可在弱（次数）栏找出两个数字最大的组，这两组所反映的职业能力对您来说最弱，您不应该从事要求这两方面职业能力强的职业。

第一组：语言能力。您具有对词、句子、段落、篇章的理解能力，以及善于清楚而正确的表达自己的观念和向别人介绍信息的能力。您最适宜从事的职业有：外销员、商务师、导游、演员、导演、编辑、播音员、节目主持人、教师、律师、审判员等。

第二组：数理能力。您能迅速而准确地运算，并具有在快速准确地进行计算的同时，进行推理、解决应用问题的能力。您最适宜从事的职业有：会计、银行职员、保险公司职员、税务员、审计员、统计员、自然科学家、计算机工程师等。

第三组：空间判断能力。您具有对立体图形以及平面图形与立体图形之间关系的理解能力，包括能看懂几何图形、对立体图形的三个面的理解力、识别物体在空间运动中的联系、解决几何问题等。您最适宜从事的职业有：技术员、工程师、服装设计师、艺术家、家具设计师、建筑师、摄影师、家电维修专家、自然科学家、军官、司机等。

第四组：察觉细节能力。您对物体或图形的有关细节具有正确的知觉能力，对于图形的明暗、线的宽度和长度能作出区别和比较，可以看出其细微的差别。您最适宜从事的职业有：技术员、工程师、电工、房管员、咨询师、运动员、教练员、导演、图书馆员、会计、银行职员、保险公司职员、审计员、统计员、编辑、播音员、自然科学家、计算机工程师等。

第五组：书写能力。您具有对词、印刷品、账目、表格等细微部分正确知觉的能力，善于发现错字和正确地校对数字的能力。您最适宜从事的职业有：教师、公务员、社会科学家、秘书、打字员、编辑、银行职员、咨询师、经理、记者、作家等。

第六组：运动协调能力。您的眼、手、脚、身体能够迅速准确和协调地作出准确的动作和运动反应，手能跟随眼所看到的东西迅速行动，具有正确控制的能力。您最适宜从事的职业有：动员、教练员、演员、工人、农民、服装设计师、家具设计师、美容师、电工、司机、服务员、导游、医生、护士、药剂师、导演、警察、战士等。

第七组：动手能力。您的手、手指、手腕能迅速而准确地活动和操作小的物体，在拿取、放置、调换、翻转物体时手能作出精巧运动和腕的自由运动。您最适宜从事的职业有：医生、护士、药剂师、运动员、教练员、自然科学家、工人、农民、技术员、工程师、服装设计师、家具设计师、艺术家、美容师、售货员、服务员、保育员、摄影师、演员、导演、战士等。

第八组：社会交往能力。您善于进行人与人之间的相互交往、相互联系、相互帮助、相互作用和影响，具有协同工作或建立良好的人际关系的能力。您最适宜从事的职业有：采购员、推销员、公共关系人员、外销员、商务师、编辑、调度员、经理、服务员、房管员、导游、咨询师、银行信贷员、税务员、审计员、保险公司职员、演员、导演、教师、社会科学家、公务员、秘书、警察、律师等。

第九组：组织管理能力。您擅长于组织和安排各种活动，具有协调人际关系的能力。您最适宜从事的职业有：调度员、导游、教练员、导演、教师、经理、公务员、商务师、保育员、咨询师、税务员、秘书、律师、警察等。

五、我能否成功——职业价值观的自我认知

价值观就是我们在工作和生活中所看重的原则或品质，是指人们评价客观事物、现象对自身或对社会的重要性所持有的内部标准。它指向我们一生中最重要的东西，因此它也是一套自我激励体制。它通过人们的行为取向、态度、观察、信念、理解等，支配着人认识世界、明白事物对自己的意义和自我了解、自我定向、自我设计。一个人要想在职场有所作为，就必须明确自己的价值观，同时切实按照价值观导向进行生涯发展。大多数在职场有着良好发展的人士都明确自身所需，秉持自身价值观。一个人如果所从事的职业与自身价值观相悖，则无法从职业中获得所需，不能激发个人的潜能，只能浑噩度日、虚度年华。

价值观在职业选择上的体现就是职业价值观，它是人们在职业生活中表现出来的一种价值取向。职业价值观也叫工作价值观，是人们对职业或岗位所持有的评价标准或人们对待职业的一种信念和态度，即个人对某项职业的愿景与向往。职业价值观反映了人们对奖励、报酬、晋升、发展或职业中其他方面的不同偏好，它体现了一个人最想从工作中获得什么，在工作中最看重什么，是为了财富，还是为了成就、有益社会或其他因素。价值观常常是欲望、动机、需要的混合体。生活在不同年代、不同环境甚至不同自然条件下的人们会有不同的职业价值观，即使同一年代同一地区的人也会由于个人的身心条件、教育背景、成长环境、个性特征的差异而对职业有不同的评价。不同的价值观，导致不同的职业选择，同时也导致了不同的人生。如有人喜欢同人打交道的职业；有人喜欢同物打交道的职业，有人喜欢充满挑战的职业，有人喜欢安全平稳的职业等。每个人都可能有一套独特的对于个人来说很重要的职业价值观，但有时自己却意识不到。一般来说，工作越能满足人们的工作价值观，他们的工作满意度水平就越高。

一个人越清楚自己的价值观，越了解自己在工作中需要什么，什么对自己来说是最重要的，他的职业发展目标就越清晰，实现目标的意志就越坚定。因此，认真分析和了解个人的职业价值观，对正确开展职业生涯规划有重要的意义。

(一)职业价值观的作用

职业价值观在择业或指导择业过程中表现最为明显,是影响个人职业选择的重要因素之一。研究和经验表明,个体总是倾向于选择那些能满足其价值观追求的工作。一份职业越能满足个人的价值需求,个人对职业的满意度就会越高,职业稳定性也越高。价值观作为一种对事物的态度和信念,决定了人们对职业的期望,影响着人们对职业方向和职业目标的选择。比如,一个十分重视从家庭获得幸福感,认为维持家庭幸福是每个家庭成员责任的人,在择业时就会选择那些可以兼顾家庭生活的工作。

不同的职业可以满足不同价值需求,比如科学家可以满足人的社会声望、成就、稳定、自主、挑战性等价值需求,但不一定能满足权力、经济、休闲等价值需求;自由撰稿人能满足人的审美、成就、自主等需求,但对经济、安定、升迁等价值需求则较难以满足;而清洁工除了能满足人的利他、稳定的价值需求外,经济、社会地位、成就、工作环境、升迁、休闲等价值需求都很难满足。

从理论上来说,价值观的差异不分"好"或"坏",而且通过价值观也无法预测事业能否成功。比如以"社会促进"为主要价值追求的人,并不一定比"家庭维护"为主要价值追求的人更好,或更可能事业成功。

价值观不同,适合从事的职业或岗位也就不同。大学生在制定自己的职业生涯规划或择业时,应该选择那些和自己的职业价值观相近的工作。例如,有些人的职业价值观是在事业上取得成就,那么他就应该选择具有一定工作压力的民企或外企,而不适合选择相对稳定的国企。相反,如果忽视了自己的价值观,选择了与自己的职业价值观不吻合的职业,就很难适应这个职业和岗位,更谈不上事业的发展与成功。

(二)职业价值观的类型

根据不同的划分标准,人们对职业价值观的种类划分也不同。美国心理学家洛克奇(Milton Rokeach)在其所著《人类价值观的本质》一书中,提出 13 种价值观,每种价值观都代表着一种价值取向。一个人做出职业选择时,往往是一种或多种价值观综合影响的结果。各类型的基本含义如下。

(1)利他主义:总是为他人着想,把直接为大众的幸福和利益尽一份力作为自己的追求。

(2)审美主义:能不断地追求美的东西,得到美的享受。

(3)智力刺激:不断进行智力开发、动脑思考、学习和探索新事物,解决新问题。

(4)成就动机:不断创新、不断取得成就、不断得到领导和同事的赞扬或不断实现自己想要做的事。

(5)自主独立:能够充分发挥自己的独立性和主动性,按自己的方式、想法去做,不受他人干扰。

(6)社会地位:所从事的工作在人们的心目中有较高的社会地位,从而使自己得到他人的重视与尊敬。

(7)权力控制:获得对他人或某事的管理权,能指挥和调遣一定范围内的人或事物。

(8)经济报酬:获得优厚的报酬,使自己有足够的财力去获得自己想要的东西,使物质生活过得较为富足。

(9)社会交往：能和各种人交往，建立比较广泛的社会联系和关系，甚至能和知名人物结识。

(10)安全稳定：希望不管自己能力怎样，在工作中要有一个安稳的局面，不会因为奖金、加薪、调动工作或领导训斥等而经常提心吊胆、心烦意乱。

(11)轻松舒适：希望将工作作为一种消遣、休息或享受的形式，追求比较舒适、轻松、自由、优越的工作条件和环境。

(12)人际关系：希望一起工作的大多数同事和领导人品好，相处在一起感到愉快、自然。

(13)追求新意：希望工作的内容经常变换，使工作和生活显得丰富多彩，不单调枯燥。

(三)职业价值观的评定

职业价值观评定的方法有很多，较常用的是职业价值观测量法。测量法采用职业价值观量表或问卷来探索个人的职业价值观。目前，应用比较广泛的工具主要有舒伯(1970)的工作价值观量表(Work Value Inventory)和马丁·凯茨的交互指导信息系统(System for Interactive Guidance Information，SIGI)。

工作价值观量表可以对个人的 15 种工作价值观进行测量，共有 45 个项目。量表测量的15 种价值观包括：利他主义、美感、创造力、智力刺激、成就感、独立性、声望、管理、经济报酬、安全感、工作环境、与上级的关系、社会交际、生活方式和变化性。

交互指导信息系统对 10 种工作价值观进行阐述，这 10 种工作价值观是：高收入、社会声望、独立性、帮助他人、稳定性、多样性、领导、在自己感兴趣的领域工作、休闲、尽早进入工作领域。在此系统中，一个很重要的方面就是要求个体区分出职业价值观的优先次序。因为一份职业不可能满足所有的价值观。比如，"高收入"和"稳定性"这两种价值观常常是不相容的。"高收入"也就意味着需要冒风险，缺乏稳定性。而"稳定性"也就意味着收入可能不会很高。

需要注意的是，人们的价值观不是一成不变的，它会随着个人不同的生涯发展阶段所产生的需求的改变而变化。在职业价值分析和测定过程中，个人必须处理好职业价值观不同要素之间的关系，并根据不同时期、不同情况明确自己的职业核心需求，以便合理制定自己的职业生涯规划和相关策略。

课堂延伸
KETANGYANSHEN

21 种个人价值观排序

请你按照下列 21 种个人价值观对你的重要程度来排列它们的顺序。如果你有时间，还可以先把这些价值观的名称写在小纸片上，然后再将它们排序。在下面的表中，在对你最重要的价值观旁边写下 1，接着在对你次重要的价值观旁边写下 2，如此继续下去，直到你排列完所有的 21 种价值观，将 21 写在对你来说最不重要的价值观旁边。

——成就：成功；通过决心、坚持和努力而达到预定的目标。

——审美：为了美而欣赏、享受美。

——利他：关心别人，为别人的利益献身。

——自主：能够独立地作出决定的能力。

——创造性：产生新思想及革命性的设计。

——情绪健康：能够克制焦虑的情绪，有效阻止坏脾气的产生；思绪平静，内心感觉安全。

——身体健康：生命存在的条件，没有疾病和痛苦，身体总体条件良好。

——诚实：公正或正直的行为，忠诚、高尚的品质或行为。

——正义：无偏见，公平、正直；遵从真理、事实和理性；公平地对待他人。

——知识：为了满足好奇心、运用知识或满足求知欲而寻求真理、信息。

——爱：建立在钦佩、仁慈基础上的感情。温暖的依恋、热情、献身；无私奉献，忠诚地接纳他人，谋求他人的益处。

——忠诚：效忠于个人、团队、组织或政党。

——道德：相信并遵守道德标准。

——身体外观：关心自己的容貌。

——愉悦：是一种惬意的感觉，是伴随着对美好事物的期待和对伟大愿望的拥有而产生的。愉悦不在于表面上的高兴，而更在于内心的满足和喜悦。

——权力：拥有支配权、权威或对他人的影响。

——认可：由于他人的反应而感到自己很重要、很有价值；得到特别的关注。

——宗教信仰：与神交流，服从神，代表神行动。

——技能：乐于有效使用知识，完成工作的能力；具有专门技术。

——财富：拥有大量的物质财富；富足。

——智慧：具有洞察内在品质和关系的能力；洞察力、智慧、判断力。

请你列出自己的前 6 个排序：

1.　　2.　　3.　　4.　　5.　　6.

（资料来源：Robert D L. 把握你的职业发展方向. 钟谷兰译. 北京：中国轻工业出版社，2006.）

第五章　职业生涯目标

如果没有目标，人生将会怎样？

1952 年 7 月 4 日清晨，加利福尼亚海岸笼罩在浓雾中。在海岸以西 21 英里的卡塔林纳岛上，34 岁的费罗伦丝·查德威克涉水进入太平洋中，开始向加州海岸游去。要是成功了，她就是第一个游过这个海峡的妇女。那天早晨，雾很大，她连护送她的船都几乎看不到。15 个钟头之后，她被冰冷的海水冻得浑身发麻。她知道自己不能再游了，就叫人拉她上船。她的母亲和教练在另一条船上。他们告诉她海岸很近了，叫她不要放弃。但她朝加州海岸望去，除了浓雾什么也看不到。几十分钟之后——从她出发算起 15 个钟头零 55 分钟之后——人们把她拉上了船。又过了几个钟头，她渐渐觉得暖和多了，这时却开始感到失败的打击。她不加思索地对记者说：“说实在的，我不是为自己找借口。如果当时我看见陆地，也许我能坚持下来。”人们拉她上船的地点，离加州海岸只有半英里！

后来她说，真正令她半途而废的不是疲劳，也不是寒冷，而是因为在浓雾中看不到目标。查德威克小姐一生中就只有这一次没有坚持到底。2 个月之后，她成功地游过了同一海峡。她不但是第一位游过卡塔林纳海峡的女性，而且比男子的纪录还快了大约两个钟头。查德威克虽然是个游泳好手，但也需要看见目标，才能鼓足干劲完成她有能力完成的任务。

因此，当我们规划自己的成功时，千万别低估了制定合理目标的重要性。

第一节　职业生涯目标的设定

一、什么是职业生涯目标

生涯目标的设定，是职业生涯设计的核心。一个人事业的成败，很大程度上取决于有无正确适当的目标。目标，就是一个人行动的方向、目的。职业生涯目标是指个人在选定的职业领域内未来时间里所要达到的具体目标，一般都是在进行个人评估、组织评估和环境评估的基础上确定的。

职业生涯目标通常包括人生目标、长期目标、中期目标与短期目标,它们分别与人生规划、长期规划、中期规划和短期规划相对应。一般来说,我们首先要根据个人的专业、性格、气质和价值观以及社会的发展趋势确定自己的人生目标和长期目标,然后再把人生目标和长期目标进行分化,根据个人的经历和所处的组织环境制定相应的中期目标和短期目标。具体而言,不同的目标有不同的特点。

在确定了各种类型的职业生涯目标后,就要制定相应的行动方案来实现它们,把目标转化成具体的方案和措施。

职业生涯目标的设定可以是多层次的,根据不同时期的特点,分层次制定职业目标,是一个比较明智和较为可行的做法。职业生涯目标可以分为多个并不互相排斥的目标,包括职务目标、能力目标、成果目标、经济目标等。一个多层次的目标设定可以使我们保持开放、灵活的心境。另外,对职业生涯的每一个发展目标都应该标记两个时间:开始执行行动方案的时间和目标实现的时间。没有明确的时间规定,就会失去开发与管理的意义,随着时间的流逝,目标甚至会消失不见。所以,对大学生来说,有针对性地制定分年级的学业、生活和社会活动目标以及分层次的职业目标显得格外重要。

职业生涯目标的实现就是其潜能充分发挥的过程,个人职业生涯的成功,不仅仅是职务的提升,更有工作内容的转换或增加、责任范围的扩大、创造性增强等内在质量的变化。因此,对自己职业生涯进行全过程和多角度的评价,必然会激起强烈的使个人不断成长的精神力量,进而形成职业发展的巨大推动力。

二、职业生涯目标的设定原则

人生要确立一个什么样的事业目标,这要根据主客观条件和可能来加以设计。每个人的条件不同,所以目标也不可能完全相同,但确定目标的原则是相同的。目标是职业生涯发展的方向,没有目标就没有成功。不管确定什么样的目标,均应该遵循 SMART 原则,该原则是在目标设定中被普遍运用的法则。具体而言包括以下内容。

(一)具体性原则

具体性 S(Specific)是指目标必须明确而具体,不能模糊不清。职业生涯目标必须明确、清晰、具体,才具有可行性。在设定具体目标之前,我们自己要清楚以下问题:我要做什么,为什么做,它们和我的长远目标和价值观一致吗,我什么时候完成这些目标,并且我身边的人是否可以帮我完成这些事,我所处的环境是否允许我设定这些目标? 了解了以上问题之后,我们才能知道如何来完成这些目标,利用哪些资源,从哪里获得这些资源等。比如从事某一专业,到哪年,学习哪些知识,达到什么程度,都要具体明确的确定下来。例如当谈论目标的时候,不要只是单一地说"我要找份好工作""我要成功地晋升"之类的话,这只是愿景,不是具体的规划,因此没有办法去具体落实。而"我的目标是成为××学校的优秀英语教师""我要在两年内把工资提升到月薪 6000"之类的才能称之为目标。当我们开始做职业规划时,应该更加注重细节的具体化,只有细节问题处理好了,才不会只有大方向却没有脚踏实地的前进步伐。再比如我们制定一个学习计划,并且向老师保证要好好学习。但是,什么是好好学习呢?很模糊,很难界定。要具体点,比如保证除了紧急情况之外,每天学习时间至少5小时。那么,什么算是紧急情况?又要具体定义,比如朋友来访,老师召集有事等。如果不规定清楚这些,那么到时候就会完不成既定目标。

(二)可衡量原则

可衡量M(measurable)是指目标要有量化的标准,是可测定的。量化的标准便于评估目标的完成情况,也便于有针对性地制定相应措施。制定目标尽可能用数字表示,不能用数字的描述要清晰。面对职业规划,我们不需要任何自我欺骗和任何借口,因为数据、数字、事实会说明一切,如"每天早上听VOA News 40分钟""每周去图书馆6次,一次至少2小时"等。制定一个可测量的目标,能让一个人真切感受到他在逐步地进步并积累成功经验和树立信心。此外,制定长远的目标最好将之分成几个渐进达成的步骤,并且随时检视是否需要修正进度或方向。

(三)可完成原则

可完成A(attainable)——是指目标要高,要有挑战性,但一定是可达成的。也就是说制定目标要在我们能力所及的范围下,制定出我们可以逐步达成且有成就感的目标。有了远大的目标,能起到激励作用,能促进学习,改进工作方法,为达到目标而发奋工作。所定目标如果仅限于自己能力范围之内,只求工作轻松省力,回避新的激励,结果就会使人陷于畏缩不前、消极保守的状态。因此,制定的目标应是依照本身的能力条件,依据内外部可用资源,依据当前发展和未来可能的情势,靠自己的能力和努力可以达成的,而非浮夸或好高骛远的梦想。

(四)相关性原则

相关性R(relevant)是个人目标与所在公司、部门目标相连结,个人目标与家庭目标和期望相连结,长、中、短期目标相连结,个人发展、经济事业、兴趣爱好、和谐关系四大目标系统平衡关联,目标之间彼此不冲突。在职业生涯规划中,所制定的目标要与岗位的工作职责相互关联,不能彼此孤立起来。简而言之,比如你想在大学毕业后做一个前台,学点英语以便接电话时用得上,就很好,而去学习化学,就比较离谱了。再比如,你想做的是大学英语教师,学习一些西方文化方面的知识是有必要的,和本职工作有关联的,但是你花时间去考注册会计师,这就又与未来的职业生涯规划发生冲突了。

(五)时限性原则

时限性T(time bounding)是指设定目标达成的时间期限。在目标执行过程,设定中间检核点,强调行动速度与反应时间,依不同期间设定阶段性目标(年度、月份、周别、每日目标)。职业生涯目标的制定,应从一生的发展写起,然后分别设定10年计划,5年计划,以及一年、一月、一周、一天的计划。计划制定好后,再从一日、一周、一月目标实施下去,直到实现1年目标、3年目标、5年目标、10年目标。因此,一个合理的时间表不仅能帮助一个人建立信心,还可以使人学会做好时间管理。

第二节　职业生涯目标的分解

职业生涯目标的实现不可能一蹴而就,要将目标进行分解实施。职业生涯目标分解的方法一般有两种:按时间分解和按性质分解。

一、目标的时间分解

按时间分解的具体方法是将最终目标(比如说 40 年)分解为若干个长期目标(如 5 年以上),每一个长期目标都有一个具体的目标,然后再将每一个长期目标继续分解成各个中期目标(3～5 年),最后,将中期目标分解为短期目标(1～2 年)。要区分最终目标与阶段目标。最终目标取决于一个人的价值观念、知识能力水平,是对环境、单位、自身条件、家庭条件做最大量分析之后得到的结果。对于短期和中期的目标,应详细规定实现的时间和明确的方法。

(一)短期目标

短期目标的设立一般是素质能力的提高,或有用证书或考试的通过和获取。目标可能是自己选择的、也可能是企业或上级安排的、被动接受的;根据你认定的需求,自己的优势、劣势、可能的机遇来勾画自己长期和短期的目标。未必由自己的价值观决定,但是可以接受;目标切合实际;具备可操作性;明确具体的完成时间;对实现目标有把握;需要适应环境;现实眼光;朝向长期目标,以"迂"为直;接受已经发生的事实。例如,如果你分析自己的需求是想成为知名演说家,赚很多钱,有很好的社会地位,则你可选的职业道路会明晰起来。你可以选择成为管理培训讲师——这要求你的优势包括丰富的管理知识和经验,优秀的演讲技能和交流沟通技能。

(二)中期目标

中期目标的设定要结合自己的志愿和企业的环境及要求制定目标;基本符合自己的价值观,充满信心,且愿意公之于众;目标切合实际并有所创新;能用明确的语言定量说明;比较明确的时间,且可做适当的调整;对目标的实现可能性做过评估;可以利用环境;全局眼光;与长期目标一致;改变有可能改变的事情。

(三)长期目标

长期目标一般是以后职业规划的顶点,或较高点也就是梦想,目标是自己认真选择的,和社会发展需求相结合;非常符合自己的价值观,为自己的选择感到骄傲;有实现的可能,并有挑战性;能用明确语言定性说明;在一定时间范围内实现即可;对实现充满渴望;立志改造环境;长期眼光;目标始终如一,长期坚持不懈;创造美好未来。但要细化至具体工作,如毕业后进入国际知名管理顾问公司从事研究分析、咨询工作。

案例分享
ANLIFENXIANG

分段实现大目标

1984年，在东京国际马拉松邀请赛中，名不见经传的日本选手山田本一出人意料地夺得了世界冠军。当记者问他凭什么取得如此惊人的成绩时，他说了这么一句话：凭智慧战胜对手。

当时许多人都认为这个偶然跑到前面的矮子选手是在故弄玄虚。马拉松赛是体力和耐力的运动，只要身体素质好又有耐性就有望夺冠，爆发力和速度都还在其次，说用智慧取胜确实有点勉强。

两年后，意大利国际马拉松邀请赛在意大利北部城市米兰举行，山田本一代表日本参加比赛。这一次，他又获得了世界冠军。记者又请他谈谈经验。

山田本一性情木讷，不善言谈，回答的仍是上次那句话：用智慧战胜对手。这回记者在报纸上没有挖苦他，但对他所谓的智慧还是迷惑不解。

10年后，这个谜终于被解开了，他在他的自传中是这么说的：每次比赛之前，我都要乘车把比赛的线路仔细地看一遍，并把沿途比较醒目的标志画下来，比如第一个标志是银行；第二个标志是一棵大树；第三个标志是一座红房子……这样一直画到赛程的终点。比赛开始后，我就以百米的速度奋力地向第一目标冲去，等到达第一个目标后，我又以同样的速度向第二个目标冲去。40多里的赛程，就被我分解成这么几个小目标轻松地跑完了。起初，我并不懂这样的道理，我把我的目标定在40多公里外终点线上的那面旗帜上，结果我跑到十几公里时就疲惫不堪了，我被前面那段遥远的路程给吓倒了。

在实际中，我们做事之所以会半途而废，这其中的原因，往往不是因为难度大，而是觉得成功离我们较远，确切地说，我们不是因为失败而放弃，而是因为倦怠而失败。在人生的旅途中，我们稍微具有一点山田本一的智慧，一生中也许会少许多懊悔和惋惜。

二、目标的性质分解

按性质分解，可以将职业生涯目标分为外职业生涯目标和内职业生涯目标。

(一)外职业生涯目标

外职业生涯是指从事职业时的工作单位、工作地点、工作内容、工作职务与职称、工作环境和工资待遇等因素的组合及其变化过程。外职业生涯目标侧重于职业过程的外在标记，它的构成因素通常是由别人认可和给予的，也容易被别人否认和收回。在职业生涯初期，外职业生涯因素的获得往往与付出不相符。

(二)内职业生涯目标

内职业生涯是指从事一项职业时所需具备的知识、观念、心理素质、经验、能力、身体素质、内心感受等因素的组合及其变化过程。内职业生涯各项因素的取得，可以通过别人的帮助来实现,但主要还是靠自己的努力追求而得以实现。与外职业生涯的构成因素不同,内职业生涯的各构成因素内容一旦取得,别人便不能收回或剥夺,成为别人拿不走、收不回的个人财富。内职业生涯是真正的人力资本所在,提高内职业生涯而取得的工作成绩,会转化为外职业生涯。内职业生涯目标与职业锚有关。内职业生涯丰富的人会抓住每一次发展的机会,甚至能主动地为自己、为别人创造发展机会。

制定外职业生涯目标与内职业生涯目标是同时进行的,内职业生涯的发展是外职业生涯发展的前提,内职业生涯发展了,外职业生涯自然会得到提升。内职业生涯因素匮乏,只是去追求外职业生涯内容的人,往往会陷于痛苦之中,总是会怀疑上级对自己不公,甚至会担心下岗名单里有自己。

大学生职业生涯目标分解请见图 5-1。

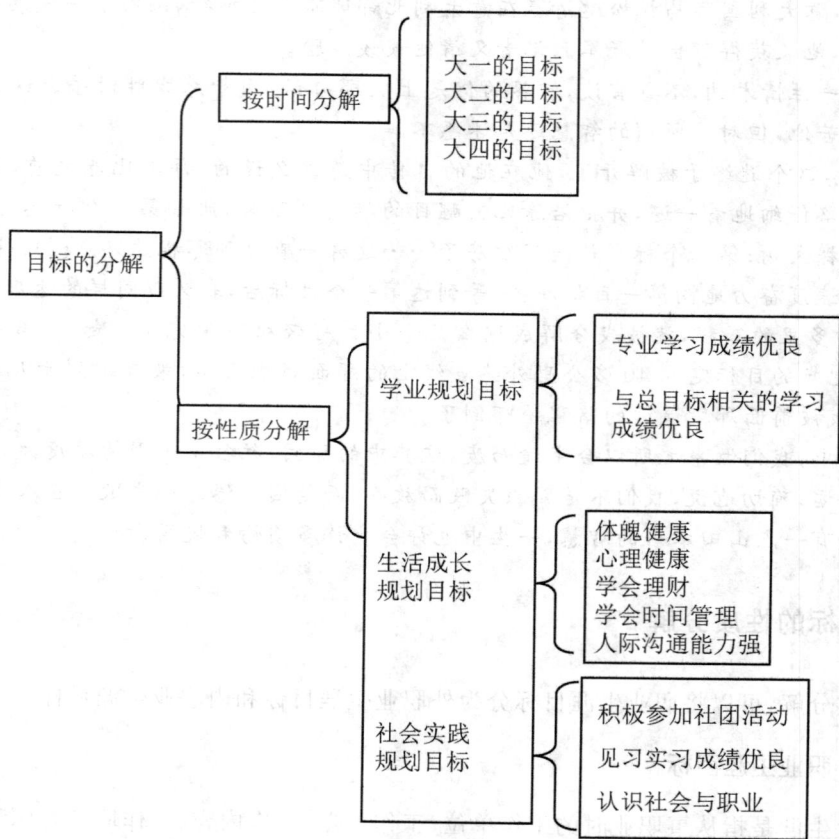

图 5-1 大学生职业生涯目标分解示意图

案例分享
ANLIFENXIANG

打开你观念的抽屉

一天,报社的一位年轻记者去采访日本著名的企业家松下幸之助。年轻人很珍惜这次采访机会,作了认真的准备。因此,他与松下幸之助先生谈得很愉快。采访结束后,松下先生亲切地问年轻人："小伙子，你一个月的薪水是多少？""薪水很少，一个月才一万日元。"年轻人不好意思地回答。"很好！虽然你现在的薪水只有一万日元，其实，你知道吗，你的薪水远远不止这一万日元。"松下先生微笑着对年轻人说。年轻人听后，感到有些奇怪：不对呀，明明我每个月的薪水只有一万日元，可松下先生为什么会说不止一万日元呢？看到年轻人一脸的疑惑，松下先生接着道："小伙子，你要知道，你今天能争取到采访我的机会，明天也就同样能争取到采访其他名人的机会，这就证明你在采访方面有一定的潜力。如果你能多多积累这方面的才能与经验，这就像你在银行存钱一样，钱存进了银行是会升利息的，而你的才能也会在社会的银行里生利息，将来能连本带利地还给你。"松下先生的一番话，使年轻人茅塞顿开。许多年后，已经做了报社社长的年轻人，回忆起松下先生的谈话时，深有感慨：对于年轻人来说，注重才能的积累远比注重薪水的多少更重要，因为他是每个人最厚重的生存资本。

人物：年轻记者

外职业生涯：单位——报社

　　　　　　职务——记者

　　　　　　工资——每月1万多日元

内职业生涯：能力——有争取到采访名人的能力

建立新观念——对于年轻人来说，注重才能的积累远比注重薪水的多少更重要，因为它是每个人最厚重的生存资本

结果：内职业生涯发展（积累才能与经验）——带动外职业生涯发展（成为报社社长）。

第三节　职业生涯目标的组合

目标组合是处理不同职业规划目标之间相互关系的有效措施。职业规划的目标包括：概念目标与行动目标、内职业生涯目标与外职业生涯目标、短期目标与长期目标，还有目标的表现功能与手段功能。虽然有时它们之间存在排斥性，使我们只能在不同目标当中做出选择。但是不同目标之间还具有因果关系与互补性，我们可以积极地进行不同目标的组合，达到职业生涯和谐发展。

职业生涯目标组合有3种方法：时间组合、功能组合和全方位组合。其中全方位组合已经超出了职业规划的范畴，它涵盖了职业生涯全部活动。

一、时间组合

职业生涯目标在时间上的组合可以分为并进和连续两种情况。

（一）并进组合

职业生涯目标的并进组合，是指同时着手实现两个平行的工作目标，即在同一期间内进行不同性质的工作。例如，上级管理层兼任技术业务项目责任人，或中、高级管理层的"双肩挑"的情况。假定你做的是财务经理，那么它实际上就涵盖了两个职业：一个是财务专业人员职

业，一个是管理人员职业。你需要在这两个职业上同时学习，同时提高，既要做优秀的财务工作人员，又要做成功的管理人员。这两个职业目标并不矛盾，可以同时进行。

并进组合也可以是建立和实现与目前工作内容不相关的职业生涯目标。人们为了获得更大的发展空间，在做好本职工作的同时，进修自己感兴趣的其他课程等，并进有利于开发我们的潜能，在相同的时间内迎接更大的挑战，发挥更大的价值。例如，一个秘书为了今后的发展，在做好本职工作的同时业余学习新闻专业的硕士课程。

有时候，外部环境给予我们的机会很多，这让我们面临着多个选择，只要处理得好，又有足够的精力和能力来应对，在一定的范围内，是可以做到鱼与熊掌兼得的。建立和实现本职工作以外的目标是居安思危、具有长远眼光的表现，需要具备较强的时间管理能力和学习上的毅力。

（二）连续组合

连续组合是指一个目标实现之后再去实现下一个，最终连续而有序地实现各个目标。一般来说，职业生涯的阶段目标与职业生涯的最终目标是相关联的，较短期目标是实现较长期目标的支持条件。目标的期限性也是相对的。随着时间的推移，长期目标成为中期目标，中期目标成为短期目标，短期目标成为近期目标。只有完成好每一个近期目标和短期目标，最终目标才有可能实现。例如，一个土建工程师计划念完 MBA 后，先当三年建筑设计室主任，再去创建自己的建筑装饰公司，各个目标分阶段一个一个地实现，最终实现人生目标。

二、功能组合

很多职业生涯目标在功能上存在因果关系或互补作用。

（一）因果关系组合

有些目标之间存在着明显的因果关系，如工作能力目标与职务目标和收入目标，前者是因，后者为果，表现为：工作能力提高——职务提升——收入增加。

通常情况下，内职业生涯的发展是外职业生涯发展的前提，内职业生涯发展带动外职业生涯的发展。内职业生涯是原因，外职业生涯是结果。例如，能力目标的实现会促进职务目标的实现，而职务目标的实现又会带来经济收入的提高。能力目标实现（原因），将有利于职务目标的实现（结果）；职务目标的实现（原因），会带来经济收入目标的实现（结果）。一般因果排序为：观念更新目标——掌握新知识目标——提高工作能力目标——职务晋升目标——经济收入提高目标。

因此，要想实现因果组合，就需要我们不断更新知识，树立新观念，然后去实践。这样，我们的实践能力就提高了，随着职务提升，业绩突出，报酬也就会不断增加。

（二）互补作用组合

互补作用组合即把存在互补关系的目标进行组合。职业生涯目标的互补关系是显而易见的。例如，一位高校教师希望成为副教授或教授的同时，通过学习得到硕士或博士学位证书，二者存在互补关系。多年的教学经历为继续深造提供了实践经验,而继续学习又为教师的学术水平提供了理论基础。又如一名管理人员希望在成为一个优秀的部门经理的同时得到MBA证书,这两个目标之间就存在着直接的互补作用:实际管理工作为MBA的学习提供了实践的经验和体会,而MBA学习则为实际的管理工作提供了理论和方法。

三、全方位组合

对职业生涯目标进行全方位组合是指个人事务、职业生涯和家庭均衡发展,相互促进,它涵盖了人生全部活动。要实现这一目标,就要求我们在建立职业生涯目标时,要考虑事业发展、家庭生活和职业生涯中的各种愿望,统筹协调,以获得全方位的发展。如果只看到目标之间的排斥性,就只能在不同目标之间做出排他性选择;如果能看到目标之间的因果关系与互补性,就会积极进行不同目标的组合。事业不是生活的全部,任何一个人都不能离开家庭和休闲娱乐,完美的职业生涯规划不应把生活中的其他内容排斥在外,而是要在生活中的不同目标间建立平衡的协调关系,如图5-2所示。

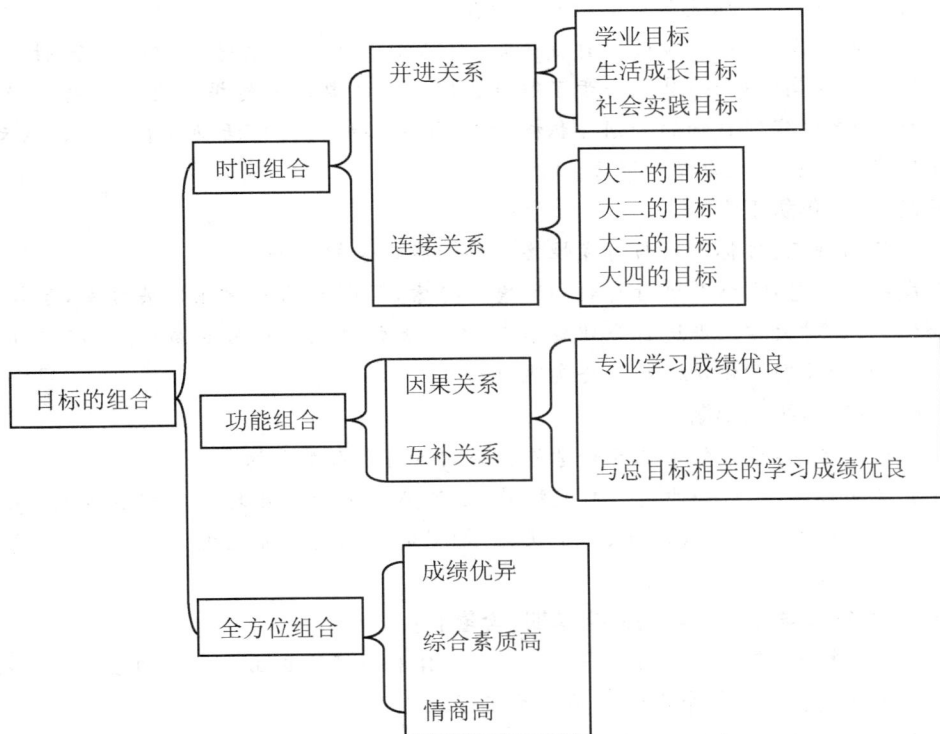

图5-2　大学生职业生涯目标组合示意图

【知识小贴士】

大学生在校生涯规划十阶段

　　大学生各阶段的规划任务及目标有一定的规律,因此,大学生要结合个人实际制定职业生涯规划。大学生首先要明确生涯决策其实是一个长期艰苦的过程,大学阶段对于职业的探索是一个贯穿四年的过程。而在四年的过程中,这种探索在每一个自然的时间段都呈现出不同的特点与重点,需要认真对待,力争在每个阶段都交上满意的答卷。

从生涯规划的意义来看,对大学生而言,大学阶段的学习至关重要,能否顺利地完成由中学生到大学生的转变,能否顺利地完成大学期间的各阶段任务,能否顺利地找到自己喜欢而且能够胜任的工作,关键在于大学生的自我规划的意识和能力,在于大学生对于大学生活的合理规划和积极行动。一般说来,就本科生而言,大学生在校期间的生涯规划大致可以分为以下十个阶段。

第一阶段:第一学期前半学期

生涯目标的特点:生涯目标的确立多来自成长经历及外界的影响,目标高远,但显得空洞。

生涯成功的标志:①能够适应大学生活;②积极地进行自我探索,分析高中时建立起来的职业生涯目标,发现问题并修正目标;③初步了解社会职业、职位设置;④初步制定切实可行的大学阶段成长计划;⑤积极参加校园文化活动和社会实践活动。

第二阶段:第一学期后半学期

生涯目标的特点:目标逐渐与所学专业结合。

生涯成功的标志:①进一步进行自我探索,发现自身的优势、劣势、兴趣、爱好、性格、能力,发现自己有待于提高的地方;②进一步了解社会职位素质要求并能根据自己的发现确定阶段性具体目标;③制定实现目标的计划并积极行动;④参加校园文化活动和社会实践活动;⑤开始有意识地参加相应的能力提升训练。

第三阶段:一年级下学期

生涯目标的特点:目标开始与自我性格、爱好、能力等相结合。

生涯成功的标志:①继续进行自我和环境的探索,了解自己的职业发展方向,了解社会相关的职业资讯;②对大学生涯进行合理规划;③制定大学期间阶段性目标;④积极行动并实现阶段目标;⑤参加校园文化活动和社会实践活动。

第四阶段:二年级上学期

生涯目标的特点:目标的确立开始考虑社会需要与个人需要的结合。

生涯成功的标志:①进一步进行自我探索;②了解将来的就业环境及职业方向;③了解社会政治、经济、文化发展状况及职业、职位状况;④制定自己的职业生涯规划;⑤参加校园文化活动和社会实践活动。

第五阶段:第二学年第二学期前半学期(含暑假)

生涯目标的特点:在长远规划的基础上更加具体和现实。但由于个体的差异,有些同学仍会因为寻找生涯发展目标和个人价值而处于迷茫状态。

生涯成功的标志:①学习并掌握生涯规划中生涯目标建立方法和生涯抉择方法;②建立合理的价值体系和认知结构;③围绕职业生涯规划制定相应的成长计划;④参加校园文化活动和社会实践活动;⑤积极参加专项行为训练,提升实现目标的行动力。

第六阶段:第二学年第二学期后半学期

生涯目标的特点:目标的确立直接反映了个人的价值观,并与社会现实相结合。

生涯成功的标志:①了解自己的职业兴趣,确定职业发展方向;②掌握与就业相关的信息;③掌握与就业相关的法律、政策、就业程序;④树立正确的职业道德观念;⑤完善并落实成长计划;⑥参加校园文化活动和社会实践活动;⑦参加专项行为训练,提升实现目标的行动力。

第七阶段:三年级第一学期

生涯目标的特点:长远目标逐渐明确和坚定,近期目标更加具体。

生涯成功的标志:①进一步明确自己的职业方向;②发现自身职业竞争力的不足之处,制定职业竞争力提升计划;③参加职业实践;④参加校园文化活动和社会实践活动;⑤参加专项行为训练,提升实现目标的行动力。

第八阶段:三年级第二学期

生涯目标的特点:由于与社会密切接触,职业生涯目标得到有效修正,修正后的目标进一步反映了个人理想与社会现实的结合。

生涯成功的标志:①对自己的职业生涯进行合理规划;②确定职业发展方向和各阶段发展目标;③寻求适合自己职业生涯发展的有效路径;④掌握生涯评估方法和生涯目标修正方法;⑤对生涯规划相关问题进行评估,发现问题;⑥参加相应的能力提升训练。

第九阶段:四年级第一学期

生涯目标的特点:目标更具有现实性和可操作性。

生涯成功的标志:①结合自己的职业实践和职业发展理想,寻找现实自我和理想职业人之间的差距;②参加快速提升训练;③进一步了解社会及职位的发展变化;④了解本届毕业生就业相关政策及相关程序。

第十阶段:四年级第二学期

生涯目标的特点:目标更加具体,体现为职业素质的培养和训练。

生涯成功的标志:①了解相关就业及创业信息;②参加相应的快速提升训练;③与相关单位及个人建立稳定的关系。

第四节　职业生涯目标的评估与反馈

个人事业的成败,很大程度上取决于有无科学适当的目标。没有目标如同驶入大海的孤舟,四野茫茫,没有方向,不知道自己走向何方。只有树立了科学适当的目标,才能明确奋斗方向。目标犹如海洋中的灯塔,引导你避开险礁暗石,走向成功。

在人生的发展阶段,由于社会环境的巨大变化和一些不确定因素的存在,会使我们与原来制定的职业生涯目标与规划有所偏差,这时需要对职业生涯目标与规划进行评估和做出适当的调整,以更好地符合自身发展和社会发展的需要。职业生涯规划的评估与反馈过程是个人对自己的不断认识过程,也是对社会的不断认识过程,是使职业生涯规划更加有效的有力手段。

职业生涯目标的反馈涉及一个概念,即生涯评估。生涯评估是指在达到职业目标的过程中自觉地总结经验和教训,修正对自我的认知和最终的职业目标。一个人对于职业目标的描述和界定,在刚开始时大多数是模糊的、抽象的,有的甚至是错误的。在一段时间的工作努力之后,有意识地回顾自身的言行得失和工作感受,可以检查验证自我觉醒的结论是否贴切,不仅可以衡量目标是否合适,更可以证明自己对职业目标的设想方向对不对。有调查表明,不少人是在一段时间的尝试和寻找后,才了解自己到底适合于哪个领域、哪个层面的工作的。在缺乏反馈和修正的情况下,这段时间可能长达十几年,或者需要较大的挫折,才能使人猛然意识到自己的职业瓶颈,或者是通过继续的学习,才能更清醒地发现自己的潜能、长处和短处。在一个人自我觉醒和目标设定正确时,反馈和修正同样可以纠正分阶段目标中出现的偏差,同时极大地增强实现目标的信心。职业目标的反馈与修正,是职业生涯中不能回避的问题,也是保证职业生涯成功和职业目标实现的重要手段之一。

人生目标的确定往往是基于特定的社会环境和条件的。这样的环境和条件总在变化,确定了目标也应该做出修改和更新,况且这样的目标虽然写出来了,但是并未镶刻在石头上,它的存在只是为你的前进提供一个架构,指示一个方向。学生是它的创造者,可以在它看起来正把自己引向歧途的任何时候更改它。

【知识小贴士】

麦格劳的愿望转化为目标的"七步策略"

- 第一步:用具体的事件或行为来表达自己的目标。
- 第二步:用可以度量的语言来表达目标。
- 第三步:给目标定一个时间期限。
- 第四步:选择你能够控制的一个目标。
- 第五步:计划和确定一个能够帮你实现目标的策略。
- 第六步:从实施步骤的角度确定自己的目标。
- 第七步:为朝向目标的进程确立一个考评办法。

案例分享
ANLIFENXIANG

最佳目标

贝乐纳是法国著名的作家,一生创作了大量的小说和剧本,在法国影剧院上占有特殊的地位。有一次,法国一家报纸搞有奖智力竞赛,其中有这样一个题目:如果法国最大的博物馆卢浮宫失火,情况允许抢救一幅画,你会抢哪一幅?结果在该报收到的成千上万个回答中,贝乐纳以最佳答案获得奖金。他的回答是:我抢离出口最近的那幅画。

启示:最佳的目标不一定是最有价值的,而是最有可能实现的!

第五节 大学生职业生涯规划实例分析

在当今这个人才竞争非常激烈的时代,职业生涯规划开始成为人们在竞争中成功胜出的重要利器。对于个人来说,职业生命是非常有限的,如果不进行有效的规划,势必会造成生命和时间的浪费。作为当代大学生,若是带着一脸茫然就踏入这个拥挤的社会是不可能满足社会的需要的,只有为自己拟订一份职业生涯规划,将自己的未来好好设计一下,才能使自己在这个拥挤的社会占有一席之地。下面让我们来看两个职业生涯规划的案例,其中一个是非常成功的职业生涯规划,一个则是比较失败的职业生涯规划,大学生可以以此为参考,认清利弊,为自己拟订一份科学合理的成功的职业生涯规划。

案例一

陈刚的职业生涯规划书

一、陈刚大学毕业后的十年规划

姓名:陈刚

年限:2008—2018 年

年龄跨度:22～32 岁

起止日期:2008 年 1 月 1 日—2018 年 1 月 1 日

美好愿望:事业有成,家庭幸福

职业方向:企业高级管理人员

总体目标:完成硕士、博士的学习,进入××著名外资企业,成为高层管理者。

已进行情况:某大学商学院工商管理(MBA)专业毕业,进入一家外资企业,在职硕士,想继续攻读博士学位。

二、社会环境和职业分析(未来十年)

(一)社会一般环境

中国政治稳定,经济持续发展,将在全球经济一体化环境中担任重要角色。经济发展有强劲的势头,加入 WTO 后,会有大批的外国企业进入中国市场,中国的企业也将走出国门。

(二)管理职业的特殊社会环境

由于中国的管理科学发展较晚,管理知识与理论大部分源于国外,中国的企业管理还有许多不完善的地方。中国急需管理人才,尤其是经过系统培训的高级管理人才。因此企业管理职业市场前景广阔。

要在中国发展企业,必须要适合中国的国情,这就要求管理的科学性、艺术性要和环境动态相结合。因此,受中国市场吸引而进入的大批外资企业都面临着本土化改造的任务,这为准备去外企做管理工作的人员提供了很多机会。

三、行业环境分析和企业分析

(一)行业环境分析

本人所在某公司为跨国性会计事务所,属管理咨询类企业。由于中国加入 WTO,商务运作逐渐全球化,国内企业经营也逐步与国际惯例接轨,因此这类企业在进入中国后得到迅猛的发展。

(二)企业分析

某公司是全球四大会计事务所之一,属股份制企业,企业领导层风格稳健,公司以"诚信、稳健、服务、创新"为核心价值观,十年来稳步在全球推广业务,目前在全球 10 余个国家、地区设有分支机构。

公司 2002 年进入中国,同年在上海设立分支机构。在稳健拓展业务的同时重点推行公司运作理念,力求与快速发展中的中国共同进步。本人十分认同公司的企业文化和发展战略,但公司事务性工作太过繁忙,无暇进行个人自我培训,而且提升空间有限。但总体而言,作为第一份工作可以接触到行业顶尖企业的经营模式是十分幸运的,本人可能在本企业实现部分职业生涯目标。

四、个人分析与角色建议

(一)个人分析

1. 自身现状

英语水平出众,能流利沟通;法律基础知识扎实,精通经贸知识;具有较强的人际沟通能力;思维敏捷,表达流畅;在大学期间长期担任学生干部;有较强的组织协调能力;有很强的学习愿望和能力。

2. 测评结果(略)

(二)角色建议

父亲:"要不断学习,能力要强";"工作要努力,有发展,要在大城市,方便我们退休后搬来一起居住生活"。

母亲:"工作要上进,婚姻不要误。"

老师:"聪明、有上进心、单纯、乖巧";"缺乏社会经验"。

同学:"有较强的工作能力","适合做白领"。

......

五、职业目标分解与组合

职业总目标:著名外资企业高级管理人员。

(一)2008—2011 年

成果目标:通过实践学习,探索适合当代中国国情的企业管理理论。

学历目标:硕士研究生毕业,取得硕士学位;取得律师从业资格,通过 GRE 和英语高级口译考试。

职务目标:外资企业商务助理。

能力目标:具备在经济领域从事具体法律工作的理论基础,通过实习具有一定的实践经验;接触了解涉外商务活动;英语应用能力具备权威资格认证;有一定的科研能力,发表5篇以上论文。

经济目标:商务助理,年薪 6 万。

(二)2011—2014 年

学历目标:通过注册会计师考试。

职务目标:外资企业部门经理。

能力目标:熟练处理本职务工作,工作业绩在同级同事中居于突出地位;熟悉外资企业运作机制及企业文化,能与公司上层进行无阻碍地沟通。

经济目标:年薪 10 万。

(三)2014—2018 年

学历目标:攻读并取得博士学位。

职务目标:著名外资企业高级管理人员,大学的外聘讲师。

能力目标:科研能力突出,在国外权威刊物发表论文;形成自己的管理理念,有很高的演讲水平,具备组织、领导一个团队的能力;与公司决策层有直接、流畅的沟通;具备应付突发事件的心理素质和能力;有广泛的社交范围,在业界有一定的知名度。

经济目标:年薪 25 万。

六、成功标准

我的成功标准是个人事务、职业生涯、家庭生活的协调发展。

只要自己尽心尽力,能力也得到了发挥,每个阶段都有切实的自我提高,即使目标没有实现(特别是收入目标)我也不会觉得失败,给自己太多的压力本身就是一件失败的事情。

为了家庭牺牲职业目标的实现,我认为是可以理解的。在 28 岁之前要有自己的家庭。

七、差距

(1)缺乏跨国企业先进的管理理念和丰富的管理经验。

(2)作为高级职业经理人所必备的技能、创新能力有所欠缺。

(3)快速适应能力欠缺。

(4)身体适应能力有差距。

(5)社交圈太窄。

八、缩小差距的方法

(一)教育培训方法

(1)充分利用硕士研究生毕业前在校学习的时间,为自己补充所需的知识和技能。包括参与社会团体活动,广泛阅读相关书籍,选修、旁听相关课程,报考技能资格证书等。时间:2010年 7 月以前。

(2)充分利用公司给员工提供的培训机会,争取更多的培训机会。时间:长期。

(3)攻读管理学博士学位。时间:四年以内。

(二)讨论交流方法

(1)在校期间多和老师、同学讨论交流,毕业后选择和其中某些人经常进行交流。

(2)在工作中积极与直接上司沟通、加深了解;利用校友众多的优势,参加校友联谊活动,经常和他们接触、交流。

(三)实践锻炼方法

(1)锻炼自己的注意力,在嘈杂的环境里也能思考问题和正常工作。在大而嘈杂的办公室里有意识地进行自我训练。

(2)养成良好的锻炼、饮食、生活习惯。每天保证睡眠 6～8 小时,每周锻炼 3 次以上。

(3)充分利用自身的工作条件扩大社交圈,重视同学交际圈,重视和每个人的交往,不论身份贵贱和亲疏程度。

【分析】

案例中陈刚制定的职业生涯规划脉络清晰,步骤合理,充分考虑了个人兴趣、个人素质并注重职业技能的培养,其最大的特色是职业目标明确,对自身的职业定位把握恰当,即著名外资企业高级管理人员。而对大学生来说,在毕业后选择适合自己的职业发展方向尤为重要,人生精力有限,必须选准方向,强化发展。职业方向的确定必须结合个人的特长和兴趣倾向,并综合考察行业前景来确定。陈刚就做到了这点,他对社会一般环境、管理职业的特点、行业环境与企业发展前景都做了准确的分析,这为他以后的目标确定与规划的落实打下了良好的基础。当然,职业生涯规划最重要的还是将规划变为现实。一个人的规划再好,若没有付诸实践,也是镜花水月,可望而不可即,陈刚能认真剖析自己的优缺点,并参考他人的意见,为自己制定成功的标准,找到解决自己缺点和劣势的途径,并按自己的具体行动计划来实施,最后走向成功。

也许他的这套职业生涯规划不一定适合所有人,但是却带给我们一个重要的信息,那就是人生是可以规划的,只要有信心、决心和恒心,加上科学的规划和努力行动,明天成功的主角就会是我们每一个人!

案例二:

蚯蚓的职业生涯规划

有一位叫蚯蚓的朋友。蚯蚓不是原名,由于他长得黑矮瘦弱,因而得名。

18岁时,他的朋友与他分开后,在外为生活四处漂泊奔波;他却上了大学,什么事都挺顺当。在这分开的十年里,他们几乎每隔两三年见一次面。每一次他的朋友都喜欢问他同一个问题:你将来的目标是什么?

得到的答案总是不相同。

18岁,高中毕业典礼上:我发誓要当李嘉诚第二!我要当中国首富(好大的口气)!

20岁,春节老同学团聚会上:我想创立自己的公司,30岁前拥有资产2000万。

23岁,在某市工厂当技术员,第二职业是炒股:我正在为离开这家工厂而奋斗,因为在这里工作太没前途了。我将全力炒股,三年内用5万元炒到300万元。

25岁,炒股失意而情场得意,开始准备结婚:我希望一年后能有10万元,让我风风光光地结婚(挺现实的想法)。

26岁,不太风光的结婚典礼上:我想生一个胖小子,不久的将来当个车间主任就行,别的不想了(是不是结婚都会使人成熟)。

28岁,所在工厂效益下滑,偏偏正是妻子怀胎十月的时候:希望这次下岗名单里千万不要有我的名字。

【分析】

这是一份被广泛引用的案例。蚯蚓的职业生涯轨迹并不是少数人的情况,我们身边有许多人都重复着雄心壮志,怀才不遇,满腹牢骚,撞钟混日,担心下岗,走投无路的心态历程。

从案例中可知,蚯蚓在职业生涯方面缺乏知识和能力,他分不清美好愿望与目标的区别;不会将大目标分解成小目标;不懂得内职业生涯的发展是外职业生涯发展的前提;不懂得职业生涯发展是从做好本职工作开始的;没有处理好自己与企业的关系;总是抱怨,不懂得适应、利用和改变环境。

对于在校大学生来说,因为没有任何社会阅历,职业生涯规划似乎有点纸上谈兵。但是,虽然可能没有成型的职业规划,但是要有每个阶段的前进方向和短期目标,比如这段时间要练好英语听力,达到什么水平,要朝着什么方向努力;那段时间取得律师从业资格;另外一段时间准备注册会计师考试。没有明确的方向和短期的目标,很容易虚度光阴,最后一事无成。

【知识小贴士】

如何应对择业焦虑

自我认识不足和对就业形势估计不够是产生过度焦虑甚至恐惧心理的两个主要原因。大学生应该自主地运用有效的心理调适技术,以积极的心态应对求职竞争的各种压力。

1. 理性情绪法

大学生在择业挫折后消沉苦闷、怨天尤人的主要原因,在于他原本认为"择业应当是顺利和理想的",如果将这些想法加以纠正,不良情绪就得到了克服。大学生在择业中处于消极情绪状态时,要善于从中分析、抽取非理性的观念,综合、概括出理性的看法,并对比两种观念下个人的内心感受,使自己走出非理性的择业误区。

2. 合理宣泄法

大学生择业中处于较严重焦虑状态时,不能一味地把不良情绪藏在心底,而应进行适当的宣泄。比较好的办法是向知心朋友、老师、家人倾诉,把心中的不快说出来。另外,也可以通过参加一些大运动量的户外活动,如打球、爬山等,宣泄不良情绪。宣泄情绪要注意场合、身份、气氛,宣泄要适度。

3. 自我慰藉法

毕业生择业中遇到困难和挫折,在经过最大努力仍无法改变状况时,要说服自己,适当让步,将不成功归因于客观条件和客观事实,同时要勇于承认并接受事实。这样,就能缓解因心理矛盾而引发的悲观失望等不良情绪,重新找回自信,树立继续努力的信心。

4. 情绪转移法

在情绪低落时,可以采取缓冲的办法,把自己的精力和注意力转移到其他活动中去。例如,学习一些新知识或技能,或是参加一些自己有兴趣的活动,把不愉快的情绪抛在脑后,使自己没有时间和可能沉浸在不良情绪中,以求得心理的平衡。

5. 自我激励法

大学生在择业面试中常常出现胆怯、信心不足等现象,可以通过积极的自我暗示、自我激励进行调解,增强自信心。例如,运用内部语言或书面语言来调节情绪,在心理默念"我会发挥得很好""我一定能成功"等语句,或写在纸上,或者找个旷野大声喊出。这些对走出自卑、消除怯懦有一定的作用。

6. 松弛练习法

松弛练习是一种通过练习学会在心理和躯体上放松的方法,常用的有肌肉松弛训练、意念放松训练等。放松练习可以帮助人减轻和消除各种不良身心反应,如焦虑、恐惧、紧张、失眠等症状,大学生在择业中遇到的心理问题,可在专业人员的指导下通过放松练习来解决。

讨论:同大家分享一下你一般用什么方法缓解焦虑的,是否用到以上所列的方法,在上述方法中你觉得哪种方法对你来说最有效,为什么。

第六章 职业生涯发展决策

李开复转系

我从法学系转入计算机系,找到自己真正的兴趣爱好,并不是一件很容易的事,有时还要经过很多反复和波折。不过,一旦发现了兴趣所在,每个人都可以在激情的推动下走向成功。

拿我自己来说吧,我读高一的时候一心想做个数学家,刚进入大学时又打算当一名出色的政治家,可直到大二时我才逐渐发现,自己无法全身心地喜爱数学和政治,学习成绩也只在中游徘徊。与此同时,我接触并喜欢上了计算机,每天疯狂地编程,很快引起了老师和同学的注意。

终于,在大二的一天,我做了一个重大的决定:放弃此前一年多在全美前三名的哥伦比亚大学法律系已经修成的学分,转入哥伦比亚大学默默无闻的计算机系。我告诉自己,人生只有一次,不应浪费在没有乐趣、没有成就感的领域。当时也有朋友对我说,做一个没有激情的工作将会付出更大的代价。

那一天,我心花怒放、精神振奋,我对自己承诺,大学后三年的每一门功课都要拿 A。如果不是那一天的决定,今天的我就不会在计算机领域取得这样的成就;如果不是那一天的决定,今天的我很可能只是美国某个小镇上一名既不成功又不快乐的律师。

（资料来源:李开复,做最好的自己,人民出版社,2006 年）

第一节 职业发展决策的理论及意义

职业生涯决策是综合了个人对自我的认识以及对教育与职业等外在因素的判断,在面临生涯抉择情境时所作出的各种反应。其构成要素包括:决策者个人目标、可供选择的方案和结果,以及对各个结果的评估。而过程与结果则受到机会、结构等社会因素以及个人价值观和其他内在因素的影响。

一、职业生涯决策理论

对职业生涯决策理论的研究,我国目前正处于起步阶段,国内现在还很少有学者对此有系统的研究,而西方学者在近几十年来,一直在对生涯决策理论进行系统深入的研究。下面重点介绍一些西方的生涯决策理论。

(一)人—职匹配理论

"人—职匹配理论"又称帕森斯的特质因素理论。特质因素理论是最早的职业决策理论之一,可以追溯到"职业辅导之父"弗兰克帕森斯于 20 世纪初所提出的职业决策的三大原则,这三大原则在 20 世纪 50 年代非常流行。

原则一:了解自我。即对自我进行探索,包括了解个人的兴趣、能力、资源、优势和劣势等。

原则二:了解工作。了解职业的能力素质要求、知识经验、工作环境、薪酬、晋升机会及发展前途等。

原则三:匹配。将上述两类资料进行综合并找出与个人特质匹配的职业。

帕森斯认为,个人选择职业的关键就是在于个人的特质要与特定职业的要求相匹配,只有这样,个人才能更加适应职业,并使个人和用人单位同时受益。

(二)生涯发展理论

在 20 世纪 50 年代初期,许多心理学、社会学的专家开始探讨职业行为与生涯的发展的问题。较具代表性的是舒伯提出的生涯发展理论。舒伯首先给"生涯"一词做了如下的解释:生涯是生活中各种事件的演进方向和历程,它统合了人一生中的各种职业和生活角色,由此表现出个人独特的自我发展形态;生涯也是人生从青春期到退休后所有有酬或无酬职位的综合,除了职位之外还包括与工作有关的各种角色。所以生涯不是个人在某一阶段所特有的,而是一个人连续不断且终身发展的过程。

舒伯提出人的生涯由三个层面构成:一是生涯发展的时间,即个人的年龄或生命的历程,可细分为成长、探索、建立、维持和衰退五个发展阶段或时期;二是生涯发展的广度,即每个人一生中所要扮演的各种不同的角色,如儿童、学生、公民、家长、休闲者和工作者等;三是生涯发展的深度,即个体扮演每一个角色所投入的程度。例如,有的人在工作角色上投入多一些,而有的人在家庭角色投入多一点等。

舒伯的理论把职业决策的理论外延扩展了,在确定职业目标时,不仅要考虑职业目标的重要性,也要考虑职业角色与其他角色的关联性及时间维度和空间维度的交互性。

(三)社会学的学习理论

克朗伯兹根据班杜拉社会学习理论的内涵,提出生涯决策社会学习,主张个人人格与行为主要受到独特的学习经验的影响,而由日常生活事件来解释生涯决策及其过程。

克朗伯兹认为对个人生涯决策具有影响力的因素包括以下几个。

(1)遗传天赋和特殊能力。例如种族、性别、体能外表、个人特质、智能、音乐能力和艺术能力等。

(2)环境条件和事件。例如工作性质和训练机会、社会政策、社会影响、科技发展、劳动法令、社会组织的改变、物理事件及家庭特质等。

(3)工具性学习经验。例如生涯规划技巧、职业或教育表现等。

（4）连续性学习经验。例如观察学习等经验。

（5）任务取向技巧。例如问题解决技巧、工作习惯、心理状态、情绪反应和认知历程等。

其生涯决策可分为以下七个阶段。

（1）界定问题，制定出明确的目标。

（2）拟定行动计划，规划达成目标的流程。

（3）澄清价值，界定个人的选择标准。

（4）搜集资料，找出可能的选择。

（5）依据自己的标准，评价各种可能的选择。

（6）系统地删除不合适的方案，做最适合的选择。

（7）开始执行行动方案。

社会学理论认为在个人与环境事件互动中，学习得到的新经验、个人的兴趣、价值观与人格特质，均可通过学习经验加以改变与拓展。每个人一生中独特学习经验，会影响个人的职业决策。

（四）设限妥协理论

戈特弗雷德森的设限妥协理论提出设限和妥协的概念，来说明个人职业目标如何选定。"设限"指个人根据自我观念的发展，将职业兴趣逐渐具体化；"妥协"则是指个人做决定时，考虑个人因素的取舍，在选择职业时，个人兴趣是最早被牺牲的因素，职业声望次之，性别因素是最重要的衡量标准。因为性别角色刻板印象是个人自我概念的最核心要素，也与个人的社会认同感直接相关。此外，目标的易达成性在选择过程中也占有相当重要的地位，个人除了选择符合自我概念的选项外，也必须依据现实状况，做出合理的选择。

（五）三阶段模式

近20年来，许多研究者开始研究学生选择学校的决策历程，认为这个决策历程是复杂的、多元的，且与社会地位、经济收入有极大的相关性。因此综合心理、社会和经济收入三大取向，并根据其决策行为提出阶段理论。

其中，杰克逊的三阶段模式，将学生对学校和专业的选择分为以下三个阶段。

（1）学生产生上大学的意愿。

（2）学生排除自己不感兴趣的或能力不符合的学校，找出一些可能就读的学校，作出初步选项，进行更深入的了解。

（3）评估初步选项，选择真正入学就读的学校。

学者莱特在杰克逊的理论基础上提出了三阶段模式，具体内容如下。

（1）意愿与倾向阶段。学生开始思考自己是否要上大学，如果不想上大学的学生就离开这个决策过程，想上大学的学生就进入下一个决策程序。

（2）资料搜集阶段。学生开始搜集与大学院系有关的资料，并根据这些资料整理出将来可能选择的初步选项。

（3）决定阶段。学生根据自己的喜好与现实状况，评估上个阶段的初步选项，最后决定自己要读的大学和专业。

职业决策理论不仅仅局限于以上五种理论,但这五种理论是目前职业决策中比较有代表性的理论。帕森斯的理论主要强调了决策时需要考虑自我与职业的匹配;舒伯的理论是对职业决策理论的扩展,需要平衡职业与生活的关系,不仅要从职业的角度,更需要从生涯的角度来决策人生目标和职业目标;克朗伯兹的社会学理论强调社会学习经验对决策的影响;戈特弗雷德森的理论强调职业决策有时需要必要的妥协;莱特和杰克逊的三段论主要从决策的逻辑视角强调了产生决策意愿和对决策选项充分了解的重要性。

二、职业生涯决策的意义

不少人都缺乏为自己做决策的信心,他们担心自己会犯错误、会后悔,因此在面对选择时左右为难。也有人干脆就设法拖延了事。他们没有意识到,当他们这样做的时候,实际上已经做出了一个决定,那就是不做决定。做出有利于自身长远发展的职业决策具有极其重要的意义。

(一)选择错误,我们越努力就离成功越远

选择实际上是找一个合适自己的方向。如果方向选错了,所做的努力就是为错误而准备。

例如,马越同学,学的是会计专业,性格比较内向,不擅长组织、领导和人际交往,对自己的专业比较喜欢。他本来打算成为一名会计师,但又觉得公务员有地位、有保障,从大三就开始以报考从事行政领导职位的公务员为目标。可他并没有认真地思考自己是否适合从事公务员这一职业。这一职业对沟通能力与组织能力都有较高的要求,而这些方面正好是马越的“短板”。虽然他通过了笔试,但在面试中,却由于这些“短板”而被淘汰。尽管马越同学很努力,可努力并没有使他取得成功,反而让他品尝到失败的苦果。原因关键不在他没有目标,而在于他放弃了适合自己的会计目标,而选择了不适合自己的公务员作为目标。

可见,如果目标选择错误,努力就不能帮助自己取得成功,越努力,可能会离失败越近,而离成功就越远。

(二)选择需要先量“力”而后行

要做出正确的选择,还必须搞清自己具备什么样的资源,喜欢什么,能做什么,“适合自己的选择才是最好的选择”。盲目的选择会对自己造成负面的影响。就业盲目可能使自己找不到满意的工作;考研盲目很可能使自己考不上研究生也找不到满意的工作;留学盲目不仅投资得不到回报,还有很可能由“海归”沦为“海待”;创业盲目可能使自己血本无归。所以,选择目标必须与自身的条件相匹配。选择考公务员是因为公务员职位与自己性格及能力相“匹配”;选择自费留学是与自己的外语能力和经济保障相“匹配”;选择创业是与自己的创业素质和创业条件相“匹配”。

很多考研的同学,不顾自身实力偏要选择考名校,造成选择目标与自身实力不匹配,失败是必然的。同样,很多同学放弃考研而选择了直接就业,主要因为“家里实在是再负担不起自己上学的费用了,而且自己也想早一点就业,减轻家庭的负担”。没有家庭经济实力的支持,又怎样选择考研呢?而有些同学选择考研,除了自身的要求外,往往与家庭因素有极大的关系。

由于就业压力大,很多父母都不希望自己的子女直接就业,而全力支持子女考研。考研的同学往往都是具备了家庭的支持和经济的保障这个"力"而做出考研的选择。

所以,职业生涯决策主要受"力"的影响。每当我们遇到职业困惑,不知如何选择时,就需要考虑先量"力"而后行,这个"力"包括知识、性格、兴趣、价值观、能力、家庭背景、经济实力和社会资源,等等。每个人的"力"基本上都是不同的,职业生涯的抉择往往是因"力"不同,选择职业道路也不一样。

(三)理性而正确的选择加上不懈的努力才能到达成功的彼岸

"选择比努力更重要",并不否定努力的重要性,目标选择正确也并不意味着成功,如果没有努力,一切都等于零。我们选择了正确的目标后,需要经过不懈的努力才能达到目标。我们在实现目标过程中,会遇到很多的困难需要解决。目标并不是一成不变的,有时候会发现,过去制定的目标因为形势的变化而并不适合我们了。这个时候,就要进行反思,为什么不合适了?需要如何修正和调整目标?所以,选择并非是静态的,而是动态的。正确的选择是成功的前提,正确的目标选择再加上不懈的努力才能接近和达到目标。

第二节 大学生职业发展决策的基本原则和类型

一、大学生职业发展决策的基本原则

对大学生而言,恰当的职业发展决策意味着成功职业生涯的开始,而失误的职业发展决策意味着未来的职业生活中可能潜伏着危机。大学生职业发展决策一般要遵从以下基本原则。

(一)择己所好:根据兴趣决策

兴趣是最好的老师,是成功之母。从事一项你所喜欢的工作,工作本身就能给你一种满足感,你的职业生涯也会因此变得妙趣横生。调查表明,兴趣与成功概率有着明显的正相关性。在设计自己的职业生涯时,务必注意考虑自己的特点,珍惜自己的兴趣,择己所好,选择自己所喜欢的职业。

(二)择己所长:根据特长决策

任何职业都要求从业者掌握一定的技能,具备一定的能力条件,然而人一生中不可能将所有技能掌握,因此必须在进行职业选择时择己所长,从而有利于发展自己的优势。实际操作中可运用比较优势原理分析别人和自己,尽量选择冲突较少的优势行业。

(三)择世所需:根据需求决策

社会的需求不断演化着,旧的需求不断消失,新的需求不断产生,新的职业也不断产生。因此,在设计自己的职业生涯时,一定要分析社会需求。最重要的是目光要长远,要能准确预测未来行业或者职业发展方向,再做出选择。

(四)择己所利:根据利益决策

职业是个人谋生的手段,其目的在于追求个人幸福。在择业时,首先考虑的是自己的预期利益——个人幸福最大化。明智的选择是在由收入、社会地位、成就感和工作付出等变量组成的函数中找出一个最大值,这就是职业生涯选择中的收益最大化原则。

二、大学生职业发展决策的基本类型

在职业发展决策的过程中,决策者的决策类型对职业决策的影响很大,不同的决策类型做出的决策结果是不一样的。决策者主要有八种类型(表 6-1),请试着判断自己属于哪一种决策类型。

表 6-1 决策者的类型

决策者类型	说明	行为特征	好处
冲动型	决策的过程基于冲动,决策者遇上第一个选择方案,立即反应	先做了再说,以后再来想后果	不必花时间找数据
宿命型	决策者知道需要做决定,但自己不愿做决定,把决定的权力交给命运或别人,因此认为做什么选择都是一样的	船到桥头自然直。反正时也,命也,运也	不必自己负责,减少冲突
服从型	自己想做决策,但无法坚持己见,常会屈服权威者的指示和决定	如果你说 OK,我就 OK	维持表面和谐
延迟型	知道问题所在,但经常迟迟不做决定,或者到最后一刻才做决定	急什么?到明天再说	延长做决定的时间
直觉型	根据感觉而非思考来做决策。只考虑自己想要的,不在乎外在因素	嗯,感觉还不错,就这么决定	比较简单省事
麻痹型	害怕做决定带来的不良后果,也不愿负责,选择麻痹自己来逃避做决定	我知道该怎么做,可是我就是做不到	可以暂时不做决定
犹豫型	选择的项目太多,无法从中取舍,经常处于挣扎的状态,做不了决策	决不能轻易决定!万一选错,那就惨了	搜集充分完整资料
计划型	做决策时会倾听自己内在的声音,也考虑外在环境的要求,以做出适当明智的抉择	一切操之在我。我是命运的主宰,是自己的主人	主动积极,面对问题,解决问题

第三节　职业发展决策的基本步骤

由于我们的个体差异和个人的偏好不同,很难对职业发展决策或问题解决建立一个精确的按部就班的程序。一般来说,职业发展决策有以下步骤。

一、问题认识,承担责任

你意识到自己对职业前景的困惑,并采取行动解决这一问题。职业决策首要阶段需决定的目标,如选择主修专业、选择职业或雇主。

二、了解自己

你需要做一个非常彻底的自我分析。如果你现在没做,那你首先应该完成你的个人分析。它将帮助你从能力、兴趣、性格和价值观等方面全面地了解自己。

三、了解环境

了解你所处的社会、经济、政治和地理环境,从而衡量可能影响你职业选择的环境因素。

四、了解职业,搜集信息

了解自己感兴趣的职业,搜集和研究关于你的职业前景的准确信息,并进行分析、整理、综合。

五、找出可能的职业选择项目

你需要全面地研究可供你选择的职业选项,筛选出可供选择的目标,并对这些而目标进行分析,使之更加合理。

六、运用人—职匹配等方法进行个人与职业的对比分析

一般来说将候选的三个目标进行比较分析,个人的特质和职业特征最相匹配的职业,就是最适合自己的职业。

七、做出决定

根据你对自己的特点和职业前景的判断选择,确定一个目标,这个目标应该是你最想要的、最有可能实现的。

八、执行决定

通过求职活动将你的职业决策付诸实施,在实施的过程中要持之以恒,对困难进行克服。

九、获得反馈

评估你的职业决策,如果有太多的负面反馈,那就重复以上过程加以修正,直到找到适合自己的职业决策为止。

除了以上的步骤之外,还有下面这个比较完整的职业步骤向大家推荐。了解这些步骤,对大学生做出理性的职业决策会有一定的帮助。(全面的职业生涯规划模型请见图 6-1)

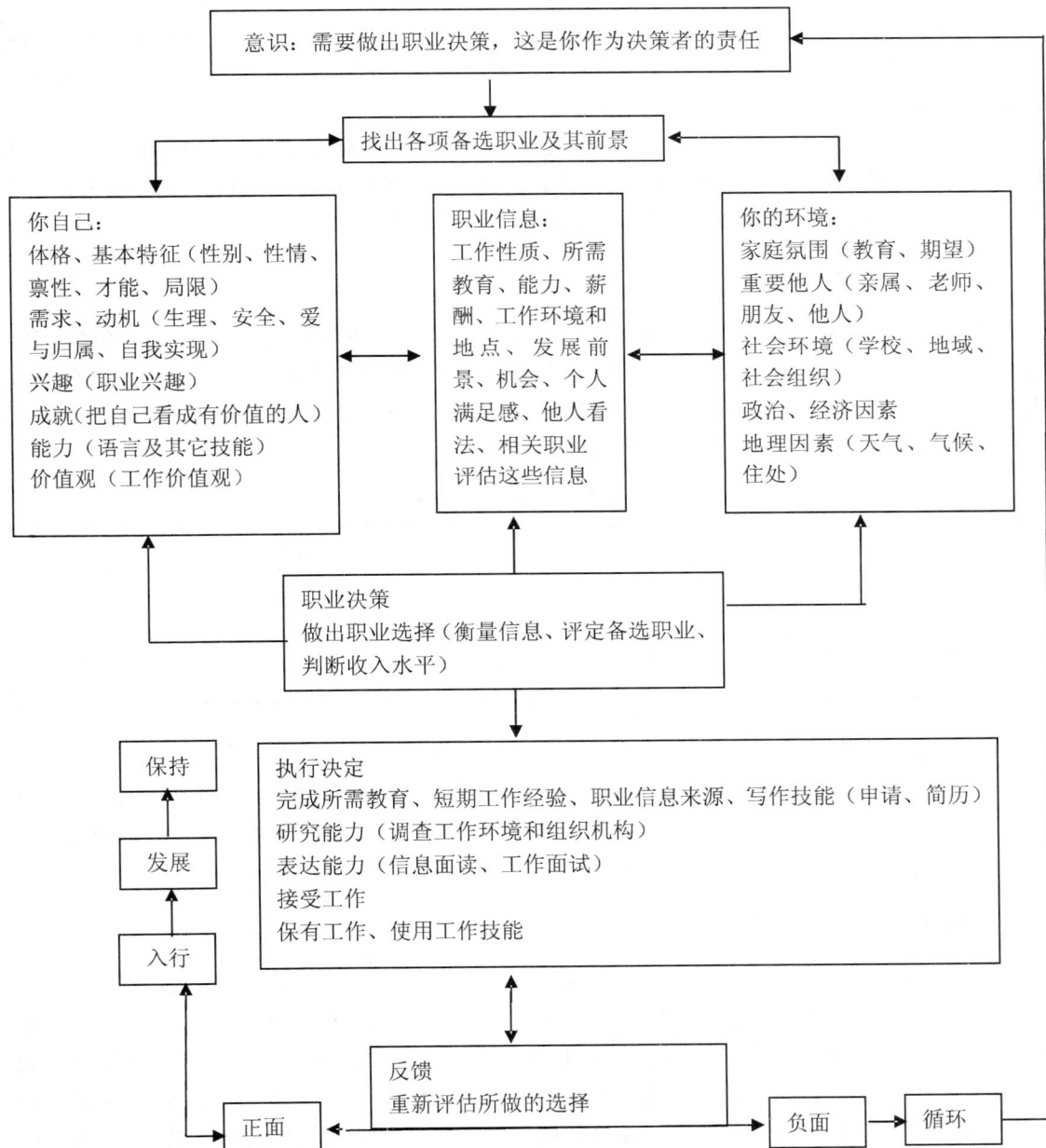

意识:需要做出职业决策,这是你作为决策者的责任

找出各项备选职业及其前景

你自己:
体格、基本特征(性别、性情、禀性、才能、局限)
需求、动机(生理、安全、爱与归属、自我实现)
兴趣(职业兴趣)
成就(把自己看成有价值的人)
能力(语言及其它技能)
价值观(工作价值观)

职业信息:
工作性质、所需教育、能力、薪酬、工作环境和地点、发展前景、机会、个人满足感、他人看法、相关职业评估这些信息

你的环境:
家庭氛围(教育、期望)
重要他人(亲属、老师、朋友、他人)
社会环境(学校、地域、社会组织)
政治、经济因素
地理因素(天气、气候、住处)

职业决策
做出职业选择(衡量信息、评定备选职业、判断收入水平)

保持

发展

入行

执行决定
完成所需教育、短期工作经验、职业信息来源、写作技能(申请、简历)
研究能力(调查工作环境和组织机构)
表达能力(信息面读、工作面试)
接受工作
保有工作、使用工作技能

反馈
重新评估所做的选择

正面

负面

循环

图 6-1　全面的职业生涯规划模型

第四节　职业发展决策的基本方法

一、SWOT 决策分析法

SWOT 分析是战略管理、市场营销等工作中经常使用的功能强大的分析工具：S 代表 Strength（优势），W 代表 Weakness（弱势），O 代表 Opportunity（机会），T 代表 Threat（威胁）。其中 S、W 是内部因素，O、T 是外部因素。

SWOT 分析是一个非常有用的职业决策的工具。如果你对你自己做个细致的 SWOT 分析，那么你会很快知道个人优点在哪里，并评估出感兴趣的职业的道路的机会和威胁所在。

一般来说，在进行 SWOT 分析时，应遵循以下四个步骤：

1. 评估自己的长处和短处

我们每个人都有自己独特的价值观、性格、兴趣和能力。在当今分工精细的市场经济里，每个人一般会擅长某一个领域，而不是样样精通。有些人不喜欢整天坐在办公桌旁，而有些人则一想到不得不与陌生人打交道，心里就发怵，惴惴不安。请填写下面的 SWOT 分析表（表 6-2），列出自己喜欢做的事情和你的长处所在。

表 6-2　SWOT 分析表

Strength（优势）	Weakness（弱势）
Opportunity（机会）	Threat（威胁）

同样，通过表格，你可以找出自己不是很喜欢做的事情及你的弱势。找出你的短处与发现你的长处同等重要，因为你可以基于自己的长处和短处作出两种选择：一是努力去改正你常犯的错误，提高你的技能；二是放弃那些你尚不具备技能的职业。列出你认为自己所具备的强项和弱势，然后再标出那些你认为对你职业选择有影响的优、劣势。

2. 找出你的职业机会和威胁

我们知道，不同的行业（包括这些行业里不同的公司）都面临不同的外部机会和威胁，所以，找出这些外界因素将有助于你成功地找到一份适合自己的工作，因为这些机会和威胁会影响你的第一份工作和今后的职业发展。如果公司处于一种常受到外界不利因素影响的行业里，很自然，这个公司提供的职业机会将是很少的，而且没有职业升迁的机会。相反，充满了许多积极的外界因素的行业将为求职者提供广阔的职业前景。请列出你感兴趣的一两个行业。然后认真地评估这些行业所面临的机会和威胁。

3. 提纲式地列出今后五年内你的职业目标

仔细地对自己做出一个SWOT分析评估,列出你从学校毕业后五年内最想实现的三个职业目标。这些目标可以包括:你想从事哪一种职业,或者你想拿到的薪水属于哪一级别。请时刻记住:你必须竭尽所能地发挥出自己的优势,使之与行业提供的工作机会完美匹配。

4. 提纲式地列出今后五年的职业行动计划

这一步主要涉及一些具体的内容。请你列出一份实现上述第三步列出的每一个目标的行动计划,并且详细地说明为了实现每一个目标你要做的每一件事、何时完成这些事。如果你觉得需要一些外界帮助,请说明需要何时和如何获取这种帮助。举个例子,你的SWOT分析可能表明,为了实现理想中的职业目标,你需要进修更多的管理课程,那么,你的职业行动计划应说明何时进修这些课程。你拟定的详尽行动计划将帮助你做出正确的决策。诚然,做此类个人SWOT分析会占用你的时间,而且还需要认真地对待,但是,详尽的个人SWOT分析却是值得的。因为当你做完详尽的个人SWOT分析后,将有一个连贯的、实际可行的个人生涯策略供你参考。

在当今竞争白热化的市场经济里,拥有一份挑战和乐趣并存又薪酬丰厚的职业是每一个人的梦想,但并不是每一个人都能实现这一梦想。因此,为了使你求职和个人职业发展更具有竞争性,请花一些时间界定你的个人优势和弱势。然后制定一份策略性的行动计划,务必保证其得到有效的执行,那么你的职业成功就并不是遥不可及的!

二、决策平衡单法

"决策平衡单"经常被应用于问题解决模式和职业咨询中,用以协助咨询者系统地分析每一个可能的选项、判断各个选项的利弊得失,然后依据其在利弊得失上的加权计分排定各个选项的优先排序,以执行最优先或偏好的选项。其在职业咨询中实施的程序主要有下列步骤。

(1)列出可能的职业选项。咨询者首先需在平衡单中列出有待深入评量的潜在职业选项三至五个。

(2)判断各个职业选项的利弊得失。平衡单中提供咨询者思考的重要得失集中于四个方面,分别是自我物质方面的得失、他人物质方面的得失、自我赞许(精神方面)的得失、他人赞许(精神方面)的得失。咨询者按照各项满足个体价值观和考虑因素的程度进行打分。分值在"+5"至"-5"之间(+5,+4,+3,+2,+1,0,-1,-2,-3,-4,-5),其中"+5"表示价值观和考虑因素在该生涯选择中得到完全的满足,"0"表示不知道或无法确定,"-5"表示价值观和考虑因素在该生涯选择中完全未能得到满足。

(3)各项考虑因素的加权计分。咨询者在各个方面的利弊得失之间,会因身处不同情境而有不同的考量。因此,在详细列出各项考虑层面之后,须再进行加权计分。给各种价值观的因素按照1~5的等级分配权重。一项价值观或因素的重要性越大,它的权重就越高。5为最高权重,表示"非常重要",3代表"一般",1代表"最不重要"。对自我需求和价值观的准确了解是给价值观和考虑因素分配权重的重要前提。

(4)计算出各个职业选项的得分。咨询者需逐一计算各个职业选项在"得"(正分)与"失"(负分)的加权计分与累加结果,并计算各个生涯选项的总分。

(5)排定各个职业选项的优先顺序。依据各职业选项在总分上的高低,排定优先次序。职业选项的优先次序即可作为咨询者职业生涯决策的依据。

(6)提纲式地列出今后五年的职业目标。

(7)提纲式列出今后五年的职业行动计划。

表 6-3 显示了决策平衡单中的具体内容。

表 6-3　决策平衡单中的得失层面

考虑因素	具体内容
1. 自我物质方面的得失	A. 经济收入 B. 工作的困难度 C. 工作的兴趣程度 D. 选择工作任务的自由度 E. 升迁机会 F. 工作的稳定和安全 J. 从事个人兴趣的时间 H. 其他(如社会的限制或机会、对婚姻状况的要求和工作上接触的人群类型等)
2. 他人物质方面的得失	A. 家庭经济收入 B. 家庭社会地位 C. 与家人相处的时间 D. 家庭的环境类型 E. 可协助组织或团体(如福利、政治及宗教) F. 其他(如家庭可享有的福利)
3. 自我赞许(精神方面)的得失	A. 因贡献社会而获得的自我肯定感 B. 工作任务合乎伦理道德的程度 C. 工作涉及自我安全的程度 D. 工作创意发挥和原创性 E. 工作能提供符合个人道德标准的生活方式的程度 E. 达成长远生活目标的机会 G. 其他(如"乐在工作"的可能性)
4. 他人赞许(精神方面)的得失	A. 父母 B. 朋友 C. 配偶 D. 同事 E. 社区邻里 F. 其他(如社会、政治或宗教团体)

有一个大学生面临毕业的三种职业选择:第一,直接就业;第二,自己创业;第三,考研。他运用决策单这个工具,经过对自我的分析填写决策平衡单(表6-4),得分如下:直接就业得22分;自己创业得77分;考研68分。他发现自己比较适合创业,在结合大学期间积累的实践经验及目前掌握的资源和项目,他最终选择了创业。

附表:

表 6-4 决策平衡单示例

选项		直接就业(公司职员)			自己创业(软件公司)			考研		
评价考虑因素		分数	加权	小计	分数	加权	小计	分数	加权	小计
自己物质方面的得失	1. 收入情形	2	×4	8	5	×4	20	−5	×4	−20
	2. 健康状况	1	×3	3	−1	×3	−3	2	×3	6
	3. 工作时间				−4	×1	−4			
	4. 休闲生活	3	×2	6	−3	×2	−6	2	×2	4
	5. 未来展望	−2	×5	−10	4	×5	20	4	×5	20
自己精神方面的得失	1. 潜能、兴趣发挥	1	×5	5	5	×5	25	5	×5	25
	2. 有成就感	−1	×4	−4	5	×4	20	5	×4	20
	3. 改变生活形态				3	×1	3	2	×1	2
他人物质方面的得失	1. 家庭收入	2	×2	4	3	×2	6	−2	×2	−4
	2. 与家人分担家事	2	×1	2	−2	×1	−2			
	3. 与家人相处时间	3	×2	6	−2	×2	−4	1	×2	2
	4. 与朋友相处时间	1	×2	2	−3	×2	−6	2	×2	4
他人精神方面的得失	1. 家人的荣耀感				3	×2	6	3	×2	6
	2. 家人认同	1	×2	2	3	×2	6	2	×2	4
	3. 家人的担心	2	×1	−2	−4	×1	−4	−1	×1	−1
合计				22			77			68

在使用决策平衡单的时候,要注意其目的不仅在于得出最后的排序结果,填写的过程也很重要。因为列举的各项考虑因素、给各项价值观分配权重以及给各项选择打分的过程本身就是帮助个人理清自己思绪的过程。这样一个仔细思索和反复推敲的过程,可能比单纯得出一个结果更加重要,更能帮助个人作出适合自己的决策。

显而易见,这样的决策方式需要比较多的时间和精力上的投入。因为和许多事情一样,决策虽然有各种方法和技巧,但却没有捷径可走。也正因为这种决定产生的结果具有十分重大的意义,我们才需要这么多的时间和精力上的投入。

大学生要实现自己的职业目标,必须进行充分的准备,练好内功。我们每个人的职业目标不同,路径也不同,每条路径中为实现目标做出的准备内容也不尽相同。但总的来说,在大学期间需要进行两个方面的准备:一方面要培养综合素质和通用能力;另一方面需要培养专业素质和专业技能。大学生在保证学习的前提下,应该尽可能地接触社会和参加社会实践,积累工作经验,锻炼能力,做好由"校园人"向"社会人"转变的准备。

第七章　规划好你的大学

【案例分享】

邓洁的故事

在 2011 年毕业之际,长江师范学院生命科学与技术学院 2007 级邓洁同学凭借自己的执着、毅力和努力的付出,在 GRE 考试中以 1310 分(总分 1600)、托福考试中以 89 分的高分,被 Texas Tech University(德州理工大学)录取为公费直读博士,成为该校第一个理工科出国公费直读博士。在大学这个充满机遇与挑战的环境中,她矢志朝着梦想的殿堂前进,凭着自己孜孜不倦的努力与锲而不舍的执着,为实现自己的理想追求,一路风雨兼程。有破茧而出的坚韧,才有化蛹为蝶的美丽;有凤凰涅槃的勇气,才有浴火重生的璀璨。

第一节　学业规划

大学是人生的关键阶段。这是因为,这是你一生中最后一次有机会系统性地接受教育。这是你最后一次能够全心建立你的知识基础。这可能是你最后一次可以将大段时间用于学习的人生阶段,也可能是最后一次可以拥有较高的可塑性、集中精力充实自我的成长历程。这也许是你最后一次能在相对宽松的,可以置身其中学习为人处世之道的理想环境。因此,我们应在大学刚刚开始不久就确立好自己的学业规划,做好大学学业生涯规划不但有利于我们充实自己的大学生活,而且对自己一生的学习都有好处。

一、大学一年级的学业规划

要初步了解职业,特别是自己未来所想从事的职业或自己所学专业对口的职业,提高人际沟通能力。具体活动可包括多和师哥师姐们进行交流,尤其是大四的毕业生,询问就业情况。大一学习任务不重,可多参加学校活动,增加交流技巧。学习计算机知识,争取可以通过计算机和网络辅助自己的学习。为可能的转专业、获得双学位、留学计划做好资料收集及课程准备,多利用学生手册,了解相关规定。大一新生首先要完成的是角色的转变,从要我学到我要学,适应新的环境,确立新的学习目标,逐渐适应大学生活。这一阶段的主要任务有以下几个方面。

(1)完成中学生向大学生角色的转变,尽快适应新的学习方法。

(2)公共课程和基础课程的学习,将是个人形成正确价值观、人生观的基础,会使人受用终生。

(3)部分专业基础课的学习。

(4)拓宽知识面,有助于个性化知识结构的形成。

(5)高度重视人生需要规划的观念。

二、大学二年级的学业规划

应考虑清楚未来是否深造或就业,了解相关的社会实践活动,并以提高自身的基本素质为主,通过参加学生会或社团等组织,锻炼自己的各种能力,同时检验自己的知识技能;可以开始尝试兼职、社会实践活动,并要具有坚持性,最好能在课余时间后长时间从事与自己未来职业或本专业有关的工作,提高自己的责任感、主动性和受挫能力,增强英语口语能力,增强计算机应用能力,通过英语和计算机的相关证书考试,并开始有选择地辅修其他专业的知识充实自己。在这一年里,既要稳抓基础,又要做好由基础课向专业课过渡的准备,并要把一些重要的高年级课程逐一浏览,以便向大三平稳过渡。这一阶段的主要任务有以下几个方面。

(1)学好基础课程、专业基础课、专业课。

(2)认真学好根据未来职业所选择的选修课。

(3)利用课余时间,完成自己基于所选择职业确定的自学计划。

(4)考取基于所选择职业所必要的证书。

(5)设法实施基于所选择职业的个性化的社会实践。

(6)如果考研,则要认真选择所报考的专业。

三、大学三年级的学业规划

因为临近毕业,所以目标应锁定在提高求职技能、搜集公司信息、并确定自己是否要考研上。在撰写专业学术文章时,可大胆提出自己的见解,锻炼自己的独立解决问题的能力和创造性;参加和专业有关的暑期工作,和同学交流求职工作心得体会;学习写简历和求职信,了解搜集工作信息的渠道,并积极尝试;加入校友网络,和已经毕业的校友、师哥师姐谈话了解往年的求职情况;希望出国留学的学生可多接触留学顾问,参与留学系列活动,准备 TOEFL、GRE,注意留学考试资讯,向相关部门索取简章参考。大三的主要任务有以下几个方面。

(1)继续加强专业课学习。

(2)拓展实践课程学习。

(3)求职,认真盘点自己的优势,并应用到职业寻找之中,有针对性地进行信息收集和应聘。

四、大学四年级的学业规划

找工作的找工作、考研的考研、出国的出国,不能再犹豫不决,大部分学生的目标应该锁定在工作申请及成功就业上。这时,可先对前三年的准备做一个总结:首先检验自己已确立的职业目标是否明确,前三年的准备是否已充分;然后,开始毕业后工作的申请,积极参加招聘活动,在实践中校验自己的积累和准备;最后,预习或模拟面试。积极利用学校提供的条件,了解就业指导中心提供的用人公司资料信息、强化求职技巧、进行模拟面试等训练,尽可能地在做出较为充分准备的情况下进行实践演练。这一阶段的主要任务有以下几个方面。

(1)善始善终地把学校教学计划中安排的每一门功课、每一个教学环节学习好,特别是毕业论文。

(2)为成为合格甚至优秀的新员工提前做好准备。

(3)调整你的长期规划。

案例分享
ANLIFENXIANG

假如我的大学能重来一次

毕业几年后的一天,我回系里帮一个驻外的同学办在校成绩单,一个女孩红着眼睛从一间办公室里冲出来,身后是高低混杂的几声劝解和叹息,一个显然很气愤的声音在高声分辩:逃那么多课,让我怎么给她及格?!

那个女孩子很轻盈地从身边掠过,是我大学时代最喜欢的类型。但现在我不喜欢了,因为她竟然也傻到因为逃学而 down 掉功课。这是不能原谅的错误,虽然当年我也一样犯过。于是我追上去叫住那个女孩子,并对她说:如果我的大学能重来一次,我一定不会再逃那么多课。尤其是再为逃课让自己不及格,就更加不值得。

年轻的时候总以为逃课是件很别致的事,就像很小的时候因为极渴望能有一双近视的眼睛而时常偷偷去戴姐姐的眼镜,而当我终于不得不每天戴着一副厚厚的眼镜做睡觉之外的任何事的时候,我只有为自己当年那不可理喻的疯狂举动后悔不迭。现在我更后悔的是大学时代那样不知深浅地逃了那么多课,其实并没有几件事是重要到必须逃课的,不过是因为懒,不过是因为贪玩,不过是因为某些微不足道的意气或情绪,或者仅仅就是为了表现逃离。而那些逃离说到底不过是些无聊的叛逆游戏,就像一个肤浅的手势,打来打去不过是自己娱乐自己。那时候总是不知天高地厚地瘪着嘴说某某老师的课太没有意思,却不知道"意思"远不是生活的全部,而再没有"意思"的老师明白的"意思"也比你多一百一千倍。虽然我并没有因此而down掉哪门功课,但我知道,我错过的远不止是几堂课。

如果我的大学能重来一次,我绝不忙着到处去社会实践体验生活。不过是提前积累了一些生活,多半还是对你日后无一用的经验。不过是多了一点生活费,但可能还胀大了你消费的胃。我再不相信端几天盘子就能对人生有多少彻悟,也不信做几次家教就能锻炼出口才,更不信搞几次推销就能对日后找工作有什么启迪。那些勤工俭学的好人好事我再也不会感动了,除了非得靠自己去挣学费、生活费的贫困家庭的孩子,我现在觉得所有急着要自己去挣钱的做法都很矫情。其实,人的一生中能集中学习的时间很短,也许就那么几年,而社会生活是日后你想摆脱都摆脱不了的,又何必早早哭着喊着要出去?你本来可以在教室自习或者在图书馆看书或者听某位教授的一个讲座,那些时间你原来可以变成无形的知识而不是有限的经验和钞票的。一句"经济独立"的空洞口号换来的也许是日后就因为知识不够而导致的长期财政困难，早独立几天和扎扎实实独立一辈子哪一个更合算？

　　如果我的大学能重来一次，我绝不再介意去拜访老师。习惯了十几年来以老师为假想敌，上了大学便刻意地与老师保持距离，仿佛这样一来自己就可以人格独立；有什么问题宁让它烂在肚子里，也不会去主动向老师请教；私下里甚至会把那些经常拜访老师的同学划为"别有用心的人"——比如说为了当"官"，评奖学金，或者考研究生。而为了避开这个嫌疑，我放弃了向也许是自己一生中最有学识的前辈学习的机会，也放弃了提升并开拓自己的最大可能。我最大的遗憾就是当现代文学史老师要我去谈谈那篇因为写成了文学创作而没有分数的论文时，我没有去；他建议我写点东西时，我没有写。所以我最终没能研究学问，也没能成为作家，而只是一个平庸的记者。

　　如果我的大学能重来一次，我希望能和同学建立更友好也更亲近的关系，对集体活动也不会那么游离。而当年，因为终于到了大学，心高气傲得很，表面上挂着谦虚的笑，心里面还是以为自己了不起。所以拒绝参加集体活动，理由是"那种欢乐多浅薄"；也拒绝跟宿舍之外的同学太热络，理由是我需要时间来关心和成就"自我"。以至于毕业时好多同学还叫不上名字，直到若干年后的某一天当我费尽千辛万苦联络上某个人，一见面才发现原来是大学同学。其实，一个人的社会交往是有限的，而大学无疑是你一生中最重要的人力资源库，更毋庸说那一段里有你多少青春笑泪，你们曾共同度过。

　　如果我的大学能重来一次，我一定要用更多的时间和精力去学习，并不再蔑视考试成绩。这样，当某一天我的朋友也来系里替驻外的我开在校成绩单的时候，她一定会为我骄傲。

第二节　时间管理

【困惑与迷思】

　　★开学的前几周感觉好极了，认识了好多人，参加了迎新晚会，没有考试，没有作业……可是接下来，我发现所有的事情都堆在了同一个星期需要完成。

　　★我们宿舍一哥们整天闭门不出，他几乎把大一第一学期的全部时间都花在了 QQ 聊天和网络游戏上。

　　★大一的时候我似乎变成了一只懒虫，生平头一回没人告诉我该做什么，该什么时候做，于是我真的什么也没有做——包括学习。

　　正如以上同学所说，你也可能遇到类似的问题。走进大学校园的同时，你拥有了一个几乎完全属于自己的生活空间，你在选课、上课、吃饭、休闲的过程中体味着自主管理时间的乐趣。而你在享受这份乐趣时，是否及时发现时间真的过得很快。所以你应该及时树立一种时间观念，养成良好的习惯，因为你规划的不仅仅是大学的时间，还有你的未来。

一、大学生要学会珍惜时间

要实现自己的职业生涯规划,就要珍惜时间。时间不等人,所以我们要留意时间,要认识到时间是我们所拥有的最宝贵的财富。不必去寻找,不必去选择,只要善加利用就好。

在地球上每个人的生存时间都有限度。同样,每个人每天拥有的时间也有限度,一天 24 小时,1440 分钟,绝对人人一样。富人每天拥有的时间并不比穷人多,学习成绩好的同学所拥有时间也不比成绩差得多。

时间不等人。时间正在不停流逝。因此,一个人想成功,必须尊重时间,有效地利用时间,因为时间是公正的,在它面前人人平等。成功人士的关键不在于他拥有的时间,而在于他懂得利用时间。你是怎样利用你的时间的呢?是充分利用,还是挥霍浪费宝贵的时间?是虚度年华,还是抓紧时间实现自己的人生目标?你的目标能否实现,取决于你怎样利用自己的时间。

请问,如果每天都有 86400 元进入你的银行户头,而你必须当天用光,你会如何运用这笔钱?天下真有这样的好事?是的,你真的有这样一个户头,那就是"时间"。每天每一个人都会有新的 86400 秒进账。那么,面对这样一笔财富,你打算怎样利用?让我们来做一个关于时间管理的测试。

下面的每个问题,请你根据自己的实际情况,如实地给自己评分。计分方式为:选择"从不"为 0 分,选择"有时"记 1 分,选择"经常"记 2 分,选择"总是"记 3 分。

(1)我在每个工作日之前,都能为计划中的工作做些准备。

(2)凡是可交派下属(别人)去做的,我都交派下去。

(3)我利用工作进度表来书面规定工作任务与目标。

(4)我尽量一次性处理完毕每份文件。

(5)我每天列出一个应办事项清单,按重要顺序来排列,依次办理这些事情。

(6)我尽量回避干扰电话、不速之客的来访,以及突然的约会。

(7)我试着按照生理节奏变动规律曲线来安排我的工作。

(8)我的日程表留有回旋余地,以便应对突发事件。

(9)当其他人想占用我的时间,而我又必须处理更重要的事情时,我会说"不"。

结论:0~12 分:你自己没有时间规划,总是让别人牵着鼻子走。13~17 分:你试图掌握自己的时间,却不能持之以恒。18~22 分:你的时间管理状况良好。23~27 分:你是值得学习的时间管理典范。

知道了你自己的时间管理方面的总体水平,接下来,让我们分析一下时间是如何被浪费掉的。浪费时间的原因有主观和客观两大方面。这里,我们来分析一下浪费时间的主观原因,因为,这是一切的根源。

(1)做事目标不明确。

(2)作风拖拉。

(3)缺乏优先顺序,抓不住重点。

(4)过于注重细节。

(5)做事有头无尾。

（6）没有条理，不简洁，简单的事情复杂化。

（7）事必躬亲，不懂得授权。

（8）不会拒绝别人的请求。

（9）消极思考。

一项国际调查表明：一个效率糟糕的人与一个高效的人工作效率相差可达 10 倍以上。看来，人人都需要掌握时间管理的方法和理念。所谓时间管理，是指用最短的时间或在预定的时间内，把事情做好。

接下来，我们来看一组数据，虽然这些数据来自美国，但对我们还是有一定参考价值的。人们一般每 8 分钟就会受到 1 次打扰，每小时大约 7 次，每天 50 次～60 次。平均每次打扰用时大约是 5 分钟，总共大约 4 小时。大约 50%～80% 的打扰是没有意义或者极少有价值的。每天自学 1 小时，7 小时一周，365 小时一年，一个人可以像全日制学生一样学习，3～5 年就可以成为专家。一个人如果办公桌上乱七八糟，他平均每天会为找东西花 1 个半小时，每周至少要花 7 个半小时。善于利用时间的人不会把时间花在"需要"的事情上，而会花在"值得"的事情上。时间管理当中最有用的词是"不"。做一件事情实际花费的时间往往会比预期的时间多一倍。如果你让自己一天做一件事情，你会花一整天去做；如果你让自己一天做两件事情，你也会完成它们；如果你让自己一天做 12 件事情，则会完成 7～8 件……数字往往会揭示一些人们意想不到的真相。这些数据是否令你感到吃惊？我们不妨留意一下，找出一些和自己有关的时间数字，使自己始终保持危机感，警惕时间的流逝，抓紧利用好每一分、每一秒。

二、时间管理理论的历史

有关时间管理的研究已有相当历史。犹如人类社会从农业革命演进到工业革命，再到资讯革命，时间管理理论也可分为四代。

第一代的理论着重利用便条与备忘录，在忙碌中调配时间与精力。

第二代强调行事历与日程表，反映出时间管理已注意到规划未来的重要。

第三代是目前正流行、讲求优先顺序的观念。也就是依据轻重缓急设定短、中、长期目标，再逐日制定实现目标的计划，将有限的时间、精力加以分配，争取最高的效率。这种做法有它可取的地方。但也有人发现，过分强调效率，把时间绷得死死的，反而会产生反效果，使人失去增进感情、满足个人需要以及享受意外之喜的机会。于是许多人放弃这种过于死板拘束的时间管理法，回复到前两代的做法，以维护生活的品质。

现在，又有第四代的理论出现。与以往截然不同之处在于，它根本否定"时间管理"这个名词，主张关键不在于时间管理，而在于个人管理。与其着重于时间与事务的安排，不如把重心放在维持产出与产能的平衡上。

三、时间管理的方法

时间管理的方法有很多，这里我们来分析集各种方法之大成的 5 个。

(一)最新的时间管理概念——GTD(Getting Things Done 的缩写)

这来自于 David Allen 的一本畅销书《Getting Things Done》,国内的中文翻译本为《尽管去做:无压工作的艺术》。

GTD 可以分成收集、整理、组织、回顾与行动五个步骤。

收集:就是将你能够想到的所有的未尽事宜(GTD 中称为 stuff)统统罗列出来,放入 inbox 中,这个 inbox 既可以是用来放置各种实物的实际的文件夹或者篮子,也需要有用来记录各种事项的纸张或 PDA。收集的关键在于把一切赶出你的大脑,记录下所有的工作。

整理:将 stuff 放入 inbox 之后,就需要定期或不定期地进行整理,清空 inbox。将这些 stuff 按是否可以付诸行动进行区分整理,对于不能付诸行动的内容,可以进一步分为参考资料、日后可能需要处理以及垃圾几类,而对可行动的内容再考虑是否可在两分钟内完成,如果可以则立即行动完成它,如果不行对下一步行动进行组织。

组织:组织是 GTD 中的最核心的步骤,组织主要分成对参考资料的组织与对下一步行动的组织。对参考资料的组织主要就是一个文档管理系统,而对下一步行动的组织则一般可分为:等待清单,未来/某天清单和下一步行动清单。等待清单主要是记录那些委派他人去做的工作,未来/某天清单则是记录延迟处理且没有具体的完成日期的未来计划等。而下一步清单则是具体的下一步工作,而且如果一个项目涉及多步骤的工作,那么需要将其细化成具体的工作。GTD 对下一步清单的处理与一般的 to-dolist 最大的不同在于,它作了进一步的细化,比如按照地点(电脑旁、办公室、电话旁、家里、超市)分别记录只有在这些地方才可以执行的行动,而当你到这些地点后也就能够一目了然地知道应该做哪些工作。

回顾:回顾也是 GTD 中的一个重要步骤,一般需要每周进行回顾与检查,通过回顾及检查你的所有清单并进行更新,可以确保 GTD 系统的运作,而且在回顾的同时可能还需要进行未来一周的计划工作。

行动:现在你可以按照每份清单开始行动了,在具体行动中可能会需要根据所处的环境、时间的多少、精力情况以及重要性来选择清单以及清单上的事项来行动。实现 GTD 的四种工具——网络:资源很多,可以直接查找如 RTM(Remember the Milk);计算机:outlook MLO lifebanlance;PDA:MLO(wm 版)lifebanlance(Palm);纸+笔:GTD 笔记本。

(二)6 点优先工作制

该方法是效率大师艾维利在向美国一家钢铁公司提供咨询时提出的,它使这家公司用了 5 年的时间,从濒临破产一跃成为当时全美最大的私营钢铁企业,艾维利因此获得了 2.5 万美元咨询费,故管理界将该方法喻为"价值 2.5 万美元的时间管理方法"。这一方法要求把每天所要做的事情按重要性排序,分别从"1"到"6"标出 6 件最重要的事情。每天一开始,先全力以赴做好标号为"1"的事情,直到它被完成或被完全准备好,然后再全力以赴地做标号为"2"的事,依此类推……艾维利认为,一般情况下,如果一个人每天都能全力以赴地完成 6 件最重要的大事,那么,他一定是一位高效率人士。

（三）帕累托原则

帕累托原则是由 19 世纪意大利经济学家帕累托提出的。其核心内容是生活中 80% 的结果几乎源自 20% 的活动。比如,20% 的客户给你带来了 80% 的业绩,可能创造了 80% 的利润,世界上 80% 的财富是被 20% 的人掌握着,世界上 80% 的人只分享了 20% 的财富。因此,要把注意力放在 20% 的关键事情上。根据这一原则,我们应当对要做的事情分清轻重缓急,进行如下的排序(图 7-1):Ⅰ重要且紧急(比如救火、抢险等)——必须立刻做。Ⅱ重要但不紧急(比如学习、做计划、与人谈心、体检等)——只要是没有前一类事的压力,应该当成紧急的事去做,而不是拖延。Ⅲ紧急但不重要(比如有人因为打麻将"三缺一"而紧急约你、有人突然打电话请你吃饭等)——只有在优先考虑了重要的事情后,再来考虑这类事。人们常犯的毛病是把"紧急"当成优先原则。其实,许多看似很紧急的事,拖一拖,甚至不办,也无关大局。Ⅳ既不紧急也不重要(比如娱乐、消遣等事情)——有闲工夫再说。

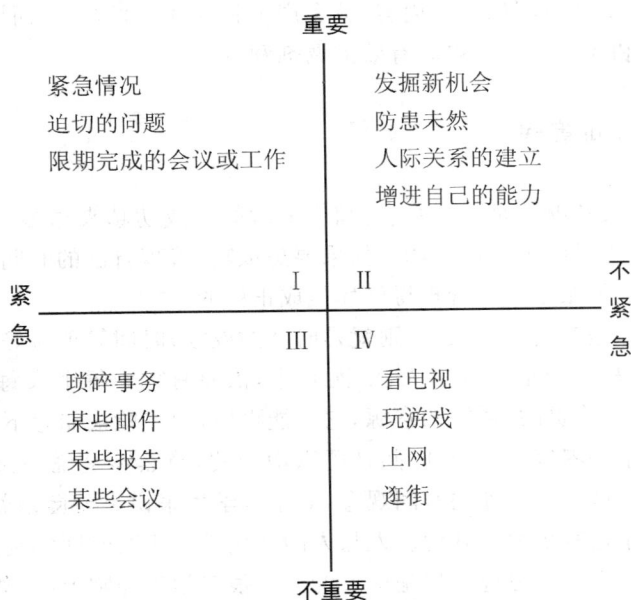

图 7-1　事情分清轻重缓急划分

（四）麦肯锡 30 秒电梯理论

麦肯锡公司曾经得到过一次沉痛的教训:该公司曾经为一家重要的大客户做咨询。咨询结束的时候,麦肯锡的项目负责人在电梯间里遇见了对方的董事长,该董事长问麦肯锡的项目负责人:"你能不能说一下现在的结果呢?"由于该项目负责人没有准备,而且即使有准备,也无法在电梯从 30 层到 1 层的 30 秒钟内把结果说清楚。最终,麦肯锡失去了这一重要客户。从此,麦肯锡要求公司员工凡事要在最短的时间内把结果表达清楚,凡事要直奔主题、直奔结果。麦肯锡认为,一般情况下人们最多记得住一二三,记不住四五六,所以凡事要归纳在 3 条以内。这就是如今在商界流传甚广的"30 秒钟电梯理论"或称电梯演讲。均匀、对称、平衡和整齐的事物能给人一种美感。简洁就是速度,条理就是效率。简洁和条理也是一种美,是一种办公室的美学、工作的美学。我们应当养成如下良好习惯:物以类聚,东西用毕物归原处;不乱放东西;把整理好的东西编上号,贴上标签,做好登记;好记性不如烂笔头,要勤于记录。处理文件的 3 个环节:第一,迅速回复。第二,迅速归档,以免文件弄乱或弄丢。第三,及时销毁。没用的文件要及时处理掉,以免继续浪费空间和时间。

(五)莫法特休息法

《圣经新约》的翻译者詹姆斯·莫法特的书房里有 3 张桌子:第一张摆着他正在翻译的《圣经》译稿;第二张摆的是他的一篇论文的原稿;第三张摆的是他正在写的一篇侦探小说。莫法特的休息方法就是从一张书桌搬到另一张书桌,继续工作。"间作套种"是农业上常用的一种科学种田的方法。人们在实践中发现,连续几季都种相同的作物,土壤的肥力就会下降很多,因为同一种作物吸收的是同一类养分,长此以往,地力就会枯竭。人的脑力和体力也是这样,如果每隔一段时间就变换不同的工作内容,就会产生新的优势兴奋灶,而原来的兴奋灶则得到抑制,这样人的脑力和体力就可以得到有效的调剂和放松。

四、大学生的时间管理

人的一生两个最大的财富是:你的成功和你的时间。成功越来越多,但是时间越来越少,我们的一生可以说是用时间来换取成功。如果要想成功,管理自己的时间是一个很重要、很关键的因素,一个人的成就跟他时间管理得好坏是成正比的。

时间管理好的人,是时间的主人,否则就是时间的奴隶;时间管理得好,能提升人的生活品质;时间管理好的人,是一个很忙碌的人,忙而有序,忙而有效。每个人每天的时间都是一样的,时间是一种特殊的、珍贵的、稀缺的资源,它不能再生,也不能被储存下来,必须利用好每一天的时间,如果能利用好零碎的时间,时间是可以增加的,当然不是说一天变成了 25 个小时,这是一个相对的概念,这种概念性的时间观念,对于大学生来说是要慢慢养成一个好的时间观念的,这对以后的工作是有很大好处的。人与人的区别就在于对时间的利用,如果每天能省出一些时间花在学习上,你的学习进步将是惊人的。有很多学生经常上网,如果你是每次一开电脑就在网上先学习十分钟外语后再来干别的,我想外语水平不会差到哪里去。一个人能做到每天进步一点,这种小进步的最终会聚成大的进步,直至步入成功。这是时间赋予的,所以一定要坚持。大学生管理时间可以从以下几个方面入手。

(一)不要让紧急奴役着你

事分轻重缓急,这里面的"重"和"急"是不一样的。"准备明天的考试"是"急事",而"培养自己的积极性"是"重要事"。人的惯性是先做最紧急的事,但往往因为这么做而致使重要的事被荒废。大部分紧急的事情其实是并不重要的,而许多重要的事情并不紧急。因此,不要把全部的时间都去做那些看起来"紧急"的事情,一定要留一些时间做那些真正"重要"的事情,比如打好知识基础,学习做人等。每天管理时间的一种方法是早上拟定今天要做的紧急事和重要事,睡前回顾这一天有没有做到两者的平衡。

(二)将自己的事物明确区分

把事情分出轻重缓急、有主有次，按照一定顺序完成。确定优先次序，从最重要的事情开始做起，重要紧急的事马上做；其次是做重要而不紧急的事；紧急但不重要的事，要学会放弃，能放就放；对于不重要也不紧急的事，尽量少花时间去做。在所要做的事情中，先做最有价值的事情。人的价值一般是通过他所做的事情的价值来体现出来的。

(三)将事物分段化

做一个长期的蓝图规划，必须要有一个明确的个人计划，这是根据目标来的，也就是你必须要把每年、每学期、每月、每天、每小时所要做的每一件事情都列出来。从这个意义上讲，时间管理可分为：以年为单位的时间管理、以学期为单位的时间管理、以月为单位的时间管理、以天为单位的时间管理和以小时为单位的时间管理。这些时间管理的制定是由粗到细的，在时间上是由长到短的，如以天为单位的时间管理你可以只做一周的或一天，一步一步地向你的目标迈进，这样，你就能一步步地看到进展，就会更有动力、更自信地继续做下去。每个小目标的完成，会让你清楚地知道你与大目标的远近，你每日的行动承诺是你的压力和激励，而且行动承诺都必须结合你的长远目标。所以，要想有计划地工作和生活，需要你管理好自己的时间。

(四)学会节约时间

虽然每天只有二十四个小时，但只需要你细心观察，节约点滴时间，你是可以拥有比别人更多的时间的。看无聊的电视节目、上网闲逛、玩游戏，这都是消耗大把时间的东西，而且它们已经融入每天的生活习惯，戒除很难，尽量缩短就好。面对诱惑一定要坚持住，多余的时间应该用在能让自己不断提高的事情上。

(五)尽量避免消磨时间

计划时间使生活有板有眼。如果不努力工作，我们都会消磨时间。下面几项最容易消磨时间。

1. 电视

电视真是个奇妙的发明。但它和巧克力、威士忌一样必须有所节制。很多青少年在电视前的时间比做其他任何活动都长。

2. 互联网(包括智能手机)

互联网是一把"双刃剑"，快捷而颇具活力，把人与人之间的跨度拉近，把世界变成地球村。但互联网同时也被称为"电子海洛因"，给人们带来烦恼、忧虑，甚至引发社会的不安定。有些青少年痴迷于网络游戏、聊天、色情、暴力、迷信等，以至于消磨了大量的时间，更消磨了斗志。

3. 重复

算算看一件事做两次会花多少时间。第一次没完全做好,要花更多的时间讨论、修改,再做一次,这实在浪费时间,投下双倍的资源,只完成一件事实在不划算。

4. 不分轻重缓急

做事没有轻重缓急之分,一天混过一天,没有计划的日子,是一种时间上的浪费。

5. 拖延

有人从来不制定计划,因为他们知道自己绝不会照表执行。他们对自己该做的事毫无兴趣,每当想起该做而未做的事就产生罪恶感。不写下计划只是不愿面对现实,逃避该做的事,但到头来依然自食其果。与其拖延,不如好好地计划并实行它,只有这样,你才能走向成功。

6. 消极、负面的想法

所有抱怨、憎恨的言语,都只是一种浪费。害怕、愤怒、嫉妒于你有害无益。此时此刻专心于有益的事,就是行走在成功的大道上了。

(六)如何做到一年大于 12 个月

小学一年级老师教导我们:一年等于 12 个月。现在我们进入大学,一年等于 12 个月已经显得不够用。假如你认为一天省下半小时算不了什么,那么算算看:一天 30 分钟,一年就是 182 小时。以一天工作 8 小时,一周 5 天来算,每天省下半小时,等于一年多出一个月的工作日。这对目标的实现,有举足轻重的影响。开始时每天半小时,21 天后,你会有惊人的成果。然后,再试着多节省半小时。

那些似乎有三头六臂的人物之所以能做那么多事,就是因为他们的一年比常人多出好几个月!人们已经公认,世界上的富人个个都是工作狂。

有个人的作息时间表如下:(1)准备工作一小时;(2)家人聚会、社交二小时;(3)交通往返一小时;(4)看电视、其他娱乐二小时;(5)上班八小时;(6)睡眠八小时;(7)三餐二小时;合计二十四小时。按照这张作息表,哪里有时间追求目标?

一般人一天睡 8 小时,如果睡 7 个半小时也不影响身体健康,比起那些躺在床上九小时的人,你一年就多出三个月的时间。成功者并非由于睡得比别人多。好好计划自己的作息表,一年就会多出几个月的时间。我们谁都不愿浪费时间,但却很少人计较花掉的时光。换句话说,社会竞争加剧,我们对时间的利用,没有相应地提高。要改善这种情况,必须学会拟定时间计划。

【知识小贴士】

时间管理 8 大高招

史蒂夫·帕夫林纳是 Dexterity 软件公司的创始人,他的个人发展博客位居世界 500 强博客之列。史蒂夫上大学的时候,顺利地在三个学期内修完了四年的课程,并以 GPA(平均学分

绩点)3.9分的优异成绩毕业。他在自己的博客上介绍了自己使用过的时间管理的方法,每一种都非常实用:

1. 简单的事情可以同时做

他每天用剃须刀刮脸,会在这两三分钟里读点东西。这样,每周可以多看两篇文章,一年就多出100多篇。这个习惯很容易养成,只要选几本杂志,或者打印一些平时没时间去读的文章,把它们放在宿舍里就行了。你会惊讶于自己在做这些不费脑子的事情的同时,又学到了多少知识。

2. 强度大的事情一次只能做一件

如果需要花费10个小时写一个报告,就立即动手开始做。经常在周末做这些耗时的工作。早上去图书馆查找相关资料,然后回到宿舍继续工作,一直到最后报告打印完成。这为他节约了大量的时间。首先,让他集中精力于一件事情,并且在工作的时候保持高效。在不同任务之间相互切换会耗费大量时间,因为每次你都必须花时间重新适应一次。

3. 尽量保持自己的专注状态

每当你希望专注于一项工作时,需要花费15分钟的时间进入状态,当被打扰之后,又要花费15分钟才能重新进入状态。所以,一旦你进入了状态就一定要保持住,避免受到干扰。

4. 保持激情

在大学里,不能失去激情。他一直把随身听带在身边(那时候还没有MP3),当他从一间自习教室走向下一间的时候,就听那些时间管理和自我激励的磁带。早晨慢跑的时候也听。几乎时时刻刻都在保持自己的激情。这些磁带对他影响很大,让他一直拥有着积极的状态。

5. 每天保持至少30分钟的锻炼时间

经常进行体育锻炼对于保持足够的精力和清醒的头脑非常重要。在大学里,每天早饭前都要跑步30分钟。每天坚持锻炼使他的身体处于良好状态,并保持着正常的体重。而且,每天去上课时都需要穿过校园走一段时间,身上背着一个装满了课本的书包,这也不失为一种锻炼。

6. 每周用一天时间放松自己

大学里,尽量在每周安排一天放松自己。做运动、参加聚会和社团活动、参加舞会、玩游戏、打台球等。在某一方面过分专注而以其他生活为代价,从长远来看是有害的。我们需要维持各个方面的平衡。

7. 不要吃太多肉类

肉类制品比蔬菜谷类需要更多时间和能量来消化,当你摄入的食物要用特别的能量进行消化时,这意味着用于脑力劳动的能量就会减少。消化肉类的时候,你的工作效率会降低,也更容易分散精力。

8. 不断尝试,找到适合你自己的时间管理的方法。

案例分享
ANLIFENXIANG

一位国际经济与贸易专业学生大学专科学习期间的部分行动计划

大专时期总目标:通过英语四、六级考试,取得货代证、报关员证、报检员证等证书,最后通过专升本考试。

大二第一学期

任务要求：

(1)取得货运代理从业人员资格证书。

(2)取得英语四级证书。

(3)尝试考报检员证书。

(4)开始着手准备专升本考试。

(5)各科成绩尤其是专业课成绩要达优。

(6)组织班里学习兴趣小组读书、讨论、研究活动,提升自己的组织能力,并影响全班同学。

执行方案：

2011年9月到10月

早上 7:00～7:30	熟记国际货运代理专业英语词汇
中午 12:00～12:30	朗读并熟记英语四级词汇及常用句式
下午 4:15～5:30	跳健美操、练瑜伽、打羽毛球或跑步
晚上 7:00～9:00	完成当天作业并做好第二天的预习工作
9:15～11:00	重点学习国际代理基础知识
周六 早上 7:00～7:30	熟记货代专业英语词汇
8:00～9:30	完成一套货代专业英语试题
下午 2:30～4:30	完成一套货代基础试题
晚上 7:00～10:00	总结分析所做题目
周日 早上 7:00～7:30	熟记货代专业英语词汇
8:00～11:00	计算机办公软件应用学习
下午 2:00～5:00	休息
晚上 7:00～10:30	复习本周所学内容,预习下周上课内容

2011年11月至12月

早上 7:00～7:30	练习英语四级听力
中午 12:00～12:30	熟读并背诵四级英语各种写作例文(一周背两篇)
下午 4:15～5:30	体育活动
晚上 7:00～10:30	先完成专业课学习再学习报检员考试基础知识
周六 早上 7:00～7:30	重听听力模拟题
8:00～9:30	完成一套报检员考试试题
下午 2:00～5:00	总结分析所做题目
周日 早上 7:00～7:30	重听听力模拟题
8:00～10:00	完成一套英语四级模拟题
10:00～11:30	总结分析所做题目
下午 2:00～5:00	休息
晚上 7:00～10:30	复习本周所学内容,预习下周上课内容

补充说明:报检员考试时间为每年的3月、11月。在今年10月结束货代证考试后我的学

习重点将放在备考英语四级。11月的报检员考试可能会时间准备不充分,可作为明年3月份考试的热身与准备。由于目前英语四、六级考试采用新题型,新英语四级对考生的听、说、写要求提高了,淡化语法,因此,在今后几个月里我将把重点放在听、说、写三方面。周日下午的时间可灵活运用,可利用一两个小时上网搜索相关考试的最新动态,以及专升本考试的相关资料。

寒假时期:回家过春节,家里人多热闹。而我的自我分析结果显示我较容易受周围环境的影响,因此,我将强制要求自己坚持每天早上3小时的英语学习,且主攻英语六级写作与词汇。

这虽然只是该学生学习计划的一部分,但我们已经可以看出这位学生的学业规划意识和时间管理能力,此计划不但详细而且可行,在大学生活中能在这样的计划下安排自己的学习生活,一定会取得优异的成绩,更重要的是这对自己未来的职业会产生深远的影响。

第三节 情商管理

【困惑与迷思】

★学校里学习成绩特别优异的,毕业后往往表现平平,难有大为,而成绩平平的却往往会成为人们的焦点!

★两个同时到单位的,论文凭、才能、相貌、工作的认真度及对人生的追求一样,其中一个在发展的道路上,一路畅通,无限风光,而另一个却只好望洋兴叹,感叹命运的不公。

20世纪90年代初期,美国耶鲁大学的心理学家彼得·撒洛韦和纽罕布什大学的约翰·迈耶提出了情绪智能、情绪智商概数。在他们看来,一个人在社会上要获得成功,起主要作用的不仅仅是智力因素,还有他们所说的情绪智能,前者仅占20%,后者占80%。

一份有关调查报告披露,在"贝尔实验室",顶尖人物并非是那些智商超群的名牌大学毕业生。相反,一些智商平平但情商甚高的研究员往往以其丰硕的科研业绩成为明星。其中奥妙在于,情商高的人更能适应激烈的社会竞争局面。

一、情商的概念及其组成

情商(EQ)又称情绪智力,是近年来心理学家们提出的与智力和智商相对应的概念。1995年10月,美国哈佛大学心理学教授丹尼尔·戈尔曼出版了《情感智商》一书,明确提出了"情商"(Emotional Quotient)的概念。他认为,情商是一个人重要的生存能力,是一种发掘情感潜能、运用情感能力影响生活各个层面和人生未来的品质要素,是指人对自己的情绪的控制管理能力和在社会上的人际交往能力,且更能决定一个人的成功和命运。戈尔曼在他的书中指出,情商不同于智商,不是天生注定的,而是由以下五种能力组成:认识自身情绪的能力、妥善管理情绪的能力、自我激励的能力、认识他人情绪的能力、人际关系的管理能力。

(1)认识自身情绪的能力——能及时觉察自我情绪的变化,并且能够找到情绪变化的原因。自我觉察能力是 EQ 的基石,这种随时随地认知自身感觉的能力对于了解自己非常重要。了解自身真实感受的人才能成为生活的主宰,否则必然沦为感觉的奴隶。在日常生活中,每个人都会有高兴、快乐、郁闷、烦躁的时候,这些积极的情绪和消极的情绪每天都在产生,问题是我们该如何应对、处理、排解。

(2)情绪管理能力——即根据自身情况、环境状况、人际交往状况,把握、控制、适当表现、发泄自己情绪的能力。自我情绪控制不等于压抑正常情绪的表现、发泄,而是要求根据外部环境尺度与自己的内部尺度的统一,来适当控制或合理发泄情绪。情绪管理必须建立在自我认知的基础上。如何自我安慰,摆脱焦虑、灰暗或不安,常常与低落的情绪交战。调控自如的人,则能很快走出命运的低潮,重整旗鼓。妥善管理情绪,要努力做到操之在我,自己把握并影响情绪的变化,这样能够始终保持理智,避免感情用事。

提高情绪管理能力的办法有以下四种:一是认识自身,因为只有认识自己,才能成为自己生活的主宰;二是妥善管理,即能调控自己;三是自我激励,它能够使人走出生命中的低潮,重新出发;四是认知他人,这是与他人正常交往,实现顺利沟通的基础。

请记住一句话:己所不欲,勿施于人。也许你只是片刻的情绪不好想要发泄,但是也许你会因此而失去别人对你良好的评价。情绪是一枚硬币的两面,本身无所谓好坏,它存在的价值在于发生后的理性反思和深化对自己的认知。

(3)自我激励能力——能够整顿情绪,保持高度热忱,让自己朝着目标不懈地努力。自我激励能力强的人善于渡过困境,也能在顺境中把握自己。坚持自己的想法,当然前提是你的想法是对的,执著但不固执,不要半途而废,做事不能虎头蛇尾,意志能成就一个人,当然,它也能毁灭一个人。充分认识自我、激发自我潜力是成功的内在动力。内心涌动着激情,方能坚持不懈并能高效地成就自己的事业。

(4)认知他人情绪的能力——能够理解他人的感受,觉察他人的真实需求。能否设身处地理解他人的情绪是了解他人需求和关怀他人的先决条件,戈尔曼用 empathy(同理心)来概括这种心理能力,具有同理心的人常能从细微处体察出他人的需求,进而根据他人的需求行事,就能得到他人的认可和欢迎。对他人的感受熟视无睹,必然要付出代价。理解他人情绪,控制自我情绪,是改善人际关系的一个重要条件。换位思考、感情移入是认知他人情绪的常用技巧。

(5)人际关系的管理能力——与同事、同学、上级、下级、友人等和谐相处的能力,是一个人社会适应能力的表现,是一个人成功的重要条件。它要求我们学会处理人际关系。而当我们有了一些内在的品质以后,人际关系会变得很和谐。它要求人能在认知他人情绪的基础上,采取相应措施,与他人建立并维系良好关系。我们需要有团体意识,学会与他人合作,并懂得服务他人,在人群中建立影响力,具备领导力,发展其他人的能力,进行冲突管理,与周围的人建立联系,培养及维持我们的人脉。一个人的人缘、领导能力、人际关系和谐程度都与这项能力有关,充分掌握这项能力的人常常能成为社会上的佼佼者。

在上述五个方面中,前三个方面只涉及"自身"——是对自身情绪的认识、管理、激励与约束。后两个方面则涉及"他人"——要设身处地理解他人情绪,并通过正确理解他人情绪来达到人际关系的和谐。由此,情商较高者有两个基本特征:(1)内在层面:妥善管理自己的情绪,懂得自制和自我激励,心灵保持健康;(2)人际层面:了解他人的情绪,善于与他人和谐相处、合作,人际关系良好。

二、情商的评价标准

科学家发现,大脑控制情绪的部分(边缘系统)受损的人,可以很清晰和符合逻辑地推理和思维,但所做出的决定都非常低级。科学家因此断定,当大脑的思维与情感部分相分离时,大脑不能正常工作。一个高情商的人是会综合利用大脑中的各个部位的,并在大多数情况下运用其大脑皮层部分。

高情商:尊重所有人的人权和人格尊严;不将自己的价值观强加于他人;对自己有清醒的认识,能承受压力;自信而不自满;人际关系良好,和朋友或同事能友好相处;善于处理生活中遇到的各方面的问题;认真对待每件事情。

较高情商:是负责任的“好公民”;自尊;有独立人格;在一些情况下易受别人焦虑情绪的感染;比较自信而不自满;较好的人际关系;能应对大多数的问题,不会有太大的心理压力。

较低情商:易受他人影响,自己的目标不明确;比低情商者善于原谅,能控制大脑;能应付较轻的焦虑情绪;把自尊建立在他人认同的基础上;缺乏坚定的自我意识;人际关系较差。

低情商:自我意识差;无确定的目标,也不打算付诸实践;严重依赖他人;处理人际关系能力差;应对焦虑能力差;生活无序;无责任感,爱抱怨。

三、情商对职场成功的重要意义

心理学研究表明:在现代社会中,获得事业的成功,只有 20% 取决于智力因素,而另外 80% 取决于非智力因素——情商。现实生活中我们常看到这样的现象,一些硕士生、博士生面对社会复杂多变的生活茫然无措;而一些看起来智力平平的人却如鱼得水,左右逢源,能迅速得到提升,甚至创建了自己的宏伟事业,这便是情商在起作用。由此可见,情商是一个人取得成功的极为重要的因素。

(一)有利于提高心理素质,培养受挫能力

人的心理素质是伴随着人的成长而逐渐形成和发展起来的。因此,加强心理素质培养尤显重要,只有提高了心理素质,我们才能正视社会不良现象,才能变压力为动力,更好地争取和把握社会机遇。只有提高了心理素质,我们才能引导控制情绪,增强社会应对能力,学会处理现实与愿望的矛盾,进行自我心理调适,消除心理困惑,提高承受和应对挫折的能力;才能正确对待成功与失败,并从中汲取经验教训。

(二)有利于建立和谐的人际关系,培养团队精神

只有既学会知识,又学会做人,才能更好地创新。要学习建立和谐的人际关系,认识宽容合作是一种美德,是一个人有修养的表现,是当今和未来社会人才必备的基本素质;学会放弃

自卑心理,充满信心地对待生活,接纳他人,使自己的心理处于轻松愉快之中;要严于律己,宽以待人,培养团队协作精神。

(三)有利于进行道德素质及公德教育

学生正处在人生成长的关键时期,大学期间对于一个人世界观、人生观和价值观的形成至关重要。因此,我们不仅要加强自身的道德素质教育,提高道德水平,学会做人之道,使自己真正成为心智与人格全面发展的有用之材,同时也要注重发展自己的个性,培养独立人格,强调集体意识、社会公益,避免因道德和人格的发展发生偏差而形成某种不健全的心理,走向极端、狭隘或偏执。要正确认识自我,认识社会,树立正确的人生方向,树立正确的世界观、人生观、价值观,提高思想品德素质,增强公德意识,使自己成长为一个心智健全、人格完善的人。

(四)有利于加强创业教育和角色转换意识,促进顺利就业

当教育专家们在向上海华东电脑股份有限公司总经理肖永吉、CEO国际教育网总裁陈玉宝等几个成功企业家问起"中国培养出来的大学生最欠缺什么"时,几位老总一致认为是EQ。智商显示一个人做事的本领,情商反映一个人做人的表现。在今后的社会中,公司职员不仅要会做事,更要会做人,求职者除了要具有高智商外,还需要良好的情商。为此,大学生要顺利就业,首先需要加强心理准备、知识技能准备、情感准备等。其次要有角色转换意识。多数企业认为角色转换慢是影响大学生顺利就业的重要因素。现在的企业可以说是"一个萝卜一个坑",企业招聘员工进来,就是需要他迅速适应工作环境,进入良好的工作状态,为企业创造效益。未来的社会充满了机遇和挑战,学生不仅要具备一定的专业理论水平,而且要有较高的情商水平,既会做事,更会做人,才能成为一个心智与人格全面发展的社会有用型人才。

案例分享
ANLIFENXIANG

高下对决宝钗型

人物:沙丽丽,30岁,台资企业职员

关键词:八面玲珑

公司里的任何一个人说到沙丽丽的时候都不得不承认,这个30岁的女人完全是个能够左右逢源的人物。

无论哪个圈子里,都能看到沙丽丽的身影。公司里新来了同事,她会热情邀请对方一起吃午饭,而第一顿饭,通常是她抢着付账;公司里的男同事,她把他们当哥们,教他们怎么追女孩子,和他们谈论他们喜欢的足球和"网游";公司里的女同事,她会不遗余力地为她们介绍最新的打折信息,陪她们逛街购物,跟她们一起看偶像剧;对老板,她更是不会忘记在吃饭时点老板最喜欢的菜,说不露骨但老板爱听的话……她懂得进退得宜,眼光独到而又善解人意,她脑袋里有城市的美食地图,她更是一本逛街购物的活指南,她总能和办公室里各个圈子的人打成一片。

这样的沙丽丽却并不是一个长舌妇。她开朗、大方、热情,但不会随便讲别人的闲言碎语。她说,并不是她特别宽容,而是多年的职场打磨,她已经很懂得职场的生存之道了。尽管沙丽

丽的工作能力不是最出色的,但是,从没有人质疑她在公司不可动摇的地位。

活动体验

职场情商小测试

如果你遭到上司不正确的批评,你会怎么处理?

1. 保持冷静,不说什么,避免与上司发生冲突,让事实说话。

2. 保持镇静,当即说"对不起! 是我的错!"之类的话,避免与上司发生正面冲突,事后再跟上司说清楚。

3. 直截了当地说:"我没有错。"

4. 等上司讲完后,冷静地提出恰当的问题,引导对方逐渐认识到自己没错。

你的答案是什么? 我们一起来看看你的职场情商是宝钗型还是黛玉型?

许多人容易犯的错误就是,不等对方说完,就直截了当地说"我没有错",也有人会选择保持沉默,避免冲突,但有时候事实并不会自己出来说话。1 或 3 都可能是个性直率的黛玉会做的选择。

不少人会认为第 2 个是最好的选择:既避免了冲突,保全了上司的面子,又可以澄清事实,但也有不好的地方,那就是没有保护自己的面子和尊严。宝钗懂得权衡轻重,自己的面子重要还是上司的面子重要? 自然,这个答案会是她的首选。

对于比较开明的上司,选择第 4 条是最好的,因为既保持了冷静,避免情绪化冲突,澄清了事实,也保护了自己的面子和尊严,以及正直的形象,但这个选择也有不好的地方,就是对上司的面子照顾不够。

你希望成为什么样的人,就必须以那一类人的行为方式、思维方式甚至语言逻辑与别人交往,这种高超的情商模式可以大大加深别人对你的目标的认知、认可,最终助你达成愿望。

四、大学生情商修炼

(一)情商的发展

情商形成于婴幼儿时期,成型于儿童和青少年阶段,它主要是在后天的人际互动中培养起来的。青春期是一个人的黄金时期,因为这是一个人走向成人的一个过渡时期。在这个时期,学习和发展任务是非常重要的。但是,大学生由于面临着生理上、心理上的急剧变化,还有学业上的巨大压力,容易产生心理失衡和复杂的心理矛盾,甚至产生种种不良的后果。据调查报告显示,实际上我国大学生中有各种心理问题者达 15%~20%,表现形式以亲子矛盾、伙伴关系紧张、厌学和学习困难、考试焦虑等现象为主。这些问题大多与学生的自我控制能力有关,多是源于其心中时常涌出的各种非理性情绪。

提升 EQ 水平最快捷、最有效的方法是心理训练。通过心理教育、心理训练,着重开发自己的非智力因素,提高自我心理觉察能力和认识水平,学会自我情绪控制,改善其不适当的情绪行为,提高情商水平,学会"做自己情绪的主人",树立良好的价值观及具理性信念的人生观,增强其心理适应能力,提高学习能力,以积极的心态应对各种压力和挑战,促进身心健康发展。

(二)当前大学生情商方面存在的问题

1. 缺少人际交往锻炼,团队精神较差

当前,大学生多是独生子女,他们生活中独来独往,自由主义严重,缺乏一定的谦让品质,集体观念淡薄,个性化倾向严重,缺乏全局意识,缺乏团队精神。在团队中不善于同他人开展合作,不能协调各方面的关系。在工作学习中缺乏必要的互助,仅从个人角度考虑问题。

2. 缺少自我认知能力,心理承受能力较弱

当代大学生主要处于青年中期,心理发展正在走向成熟而又未真正完全成熟。大学生心理发展未完全成熟,决定了其心理发展存在一些消极特点,表现为对自己认知不全面。他们心理起伏比较大,易冲动,自我控制能力较差,做事情欠考虑,心态浮躁,情绪不稳,难耐寂寞,遇到困难、挫折就怨天尤人、垂头丧气、牢骚满腹、悲观失望,甚至轻生。

3. 人际交往能力差,缺乏社会适应能力

不少学生在与人交往时,很容易以自我为中心,过多注重自己的需求,容易产生主观臆断,对他人产生偏见。同时,人际关系的理想化色彩较浓,缺乏足够的心理准备。许多在学校里受到奖励的学生在毕业以后的个人发展却落后于曾抄他们作业的同学。有些人似乎有这样一种特点,他们在生活中很会做人,善于赢得他人的好感,别人都说他们"有性格""有气质""有个性""善解人意""会做人",在别人心目中有威信,别人也愿意与他们交朋友。相反,有一些非常聪明的人却往往缺乏这些素质,而不能赢得别人的好感,也就是"不会做人",缺乏社会适应能力,这些人的情商就相对较低。

4. 道德伦理观念差,缺乏责任感

当代大学生绝大部分明白尊老爱幼、爱护公物、遵守公共秩序、维护公共卫生、语言文明等基本社会公德,但实际生活中并不如此,如公德意识较差,随地吐痰、乱扔纸屑、说脏话、随意毁坏公物,不健康文明恋爱也时有发生。如某高校有一名学生到银行取钱,银行由于工作疏忽多给了那位学生 1000 元钱,事后找到该生要求退回钱,学生不仅不还,还振振有词地说:"怪你自己工作大意,多给我的钱,凭什么还给你。"后来在学校干预下,那位同学才把钱还给了银行。试想,这种道德素质,怎能承担社会赋予的重任?

5. 自主自立意识强,但自理自律能力较弱

当代大学生具有成人感、自尊感、自我表现感,希望被他人理解,渴求友谊,如青年学生中最流行的一句话是:"走自己的路,让别人去说吧!"他们喜欢自己设计和组织各种活动,表现出自主自立意识的增强,但由于在中学时代基本上是在老师的关怀和家长无微不至的呵护中度过的,又在同龄人羡慕的眼光下跨入大学校门。因此,自尊感特别突出,独立生活又不适应,自理自律能力差,个别同学因此荒废了进入大学后的学业。如某名牌高校一名从少年班考取的学生,由于自立自理和自控能力差,沉迷于网络不能自拔,考试屡屡不及格,最后被勒令退学,美好的前程就此毁于一旦。

(三)大学生如何提高情商

1. 提高情绪的自我意识

早在两千多年前,苏格拉底就曾说过:认识你自己。鲁迅也说过:人贵有自知之明。他们都强调人要了解自己,正确地认识自己。情绪上的"自知之明",即情绪的自我意识,是指个体对自我感觉和体验到的情绪变化的敏锐认知,它是情绪智商的核心。因为某种情绪一旦被我们觉察,我们控制它的机会和力量就会相应加强。这种心理现象我们称为"后情绪"。"后情绪"就是人意识到自己的情绪并对情绪产生的原因进一步认知的能力。它使一个人不仅对其情绪"知其然",而且"知其所以然"。"后情绪"是一个人对其情绪有"自知之明"的基本条件。因此,对于大学生而言,当一种情绪出现时,可以通过自我反省,从不同的角度去了解自己的情绪及情绪产生的原因,以此来提高情绪的自我意识。

2. 善于调控自己的情绪

"情绪化"是大学生中普遍存在的现象。所谓情绪化是指对自己的情绪缺乏控制与调节的能力,不能很好地克制、转移不良情绪,也不能根据环境表达适当的情绪。情绪化实际上是心理素质差的标志,是不成熟的表现,也是一个人走向成功的巨大障碍。在现实生活中,一个人无论他多么开朗乐观,也难免会有心情郁闷苦恼的时候。此时,个体就应当学会调节和转移情绪。大学生在日常学习生活中,往往会碰到一些令人不快的琐事。这些琐事往往使人困扰,使人无法静心学习,这时就不必强制自己呆在书桌前,可以去参加户外运动,如散散步、踢踢球等,也可以去找能够推心置腹的老师、朋友谈一谈,这对于减轻精神上的压力非常有效。情绪调控还有一种方法,即用理性抑制冲动,这是一种基本的心理技能,几乎所有情绪控制都以此为基础。

3. 学会自我激励

激励是诱发行为动机和积极性的过程。人的积极行为往往是由于受到激励而产生的。不断的自我激励,能激发出人的热情,坚定人的信心,使人获得内在的动力,不懈地为既定目标奋斗,最终取得成功。进行自我激励,要有适当的目标。适当,就是要贴近自己的生活,符合自己的实际情况,因为只有那些看得见的、通过努力能实现的目标更易让人树立信心。同时,在实现目标的过程中,要有自信心,相信自己的能力,坚定地认为自己能行,把"我能行"的观念深深地植入心中,这种积极的心理暗示会使一个人情绪饱满、精力充沛地投入到工作与学习中去,从而把许多"不可能"变为现实。而消极的心理暗示则可能使人情绪低落、无精打采,从而妨碍一个人正常能力的发挥。

4. 从难以相处的人身上学到东西

我们的周围有很多牢骚满腹、横行霸道、装腔作势的人,我们多么希望这些人从生活中消失,因为他们会让人生气和绝望,甚至发狂。为什么不能把这些人圈起来,买张飞机票,送到一个小岛上,在那里他们再也不会打扰到别人。可是,最好别这样,这些难以相处的人是我们提高情商的帮手。你可以从多嘴多舌的人身上学会沉默,从脾气暴躁的人身上学会忍耐,从恶人身上学到善良,而且你不用对这些"老师"感激涕零,而且你定义的"难以相处的人",最终被证明可能只是与你不同的人,而对所谓的难以相处的人来说,你也是难以相处的人。应付难以相处的人最有效的方式就是灵活。也就是说,发现他们的方式,在与之交往的过程中,尽量灵活地采用与之相同的方式。如果这人喜欢先闲谈再谈正事的话,你的反应应当是放松下来,先聊聊家常。另一方面,如果这人直截了当,你也应当闲话少说,直奔主题。这样,在与难以相处的人打交道时会更有效率,而且会发现这些人并不那么难以相处。

5. 不时尝试另一种完全不同的方式,你会拓宽视野,提高情商

你是一个性格开朗外向的人还是性格内向、只喜欢独处或和几个密友在一起的人呢?你喜欢提前计划好每一天,以知道要干些什么事,还是毫无计划呢?人人都有自己的偏爱,如果可以选择的话,每个人都会选择自己偏爱的方式。然而,突破常规,尝试截然相反的行动会更有助于我们的成长。

如果你总在聚会中热衷于做中心人物,这次改改吧,试着让那些平日毫不起眼的人出出风头。如果你总是被动地等待别人和你搭讪,不妨主动上前向对方问个好。

大学生应在生活实践中学会识别各种情绪信号,学会辨认他人的情绪,学会"设身处地"和"将心比心","己所不欲,勿施于人",不断提高自己的移情能力,进而提高自己的情商。

【知识小贴士】

十招改善你的人际关系

1. 保留意见:过分争执无益自己且有失涵养。通常,应不急于表明自己的态度或发表意见,让人们捉摸不定。谨慎的沉默就是精明的回避。

2. 认识自己:促进自己最突出的天赋,并培养其他方面。只要了解自己的优势,并把握住它,则所有的人都会在某事显赫。

3. 决不夸张:夸张有损真实,并容易使人对你的看法产生怀疑。精明者克制自己,表现出小心谨慎的态度,说话简明扼要,决不夸张抬高自己。过高地估计自己是说谎的一种形式。它能损坏你的声誉,对你的人际关系产生十分不好的影响,有损你的风雅和才智。

4. 适应环境:适者生存,不要花太多精力在杂事上,要维护好同事间的关系。不要每天炫耀自己,否则别人将会对你感到乏味。必须使人们总是感到某些新奇。每天展示一点的人会使人保持期望,不会埋没你的天资。

5. 取长补短:学习别人的长处,弥补自己的不足。在同朋友的交流中,要用谦虚、友好的态度对待每一个人。把朋友当作教师,将有用的学识和幽默的言语融合在一起,你所说的话定会受到赞扬,你听到的定是学问。

6. 言简意赅:简洁能使人愉快,使人喜欢,使人易于接受。说话冗长累赘,会使人茫然,使人厌烦,而你则会达不到目的。简洁明了的、清晰的声调,一定会使你事半功倍。

7. 决不自高自大:把自己的长处常挂在嘴边,常在别人面前炫耀自己的优点。这无形中贬低了别人而抬高了自己,其结果则是使别人更看轻你。

8. 决不抱怨:抱怨会使你丧失信誉。自己做的事没成功时,要勇于承认自己的不足,并努力使事情做圆满。适度地检讨自己,并不会使人看轻你,相反总强调客观原因,抱怨这,抱怨那,只会使别人轻视你。

9. 不要说谎、失信:对朋友、同事说谎会失去朋友、同事的信任,使朋友、同事不再相信你,这是你最大的损失。要避免说大话,要说到做到,做不到的宁可不说。

10. 目光远大:当财运亨通时要想到贫穷,这很容易做到。聪明人为冬天准备。一定要多交朋友。维护好朋友同事之间的关系,总有一天你会看重现在看来似乎并不重要的人或事。

活动体验

情商自我测试

可口可乐公司、麦当劳公司、诺基亚公司等世界 500 强众多企业,曾为员工制作了 EQ 测试的模板,帮助员工了解自己的 EQ 状况。本测试共 33 题,测试时间 25 分钟,最大 EQ 为 174 分。请准备好纸和笔,自己平时是怎样的反应就怎样回答,不要刻意思考,这样的成绩才真实有效。如果你已经准备就绪,请开始计时。

第 1～25 题:请从下面的问题中,选择一个和自己最切合的答案,但要尽可能少选中性答案。

1. 我有能力克服各种困难:_____
A. 是的　　　　　　　　B. 不一定　　　　　　　　C. 不是的

2. 如果我能到一个新的环境,我要把生活安排得:_____
A. 和从前相仿　　　　　B. 不一定　　　　　　　　C. 和从前不一样

3. 一生中,我觉得自己能达到我所预想的目标:_____
A. 是的　　　　　　　　B. 不一定　　　　　　　　C. 不是的

4. 不知为什么,有些人总是回避或冷淡我:_____
A. 不是的　　　　　　　B. 不一定　　　　　　　　C. 是的

5. 在大街上,我常常避开我不愿打招呼的人:_____
A. 从未如此　　　　　　B. 偶尔如此　　　　　　　C. 有时如此

6. 当我集中精力工作时,假使有人在旁边高谈阔论:_____
A. 我仍能专心工作　　　B. 介于 A、C 之间　　　　C. 我不能专心且感到愤怒

7. 我不论到什么地方,都能清楚地辨别方向:_____
A. 是的　　　　　　　　B. 不一定　　　　　　　　C. 不是的

8. 我热爱所学的专业和所从事的工作:_____
A. 是的　　　　　　　　B. 不一定　　　　　　　　C. 不是的

9. 气候的变化不会影响我的情绪:_____
A. 是的　　　　　　　　B. 介于 A、C 之间　　　　C. 不是的

10. 我从不因流言蜚语而生气:_____

A. 是的　　　　　　　　B. 介于 A、C 之间　　　　　C. 不是的

11. 我善于控制自己的面部表情：_____

A. 是的　　　　　　　　B. 不太确定　　　　　　　C. 不是的

12. 在就寝时，我常常：_____

A. 极易入睡　　　　　　B. 介于 A、C 之间　　　　　C. 不易入睡

13. 有人侵扰我时，我：_____

A. 不露声色　　　　　　B. 介于 A、C 之间　　　　　C. 大声抗议，以泄己愤

14. 在和人争辩或工作出现失误后，我常常感到震颤，精疲力竭，而不能继续安心工作：_____

A. 不是的　　　　　　　B. 介于 A、C 之间　　　　　C. 是的

15. 我常常被一些无谓的小事困扰：_____

A. 不是的　　　　　　　B. 介于 A、C 之间　　　　　C. 是的

16. 我宁愿住在僻静的郊区，也不愿住在嘈杂的市区：_____

A. 不是的　　　　　　　B. 不太确定　　　　　　　C. 是的

17. 我被朋友、同事起过绰号、挖苦过：_____

A. 从来没有　　　　　　B. 偶尔有过　　　　　　　C. 这是常有的事

18. 有一种食物使我吃后呕吐：_____

A. 没有　　　　　　　　B. 记不清　　　　　　　　C. 有

19. 除去看见的世界外，我的心中没有另外的世界：_____

A. 没有　　　　　　　　B. 记不清　　　　　　　　C. 有

20. 我会想到若干年后有什么使自己极为不安的事：_____

A. 从来没有想过　　　　B. 偶尔想到过　　　　　　C. 经常想到

21. 我常常觉得自己的家庭对自己不好，但是我又确切地知道他们的确对我好：_____

A. 否　　　　　　　　　B. 说不清楚　　　　　　　C. 是

22. 每天我一回家就立刻把门关上：_____

A. 否　　　　　　　　　B. 不清楚　　　　　　　　C. 是

23. 我坐在小房间里把门关上，但我仍觉得心里不安：_____

A. 否　　　　　　　　　B. 偶尔是　　　　　　　　C. 是

24. 当一件事需要我作决定时，我常觉得很难：_____

A. 否　　　　　　　　　B. 偶尔是　　　　　　　　C. 是

25. 我常常用抛硬币、翻纸、抽签之类的游戏来预测凶吉：_____

A. 否　　　　　　　　　B. 偶尔是　　　　　　　　C. 是

第 26～29 题：下面各题，请按实际情况如实回答，仅回答"是"或"否"即可，在你选择的答案下打"√"。

26. 为了工作我早出晚归，早晨起床我常常感到疲惫不堪。　　是_____否_____

27. 在某种心境下，我会因为困惑陷入空想，将工作搁置下来。　　是_____否_____

28. 我的神经脆弱，稍有刺激就会使我战栗。　　是_____否_____

29. 睡梦中，我常常被噩梦惊醒。　　是_____否_____

第30～33题：本组测试共4题，每题有5种答案，请选择与自己最切合的答案，在你选择的答案下打"√"。

答案标准：1：从不；2：几乎不；3：一半时间；4：大多数时间；5：总是

30. 工作中我愿意挑战艰巨的任务。1　2　3　4　5

31. 我常发现别人好的意愿。1　2　3　4　5

32. 能听取不同的意见，包括对自己的批评。1　2　3　4　5

33. 我时常勉励自己，对未来充满希望。1　2　3　4　5

答案及计分评估：

计分时请按照记分标准，先算出各部分得分，最后将几部分得分相加，得到的那一分值即为你的最终得分。

第1～9题，每回答一个A得6分，一个B得3分，一个C得0分。计＿＿＿分。

第10～25题，每回答一个A得5分，一个B得2分，一个C得0分。计＿＿＿分。

第26～29题，每回答一个"是"得0分，一个"否"得5分。计＿＿＿分。

第30～33题，从左至右分数分别为1分、2分、3分、4分、5分。计＿＿＿分。

总计为＿＿＿＿＿分。

测试后如果你的得分在90分以下，说明你的EQ较低，你常常不能控制自己，你极易被自己的情绪所影响。很多时候，你容易被激怒、动火、发脾气，这是非常危险的信号——你的事业可能会毁于你的急躁，对于此，最好的解决办法是能够给不好的东西一个好的解释，保持头脑冷静，使自己心情开朗。正如富兰克林所说："任何人生气都是有理的，但很少有令人信服的理由。"

如果你的得分在90～129分，说明你的EQ一般，对于一件事，你不同时候的表现可能不一，这与你的意识有关，你比前者更具有EQ意识，但这种意识不是常常都有，因此需要你多加注意、时时提醒。

如果你的得分在130～149分，说明你的EQ较高，你是一个快乐的人，不易恐惧担忧，对于工作你热情投入、敢于负责，你为人更是正义正直、同情关怀，这是你的优点，应该努力保持。

如果你的EQ在150分以上，那你就是个EQ高手，你的情绪智慧不但不是你事业的阻碍，更是你事业有成的一个重要前提条件。

第八章 职业生涯规划的实施与修正

目前大学生有关职业生涯的困惑

★不知道自己想干什么

★不知道自己能干什么

★不知道自己适合干什么

★不知道社会需要什么样的人

★不知道自己所学专业未来的发展状况

★不知道到哪里找工作

★不知道现在该做些什么

★不知是否应该考研、就业还是创业、出国……

问问自己:在这几个不知道中你知道几个?

第一节 制定职业生涯规划方案

一、大学四年的行动方案

大学四年的整体规划(表8-1)是根据你的毕业去向总目标而制定的行动方案,它可以以年度为单位来制定行动计划。比如我的毕业去向是留学,那我在学业上,第一年先完成大学英语四级考试,第二年开始,就要准备 GRE 或 TOEFL 或雅思考试,第三年完成这些考试,第四年具体联系相关学校。

为了联系一个好学校,从第一学年开始,我就要努力学习以确保我的每门功课成绩都在 A 或 B+,同时尽可能地参加社会实践和公益活动,还要阅读大量有关国外人文知识的书籍,了解国外的风土人情,要锻炼和培养自己的交际和沟通能力……

表 8-1　大学四年的整体规划

实施时间		学业方面		生活成长方面		社会实践方面	
		目标	方案	目标	方案	目标	方案
第一学年	上学期						
	下学期						
第二学年	上学期						
	下学期						
第三学年	上学期						
	下学期						
第四学年	上学期						
	下学期						

二、年度(或学期)行动计划

年度(或学期)计划(表 8-2)是为了完成年度任务而制定的配套的实施方案。比如我第一年要考过英语四级,那我每月要完成多少单词,或者前三个月完成单词的准备,后三个月学习语法,再用三个月锻炼阅读能力和听说能力,最后三个月做模拟考试和考试技巧的培训等。

表 8-2　年度(或学期)计划

实施时间	学业方面		生活成长方面		社会实践方面	
	目标	方案	目标	方案	目标	方案
1 月						
2 月						
3 月						
4 月						
5 月						
6 月						
7 月						
8 月						
9 月						
10 月						
11 月						
12 月						

三、月度计划

月度计划(表 8-3)围绕月度目标来制定,它应以每周为单位来制定,如我计划本月完成 3000 个单词的学习,那前两周每周安排 1000 个单词的学习,后两周每周安排 500 个单词的学习等。这些计划都包括对要做的工作、应完成的任务、完成任务的质和量方面的要求等。

表 8-3　月度计划

实施时间	学业方面		生活成长方面		社会实践方面	
	目标	方案	目标	方案	目标	方案
1 周						
2 周						
3 周						
4 周						

四、周计划

周计划(表 8-4)围绕周目标来制定,但应以每天的行动方案为单位来制定,比如一周要完成 1000 个单词的学习,那我每天至少要完成 150~200 个单词的背诵。

表 8-4　周计划

实施时间	学业方面		生活成长方面		社会实践方面	
	目标	方案	目标	方案	目标	方案
星期一						
星期二						
星期三						
星期四						
星期五						
星期六						
星期日						

五、日计划

日计划(表 8-5)是计划中最细小的单位,它围绕每天的目标来制定,一般计划到每小时的工作安排,非常具体。比如,我每天安排早上 6:00~7:00 一个小时、晚上 9:00~10:00 一个小时学习英语等。每天晚上进行当日总结并考虑明天的计划。

表 8-5　日计划

实施时间	学业方面		生活成长方面		社会实践方面	
	目标	方案	目标	方案	目标	方案
6：00～7：00						
7：00～8：00						
8：00～12：00						
12：00～14：00						
14：00～17：00						
17：00～18：00						
18：00～19：00						
19：00～21：00						
21：00～22：00						
22：00～6：00						

总之，有了科学合理的大学期间职业生涯规划和与之配套的实施方案，就必须根据该方案严格实行，才能使自己的生涯规划目标得以实现。在许多情况下，大学生活中可能出现许多意外或紧急的工作和事情，干扰你的计划，打乱了你的安排，这时你就应该加倍地珍惜时间，把耽误的时间抢回来，同时，在制定具体方案时，要留有一定的机动时间处理这些特殊事件。为了保证自己的行动与努力的目标一致，就需要最大限度地根据所确定的职业生涯发展规划，约束自己的行为。

六、实施中的注意事项

这里提出几项措施，帮助大学生们更好地实施自己的大学生涯规划方案。

(1)保证经常回顾构想和行动规划，必要时做出变动。有些人有计划，但总是不将计划放在心上，只要有事做，就不知道自己努力的方向在哪里，缺乏时间观念，结果贻误职业生涯发展机会。

(2)如果自己的理想蓝图发生变化，职业生涯构想和行动规划也要做出相应的变动从而目标和策略也应随之改变。计划毕竟是计划，往往需要和现实结合起来，实施动态管理，否则，缺乏灵活性，也会导致计划落空。

(3)把学业构想和任务方案存入电脑文件或贴在床头等可经常看见的地方。为了避免自己忘记重要的学习目标和时间表，最好将这些内容放在自己经常能看得见的地方，如写日历上，时刻提醒自己。

(4)当做出一个对学习和生活极其重要的决定时，请考虑一下职业生涯构想和行动规划，并确保正在仔细考虑的决策与自己的本意是否相符。有的情况下，可能有一些重要的诱因，能获得短期内的收获,但从长期考虑有损失。比如,很多大学生在对待毕业后是考研还是就业的问题上犹豫不决,这时就应拿出自己的规划表好好看一下,明确自己的本意和设想,这样避免出现随大流的盲目行为。

(5)与亲朋好友讨论自己的职业生涯构想和行动方案,并询问实现该构想的途径。向亲朋好友公开自己的职业生涯规划,往往能督促自己行动。如果计划只是自己知道,往往在遇到困难时容易退步,而且心理上没有压力。反之,如果事先将自己的设想告诉家人和朋友先征求别人的意见和建议,再采取行动,一方面可以集中集体的智慧,帮助自己设计最优的策略和方案;另一方面,可对自己进行约束,增加责任心及激励力量。

(6)保证至少每三个月检查一次自己的学习进度。过程监督十分重要,监督可以发现职业生涯规划中存在的问题,可以考察计划的落实情况,可以有针对性地提出解决方案。如果感到生活过于忙乱,那就意味着目标定低了,需要进行调整,适时适当地调高目标。这样,可以使自己的目标难度更合理,使成就水平更高。如果感到自己的生活节奏很慢,效率很低,没有实现原职业生涯规划的目标,首先要考虑自己的动机水平是否足够。

(7)要有毅力。在大学里,可能朋友交际会比较多些,有时很多人都在娱乐,自己也有兴趣参加,如果没有职业生涯规划观念和自觉性,通常会使计划流产,一旦起初的职业生涯落空,以后也容易放弃,这是同学们一定要注意的地方。

第二节 大学生职业生涯规划的评估

在实施职业生涯规划的过程中要自觉地总结经验与教训,及时对规划执行情况进行评估,修正对自我的认知。通过反馈与修正保证职业生涯规划的行之有效,这样才能顺利完成大学学业,全面提高自身的综合素质,才能在激烈的择业竞争中赢得成功,走向辉煌。

生涯评估是指在实现职业目标的过程中有意识地收集相关信息和评价,不断地总结经验与教训,自觉地修正对自我的认知。从这个意义上说,评估调整就是一个再认识、再发现的过程。这就要求我们大学生时时注意内外环境的变化,不断地审视自我,不断地调整自我,不断地修正策略和目标,它可以确保个人职业生涯规划的有效性。

一、评估的内容

(一)客观评估自我及环境

大学生职业生涯规划的前提是充分认识自己、解剖自己,对自我进行客观的评估。自我评估包括对自己的性格、兴趣、特长、学识、技能、思维、道德水准以及社会中的自我等进行客观的评价,要求自我认识和他人评价相结合。其次,大学生应对所处环境有一个清醒的认识。环境评估主要是评估各种环境因素对自己职业生涯发展的影响,主要分析社会环境、职业环境和组织环境。每一个人都处在一定的环境之中,离开这一环境便无法生存与成长。所以,大学生要清醒地意识到自己在这个环境中的位置、环境对个体提出的要求以及环境中的有利条件和不利因素等。只有把自身因素和社会需要作最大程度的契合,才能趋利避害,使职业生涯规划更具现实可行性。

另外,大学生还应充分认识到自己的不足对求职的影响。管理学上有一个著名的"木桶理论",就是说,一只沿口不齐的木桶,其存水量的多少,不是取决于最长的那块木板,而是取决于于最短的那块木板。一个人如果仅仅看到自己拥有的"长木板",而忽略"短木板"必将影响职业生涯的发展。因此,在职业生涯规划中,寻找差距非常重要。

只有分析目前的状况与实现目标所需要的知识、能力、观念、心理等方面的差距后,制定合理的方案,扬长补短,才能不断接近理想的目标。

(二)目标评估,根据需要重新选择职业

经过努力进入大学后没有到自己喜欢的学院,没有学到自己喜欢的专业,假如一直无法找到所希望的学习机会,那么要根据现实情况重新选择职业生涯目标;经过长期的努力,一直达不到设定的目标或离目标相距太远,要根据实际学习和工作情况适当降低我们的目标;如果一直无法适应或胜任设计的职业生涯目标,在学习工作中得不到应有的发展,导致长期压抑、不愉快,就要考虑修正和调整职业生涯规划。

(三)选择适合自己的路径,避免同质化竞争

大学生在充分了解自己的基础上,应对自己将来的发展路径有一个预先的谋划。与之前的学习阶段相比,大学生的发展路径更具多元性,就业、创业、考研、考公务员、出国留学以及国家鼓励的支边、下基层等都可供选择,选择的多元化也带来了知识能力准备的多面性和复杂性,增加了生涯规划的难度。由于生涯教育的滞后、传统教育下养成的依赖性和从众心理,使许多毕业生在多元选择面前被动地追随其同伴的方向,从而出现了近年来"考研热""考公务员热"等从众现象,出现了比高考更激烈的同质化竞争局面。事实上,无论是考研从事学术研究,还是考公务员从事行政管理工作,都对个体的个性品质和知识能力有不同的要求,并非每一个大学生都适合。因此,在激烈的竞争面前,在职场的"红海"里,大学生要善于错位发展,当出现更适合自身发展和职业生涯发展的机会或选择,而原定发展方向缺少发展前景的时候,就应当尝试调整发展方向。

(四)实施策略评估,根据需要改变行动策略

如果在本学院、本专业的学习中体会不到乐趣,那就尝试学习第二专业,修第二学位;如果在学生会和班级工作中感觉自身能力得不到锻炼,就到社团联合会、青年志愿者协会去尝试一下是否有自己发展的空间;如果在本地自己的专业需求不足,行业发展前景黯淡,那就考虑在外地就业。

(五)自励自省,重视规划的可操作性

生涯规划的主要功能之一,就是激励。一个不科学的规划则可能起相反的作用,从这个角度来讲,规划的制定和完善是一个动态的过程,生涯规划的主体在执行规划的过程中因不断反思,适时适当地调整规划,使其操作性不断增强,这样的生涯规划才是一个可持续的、促进大学

生综合素质不断提高的规划。

（六）其他因素评估，包括身体、家庭、经济状况以及机遇、意外情况的及时评估

如果身体条件不允许，就放低对自己的目标要求，设定自己力所能及的目标；如果家庭需要更多的照顾，要把更多的精力放在家庭，就业时就要考虑到生源地，回到家人身边；如果国家政策、整个行业背景、世界大格局发生重大变化，要与时俱进，及时调整职业生涯规划。

二、评估的方法

（一）反馈法

许多高校建立了严格的学生活动情况登记制度，班级团支部定期填写活动记载本，团小组活动登记有团小组活动手册，团员个人参与活动登记有大学生素质拓展卡。如果没有活动登记制度，大学生本人可以自己建立自己的活动档案。活动记录本要从思想道德素质、智育素质、体育素质、文化素质和心理素质等方面来记录，形成一个综合素质评价值，并定期检查督促，及时反馈，这样可以使大学生知道自己的哪些能力需要发展提高，从而改进其学习、工作表现和行为。

（二）分析、调查、总结法

每个月或每个学期结束后，要认真总结一下自己这段时间的收获有哪些，这些收获对达到最高目标有无帮助。有的大学生把考研当作自己近期最主要的目标；有的大学生想节省时间，学习第二学位成了他们的最好选择；还有的大学生准备毕业后踏入社会，因此为了给自己积累资本，各种职业证书就成了他们要攻克的难关，如英语四级和六级、国家计算机二级等专业证书；有的大学生选择加入学生会，并把学生会锻炼当作大学阶段必不可少的一门实践课。大学生可以根据自己的阶段成果获得情况，提供正确的信息反馈，发现合格大学生的标准和条件。大学生生涯规划在每一近期目标实现后，对下一步的主（客）环境、条件做些调查、分析，看看条件是否变化、哪些变好、哪些变坏，总体如何，要心中有数，然后，根据变化了的情况，恰如其分地修改下一步拟定的计划。

（三）对比法

每个人有自己追求的方法，所以在进行职业生涯规划时应多比、多思、多学，吸取别人科学的方法。对别人职业生涯规划的分析，往往有助于自己对职业生涯规划进行修改。

（四）交流法

这种方式非常简单，就是大学生在日常学习、工作交流中互相提供反馈信息。大学生首先要把自己的职业生涯规划、追求公告于知己学友，让他们关注自己，由老师或同学、朋友对自己的缺点或错误提出意见。其次要虚心、主动、积极、经常地征求别人对自己计划的看法及修改

意见,往往会受益匪浅的。还可以通过写感谢信、当众表扬或老师当面赞许等方式来传递正面的反馈信息。例如,学习上相互帮助;上课前,寝室卧床会的交流等以便取长补短;在实训课结束后马上进行总结。通过日常交流和非正式反馈,学生可以建立起重要的人际交流渠道,为职业生涯规划进行正式反馈铺平道路。

(五)反思法

对职业生涯规划实践的回顾,职业生涯规划中计划的学习时间达到了没有,学习效率如何,学习有什么收获,还有哪些问题,方法上有何体会等等。

(六)全方面评价法

全方面评价,也称 360 度反馈,最早是由被誉为"美国力量象征"的典范企业英特尔首先提出并加以实施的。在全方面评价法中,评价者不仅是被评价者的上级主管,还包括其他与之秘密接触的人员,如同事、下属、客户等,同时也包括自评。可以说,这是一种基于上级、同事、下级和客户等收集信息、评价绩效并提供反馈的方法。大学生职业生涯规划全方位反馈评价应包含学校领导、老师、学生和被评价者自身等主体。实施大学生职业生涯规划全方位反馈评价要重点做好以下三个环节。

(1)做好同学间评议。同学间提供评价意见可以借助同学们的智慧与经验,帮被评价的学生更清醒地认识到自身的优势和不足,明确努力方向。

(2)做深自我评价。自我评价更便于大学生进行自我反思,由被动接受评价转变为主动反省总结学习工作的得失,同时可以要求大学生用学习成绩作为核心创新点,使大学生评估成为自我认识、自我改进、自我管理、自我完善的有效途径,使评价成为大学生专业发展的"助推器"。

(3)做实评价反馈。大学生全方位反馈评估最后能否改善职业生涯规划状况,在很大程度上取决于评价结果的反馈。因而应通过选择合适的时间、地点和反馈途径,把综合各方面的评估信息经过实际分析反馈给自己,并帮助我们评价和调整职业生涯规划的发展和行动计划,从而增强反馈的效能。

三、评估中要注意的问题

评估可以参照各类短期、中期预定目标和实际结果比照而行。一般来说,任何形式的评估都可以归结为自我素质和行为对现实环境的适应性判断,分析自己的现状,特别是针对变化的环境,找出偏差所在,并做出修正。在评估过程中,应注意以下几个问题。

(一)抓住最重要的内容

在职业生涯的某一阶段,总有一个最重要的目标,其他目标都是指向这个核心的。通过优先排序,重点评估那些可能达到这个核心目标的主要策略执行的效果。

(二)分离出最新的需求

针对变化了的内外环境,发掘最新的趋势和影响。判断对于新的变化和需求,怎样的策略才是最有效而且最有新意的。

(三)找到突破方向

有时在某一点上取得突破性的进展将使整个局面产生意想不到的改变。想一想,先前职业生涯规划中的策略方案,哪一条对于目标的达成应该有突破性的影响? 达到了吗? 为什么没达到? 如何寻求新的突破?

(四)关注弱点

根据管理学木桶理论,在反馈评估过程中,要肯定自己取得的成绩与长处。但更重要的是结合变化的环境,发现自己的素质与策略的"短木板",然后想办法修正,或者把这块"短木板"换掉,或者接补增长,唯有如此,职业生涯这只桶才能有更大的容量。

第三节　大学生职业生涯规划的修正

所谓修正,即改正、修改,使其正确的意思。职业生涯规划修正的内容包括:职业的重新选择、职业生涯路线的选择、阶段目标的修正、实施措施与行动计划的变更等等。修正时要明确目的,选择恰当时机,考虑环境、组织和个人因素。

一、修正的目的

通过评估和修正,应该达到下列目的。
(1)放弃或者是增强自己的弱项,对自己的强项充满自信。
(2)明确自己的发展方向,对自己的发展机会有一个清楚的了解。
(3)知道影响自己达到目标的重点因素,找出有待改进的关键之处。
(4)为这些有待改进之处制定详细的行为改变计划。
(5)以合适的方式答复那些给予反馈的人,并表示感谢。
(6)实施行动计划,确保能取得显著的进步和成就。

二、修正的时机

实施生涯规划时,必须为日后可能的计划修改预留余地,修正的依据是每次评估后反馈的信息。至于计划修正的时机,必须考虑下列四点。
(1)以周、月或学期为单位,定期检查预定目标的达成进度及取得的效果。
(2)每一阶段目标达成之时,要依据实际效果,修订未来阶段目标可采用的策略。
(3)主观因素、客观环境改变影响到计划的执行。
(4)有效的生涯设计还要不断地反省修正,反省策略方案是否恰当,能否适应环境的改变。

三、修正规划需要考虑的因素

（1）环境因素。包括社会环境、政治环境、经济环境、科技环境、自然环境、法律环境等等。从宏观层面认识到职业生涯发展的局限和可能，个人只能适应而不可改变。

（2）组织因素。包括组织规模、组织结构、组织文化、组织发展状况、人力资源规划、资源管理系统类型、晋升政策、人际关系等等，一切与职业生涯发展有关的组织因素。要改变组织因素非常困难，但个人可以选择到最适合自己发展的组织中工作。

（3）个人因素。年龄、性别、学历、工作经历、家庭背景、人格等等。一方面你要正确认知自己，另一方面还要不断完善自己。

一般来说，组织和个人只能适应环境因素，正确认识和分析组织因素和个人因素，寻求个人发展和组织发展的最佳匹配。

第四节　职业生涯规划调整

一、职业生涯规划调整的含义

所谓调整是重新调配和安排，以便适合新的情况和要求。职业生涯规划需要不断调整。一个好的职业生涯规划需要具备可行性，需要有实施计划的具体措施和时间。但是，职业生涯规划做得过细、过于严格，会束缚自己的手脚，可能丧失随时到来的种种机会，又会因为不切合实际而丧失可操作性。在影响职业生涯的许多因素难以预料的情况下，要使职业生涯行之有效，就必须使职业生涯规划具有足够的弹性，在实践中不断进行评估和调整。

二、职业生涯规划调整的依据

在生涯发展的过程中也会出现这样或那样的问题，如与社会发展发生冲突、与职业发展发生冲突、与个人兴趣爱好发生冲突，职业生涯规划本身就要在发展中不断再调整。所以，在学习工作中出现以下问题时，职业生涯规划需要调整。

(一)怀疑自己不合格

如果工作学习感到痛苦，这可能是自己表现不佳而又不愿正视问题。因此应该扪心自问：自己到底做得如何？可以请老师对自己的表现作一个评定，以确定是否仍符合要求，或是请教一位精明且诚信的同学，让他为自己作一个非正式的评估。

(二)学习或工作过于轻松

如果自己闭着眼睛都能学习工作时，这可能表明自己的能力已远远超越现有的职位而自己却不知道。可以问自己几个问题:我仍然能够从工作中学习别的东西吗? 想进一步发展自己在使用的技能吗?

(三)与老师不合拍

一种较好的测试方法是:想想在老师身边时感觉如何,是自在放松,还是紧张不安?

(四)与同学不合拍

可以问问自己:当自己与同学交往时,是否觉得格格不入? 是否对引起他们兴趣的话题感到乏味和无聊? 如果是这样的话,那么可能已陷入一个无法展现自己的环境。

三、职业生涯的定位调整

职业生涯定位,不仅仅是已在职场人的事情,大学生职业生涯定位比已在职场人的职业定位更为重要。在职业生涯发展初期,就应该给自己制定出合理的职业生涯规划以及相应的职业定位,并不断地加以调整。成功的职业生涯需要不断地调整定位,而一个合格的职业生涯定位则基于对自己有一个清晰的认识、准确的判断和合理的把握。只有讲求实际,合理准确地评估自己,并不断地加以调整,才能合理定位职业生涯方向,才能每天朝着这个方向努力前进。

第九章　职业道德与职业素养

诚信的孟然

　　孟然出身贫寒，20岁时在一家机器公司当推销员。有一个时期，他推销机器非常顺利，半个月内就同33位顾客做成了生意。之后，他突然发现他现在所卖的这种机器比别家公司生产的同样性能的机器贵一些。他想，如果客户知道了，一定以为我在欺骗他们，会对自己的信用产生怀疑。于是深感不安的孟然立即带着合约书和订单，花了整整两天的时间，逐户拜访客户，如实向客户说明情况，并请客户重新考虑选择。这种诚实的做法使每个客户都很受感动，结果，33人中没有一个解除合约，反而成了更加忠实的客户。

第一节　职业道德与职业发展

一、职业道德

　　职业道德是从事一定职业的人们在职业活动中应该遵循的，依靠社会舆论、传统习惯和内心信念来维持的行为规范的总和。它调节从业人员与服务对象、从业人员之间、从业人员与职业之间的关系。它是职业或行业范围内的特殊要求，是社会道德在职业领域的具体体现。

　　职业道德是职业活动的产物。任何一种职业活动都体现着职业责任、职业权利和职业利益的高度统一。职业包含着复杂的社会关系，涉及各方面的利益，其发展必然会带来各种各样的问题与矛盾。因此，职业和职业活动的健康发展，离不开一定的职业道德规范。职业的特殊性要求从业人员遵守道德规范，承担职业责任，履行职业义务，遵守职业纪律，体现职业风范。

　　职业道德存在着普遍性与特殊性的统一，共性和个性总是既相互区别，又相互联系着。首先，职业道德存在共性要求。比如，爱岗敬业、诚实守信、办事公道、奉献社会，就是当代中国各行各业都应该遵守的共同职业道德规范。其次，职业道德也存在个性差异。就各个具体行业来说，由于其行业特点的不同，必然存在反映自身职业特征的职业道德规范。例如，老师必须教书育人、为人师表;军人必须"以服从命令为天职";医生必须以"救死扶伤"为宗旨,等等。任何一种职业,既包含着共性的职业道德要求,也包含着反映职业个性特征的职业道德规范,是两者的有机统一。

二、职业道德在职业发展中的作用

(一)职业道德是大学生步入职业生涯的必修课

职业生涯,就是一个人一生的职业经历和发展过程。良好的职业道德素质是职业人取得职业成功的重要前提,它决定了你的职业生涯是否顺利及发展程度如何。在职业生涯管理系统中,那些具有良好的职业道德素养,爱岗敬业,具有合作意识、奉献精神,自觉遵守职业道德规范的员工,更容易营造良好的人际氛围,更容易获得组织的认同和支持,因为组织有理由相信他们将会做出更大的贡献。

同时,一个人的职业生涯发展未必总是一帆风顺的。创业是艰苦的,它的成长就是一个复杂的过程,绝不可能一步到位,只能循序渐进,其间充满了艰辛和困苦,会遇到这样或那样意想不到的事情,承担一个又一个风险。当遇到挫折和失败时,只有具有良好的职业道德素质,才能产生强烈的职业情感,忠诚于自己的本职工作,从而激发出完成职业责任所需要的不竭的动力。在追求职业目标过程中,才能发挥对事业炽热的追求精神,敢于面对现实,战胜困难,最终到达成功的彼岸。

俗话说:良好的开端是成功的一半。战士即将踏上征程,要进行充分的战前动员,打点好行装。同样地,大学生在即将踏上职业道路之前,自觉、认真地学习职业道德这一必修课,将有助于大学生在人生的这一重要转折路口,调整好心态,做好足够的思想、心理准备,迈好新征程的每一步。

(二)良好的职业道德素质是大学生的成功之道

一个人职业生涯是否顺利,能否胜任工作岗位要求和发挥应有作用,既取决于个人专业知识与技能的掌握程度,更取决于个人的职业道德素质及对待工作的态度和责任心。从实际生活来观察,一些就业之后发展缓慢甚至遭受大挫折和失败的职业人,问题往往不是出在他的专业知识和技能上,而是出在职业道德素质不高上。因为一个有着良好职业道德素质的人,往往是诚实守信、待人宽厚、严于律己、善于与人合作、在工作上乐于吃亏的人。这样的人,因其人缘好,人际关系融洽,走到哪里都能受到欢迎,大家都乐意与他交往共事,因而其社交需求就能得到很好的满足,其社会交往的层次会不断提高,个人发展空间也随之得到拓展。相反,一个人如果缺乏职业道德素养,在工作上马马虎虎,在利益上患得患失,为人处事斤斤计较,时时处处唯恐自己吃亏,把困难的工作推给别人,把轻松的工作留给自己,缺乏协作意识,待人不够诚信,这样的人,单位领导不喜欢,同事也不愿意和他打交道,这就是所谓的"不合群"。变成这样的"孤家寡人",他的社交需求就无法得到满足。换句话说,谁丧失了职业道德,谁就失去了人心,失去了社会的支持,失去了发展壮大的机遇。

因此,大学生要不断地提高自己的道德和职业道德素养,这既是社会对个体的要求,也是个人成长发展的内在需要。

第二节　职业道德的内涵

职业道德是从业人员在职业活动中的行为准则。因此,社会上有多少种职业,就会有多少种职业道德,这是由职业的不同性质、不同责任和不同要求决定的。但是,一种社会的共同理想、共同价值观念,对所有职业有着共同的要求,这就决定了各行业职业道德的某些共性,如敬业、诚信、公道、纪律、节约、合作、奉献。

一、敬业

所谓敬业,就是用一种恭敬严肃的态度来对待自己的职业。南宋朱熹在谈论"敬业"时说:"敬业者,专心致志以事其业也。"我国也素有"敬业""乐业"之说,敬业就是职守,乐业即热爱职业。敬业是弘扬职业道德的前提和核心,只有敬业才能爱岗,才能忠于职守,乐于奉献。有这样一个例子:我国古时候的老中医,在弟子满师时,要送两件礼物——一把雨伞和一盏灯笼给弟子,意在教育弟子看病要风雨无阻,昼夜不分。这是我国古代职业人员爱岗敬业的一个典型事例。在社会主义现代化建设的新时期,各行各业也都有爱岗敬业的标兵,如上海的水暖工徐虎、北京公共汽车售票员李素丽等。

敬业包含两层含义:一是谋生敬业,即抱着强烈的挣钱、发财、致富的目的对待职业,这种敬业道德因素较少,个人利益色彩浓厚;二是真正认识到自己工作意义的敬业,这种高层次的敬业才是鼓舞人们勤勤恳恳、认真负责的强大动力。市场经济条件下用人单位与择业者之间是双向选择的,择业者虽然有很强的选择性、自由性,但任何用人单位只会倾向于选择那些既有真才实学又踏踏实实工作,保持良好态度工作的人。这就要求从业者只有养成干一行、爱一行、钻一行的职业精神,专心致志搞好工作,才能实现敬业的深层次含义,并在平凡的岗位上创造出奇迹。

一个人如果看不起本职岗位,心浮气躁,好高骛远,不仅违背了职业道德规范,而且会失去自身发展的机遇。"三百六十行,行行出状元。"虽然社会职业在外部表现上存在差异性,但只要从业者热爱自己的本职工作,并在自己的工作岗位上兢兢业业工作,终有机会创出一流的业绩。对一个企业乃至一个民族来说,敬业的人越多,敬业精神越强,工作效率越高,竞争力越强,潜力就越大,发展就越迅速。

敬业不仅是一种美德,也是自己的一种人品表现。一个人在社会的环境中会受到来自各个方面的影响,如何对待工作是必然遇到的问题,而对这个问题的认识和处理是否得当,将对一个人的生活产生很大的影响。那些追逐名利的人,由于斤斤计较,往往会工作走形,做不好工作;而只有忠诚敬业的人才有可能达到工作的顶点。如果一个人没有正确的工作观,必然导致对工作不负责,纪律松懈,得过且过,敷衍了事,不求进取,怨天尤人,斤斤计较报酬,因此这种人在事业上很难有所成就。

二、诚信

何谓"诚信"？诚就是真实、不欺骗；信就是遵守践行承诺。它的本质内涵是真实、守诺、信任，即尊重实情、有约必履、有诺必践，言行一致、赢得信任。中国古代关于"诚信"的故事很多。例如，孔子的学生曾参，是我国著名的思想家。有一次，他的妻子去集市，年幼的儿子也吵着要去。曾参的妻子便对儿子说，只要你在家好好玩，待会就把家里的猪杀了煮肉给你吃。这话本是哄儿子说着玩的，不料，曾参为示诚信，却真的把猪杀了煮肉给孩子吃。可见早在2000多年前，我们的祖先就认识到了什么是诚信、什么是言行一致的道理。在现代社会，就个人而言，诚信是人格高尚、素养优良的具体体现。对于职业人士来讲，诚信更是一种资源。据媒体报道，一位留学生在国外乘地铁经常逃票，当时并没有被罚款，他洋洋得意，谁料毕业找工作时屡屡碰壁，这时才发现是因为这个逃票的"案底"，他后悔莫及。如今在信用体系健全的国家，诚信早已成为每个公民在社会立足的生存之本。

因此，不论你从事怎样的职业，都必须讲诚信。诚信是做人之本，职业人不仅要有真诚之心，还要有良好的信用。身为国家公民，对国家要真诚；身为企业员工，对企业要真诚；身为家庭成员，对家庭要真诚；身为朋友一方，对朋友要真诚。古人云："人无信不立，国无信不强。"不讲诚信、目光短浅、只顾眼前利益的人最终将会受到惩罚而一事无成。聪明人往往懂得诚信是提高自身竞争力的源泉。日本大企业家小池曾说过，做任何生意都一样，第一要诀就是诚实。诚实就像树木的根，如果没有根，那么树木也就没有生命了。

在职场生涯中，诚信乃立身之本，是极具含金量的个人资产。只要你用心去经营它，呵护它，它就能提升你的竞争力，能促使你从成功走向更大的成功。正所谓："你若失去了财富，你只失去了一点儿；你若失去了荣誉，你就失去了很多；你若失去了信用，你就失去了一切。"诚信是职业人士事业大厦的基石，只有站在这块基石上，职业人士才能更好地发展，才能拥有更大的竞争力。反过来，如果你在一件小事上骗了别人一次，那么别人就会怀疑你的其他事情，甚至会对你产生不信任。同样可以引申，如果我们有一个产品有问题，就会导致我们的全部产品品质都会受到怀疑，而要想转变别人的观点就需要我们付出成倍的努力。所以诚信是一生中最重要的资本。

同时，从心理学角度来说，一个人如果说谎、作假、欺骗，则会受到良心的折磨，其心境会处在一种灰暗、忐忑不安、时刻紧张的状态中。这种折磨其实就是不诚实的必然结果。古波斯诗人萨迪说："讲假话犹如用刀伤人，尽管伤口可以愈合，但伤疤永远不会消失。"生活中，说假话往往被一些人视为"聪明"的处世之道，但谎言就是谎言，迟早会被真相戳穿。一旦谎言被识破，那么他的信誉将面临崩溃。一个人如果想通过谎言投机取巧，也许在短期内他能蒙混过关，能获得短暂的成功和利益。但是由于缺乏诚信，内心充满了谎言，其人格必定是不健全的，随着时间的失衡，它必将遭到人们的唾弃，遭遇职场的抛弃，这也是基于收获法则之上的自然规律。因此一个人的人品直接决定了这个人对于社会的价值。而诚信恰恰是人品中最重要的一点。微软公司在用人时非常强调诚信，"我们只启用那些值得信赖的人。"当微软公司列出对员工期望的"核心价值观"时，诚信被列为第一条。作为第一的"核心价值"，诚信是微软公司对员工最基本的要求。微软公司不会录用没有诚信的人。如果一个员工发生了严重的诚信问题,他会被立刻解雇。

为什么一个公司要关注员工的道德呢?一个微软公司的高级经理这样答道:"是为了公司自己的利益。例如,一个应聘者在面试时曾对我说,如果他能加入微软公司,他就可以把他在前一家公司所做的发明成果带过来。对这样的人,无论他的技术水平如何,我都不会录用他。他既然可以加入微软时损害前公司的利益,那他也一定会加入微软后损害微软公司的利益。"

如果一个公司这么重视诚信,那么其员工一定更值得依赖,因此,公司对员工也能够完全信任,让他们发挥自己的才能。在微软公司,公司的各级管理者都会给员工较大的自由和空间发展他们的事业,并在工作和生活上充分信任、支持和帮助员工。只要是微软录用的,微软就会百分之百信任他。和一些软件公司对员工处处提防的做法不同,微软公司的员工可以看到许多源代码,接触到很多技术或商业方面的机密。正出于得到公司如此的信任,微软的员工对公司才有更强的责任心和更高的工作热情。

三、公道

所谓公道,就是指人们在处理问题时,要不偏不倚,不袒护其中一方的利益而损害另一方的利益。它是对人们的权利与义务之间、报酬与贡献之间、奖惩与功过之间相称性、对等性关系的确认和肯定。做公正的人,办公道的事,历来是劳动人民道德追求的重要目标。

公道一直是几千年来为人所称道的。人是有尊严的,人们都希望自己与别人一样受到同等的对待,企盼在法律面前人人平等,自古就有"王子犯法与庶民同罪"的说法。因此人们一直歌颂那些秉公办事、不徇私情的清官明主,如宋朝的包拯主张立法要"于国有利,于民无害",执法要"赏德罚罪,在乎不滥","治平之世,罕用刑";精选官司吏,防止冤狱。历史上根据包拯的事迹,演绎创作了许多文学作品,塑造了"包公"这一文学典型。人民群众历来歌颂包公,主要歌颂他依法办案,为民伸冤,不避权贵,大公无私。《宋史·包拯传》中载:"拯立朝刚毅,权戚宦官为之敛手,闻者皆惮之。"后世人们把包公称为"包青天"。

四、纪律

职业活动是一种组织行为,组织行为需要组织纪律来保障和支持,小到一项具体活动的开展,大到总体计划、战略目标的贯彻实施,都离不开组织纪律的维系和支持。所谓的职业纪律,就是在特定的职业活动范围内,从事某种职业的人们所必须共同接受、共同遵守的行为规范。它要求劳动者在职业活动中遵守秩序、执行命令、履行自己的职责。可以说,纪律是规范从业人员与工作、与企业、与他人及社会关系的重要手段,是评价职业活动状况的基本行为尺度。

在企业,每一个从业人员都希望自己得到他人的尊重和肯定。没有人希望自己为他人所轻视、贬低、排斥。实现这一愿望,遵守纪律是一项根本要求,有助于赢得同事的信任。例如,某大学生毕业后来到一家外企工作,他充满朝气和活力,很受领导赏识。但是就是这位员工对职业纪律熟视无睹,不注意改正自己的一些小毛病,依然我行我素。后来,对上司的批评、警告,他认为是故意发难,感觉自己受了委屈,经常与上司发生冲突,最终被企业除名。

五、节约

节约是从业人员应该具备的重要品质，也是职业道德建设的内容之一。一般来说，职业活动中的节约，是指从业人员爱惜和节制、节省使用企业财物及社会资源的行为。它不仅仅是个人生活范围内的问题，还反映了一种对他人、公共财富如何使用的态度和行为。可以说，从业人员是否具有节约的品质，是衡量其是否具有职业态度、职业责任和职业理想的重要尺度。

对从业人员来说，节约的范围非常广泛。它可以是节约劳动时间，不浪费工作时间，在规定的时间内完成工作任务，也可以是爱护公共财物，慎重使用机器、设备、物资，节电、节水、节能等；既可以是降低成本，减少消耗，以最小资源的牺牲，求得最大利益的获得，也可以是节省资金，量入为出。此外，现代企业的社会化分工，使节约已超出个人行为，也意味着节省他人的精力和时间，关系到集体的工作效率。可见，节约渗透到职业生涯中的各个方面，它强调对于公共资源的合理运用，并以发挥其价值、不浪费为前提。

六、合作

合作是职业道德建设的重要内容。合作，是个人与个人之间、群体与群体之间，就社会生活的某一内容、范围、目的或对象，为达到共同的目的，通过某些具体方式，彼此相互配合、协调发展的联合行为或过程。职业合作是一种重要的伦理规范，是在职业生活中培育和发扬人的合群、协调、尽责、全局观念的过程。对从业人员来说，具有合作的意识和能力，就会与他人相互配合、相互协作，不但能提高工作绩效，而且有助于促成个人价值的实现。

七、奉献

奉献精神是政府和媒体经常强调的，也是当前大学生们普遍缺乏的。无论什么样的组织机构、什么样的社会模式，都需要成员在适当的时候勇敢地站出来，做出自己的奉献。战争年代的英雄人物，就是奉献精神的具体体现，如董存瑞、黄继光、杨根思，等等。和平年代，市场经济时期，无论是什么企业，也都会有危机、危难，都需要员工们在必要的时候能够积极地挺身而出，尽心尽力地为企业排忧解难。

和平时期积极奉献、为企业排忧解难的模范人物也有很多，铁人王进喜就是中国人最熟悉的典范。在那个激情燃烧的岁月里，为了建起中国第一个大油田，王进喜和他的伙伴们真可谓竭尽全力。在没有起重机和运输设备的情况下，他们喊出了"没有条件创造条件也要上"的口号，靠肩扛人拉，把一台台开采石油的大型设备从车站运到了油田。在出现井喷的危难时刻，为及时控制住井喷，王进喜不顾生命危险和腿部的伤痛，跳进池中，奋不顾身地用身躯搅拌混凝土。市场经济时代，奉献精神有了新的注解，但基本的内涵不会变，那就是"不顾小我为大我"。可以说，在当今市场经济时代，我们的工作很普通，也不需要我们去抛头颅、洒热血，需要的只是我们在关键时刻能不辞辛劳、不计得失、不怕挫折、全心全力地投入。

可见，作为大学生不仅要学习先进的科学文化知识，更要不断提高自身的道德修养和人格境界，在服务群众、奉献社会的过程中实现对人生价值的追求。

同时，在日常的工作环境里，奉献精神最主要的体现就是当企业遇到突发的危机事件时，不要做缩头乌龟，要勇敢地冲上去；当企业面临困难和压力的时候不要找借口逃避，不要斤斤计较个人的得失，而应该及时地投入进去，为企业减轻压力、化解困难。

案例分享
ANLIFENXIANG

徐本禹的支教故事

一位普普通通的大学生，究竟有什么样的力量感动中国，感动千千万万善良的人们？"因为别人帮了我，我肯定要帮别人。"徐本禹出生于山东聊城的一个贫穷的农村家庭，2004年以前，走进聊城县郑家镇前景屯，村里最矮的土坯房就是徐本禹的家。他的父亲教了一辈子小学，最多的时候每月能拿到270元的工资，最少的时候一个月只有十几元，直到2003年转为正式教师后基本工资才到了800元。这点工资几乎就是全家的收入来源。1999年，徐本禹成为华中农业大学的一名大学生。那年秋冬之交，天气很冷，他还只穿着一件单薄的军训服。一位同学的母亲送了他两件衣服，并对他说："天气冷了，别冻着。在生活方面有什么困难和叔叔阿姨讲。"对他而言，第一次远离家乡，第一次远离亲人，第一次在外地得到好心人的帮助……这么多的第一次交织在一起，让徐本禹久久不能忘怀。为此，他在日记中写道："当时我知道无论说什么都是苍白无力的。我唯一能做的就是把爱心传递下去。别人帮助了我，我一定要帮助别人。""我愿做一滴水/我知道我很微小/当爱的阳光照射到我身上的时候/愿意无保留地反射给别人。"从徐本禹的日记中，我们可以看到他身上的那种大爱无私、无私奉献的崇高精神。

关于徐本禹的故事，感动了千千万万个中国人。2003年，徐本禹本科毕业了，以372分的高分考取了本校农业经济管理专业的硕士研究生。然而，徐本禹却放弃攻读研究生的机会，这位22岁的小伙子志愿去贵州贫困山区岩洞小学义务支教。在乌蒙山区腹地的农村小学，他忍受着孤独和寂寞，用爱心精心栽培和呵护贫瘠土地上的花朵，用真诚和行动实践着一名当代大学生的社会责任及一名共产党员的神圣使命。他被评为2004年中央电视台"感动中国"十大人物之一。当徐本禹决定放弃研究生学籍去支教的事在华中农大传开后，很多人为之感动并主动追随。学校破天荒作出决定，为他保留两年研究生学籍。他希望自己像根火柴，点燃千千万万人的爱心。

奉献社会是社会主义职业道德的最高境界，也是做人的最高境界。徐本禹的选择及奉献精神让我们不得不为之感动，不得不为之鼓掌。在职业生涯中，大学生应具备奉献精神，不要仅痴迷于眼前的某种利益，也不要对其付出与回报是否成正比而斤斤计较。要相信付出必有回报，只是在于时间的早晚问题。一般而言，企业都比较青睐那些具有职业奉献的员工。你付出的多少，一般企业领导人员都看在眼里，记在心里的，总有一天会给你相应的报酬与奖励。

第三节　提升职业道德修养

一、职业道德修养的含义

职业生涯是一个不断学习和不断提高的过程，也是不断提升修养的过程。那什么是修养？它是一个合成词。"修"原意指学习、锻炼、陶冶和提高；"养"原意是指培养、养育和熏陶。修养是指一个人的素质经过长期锻炼或改造所达到的一定结果和水平。职业道德是在职业生涯中形成的比较稳定的道德观念、行为规范和习俗的总和。职业道德修养，就是从业人员在道德意识和道德行为方面的自我学习、自我锻炼和自我改造中所形成的职业道德品质以及达到的职业道德境界。它的实质就是用正确的、先进的职业道德思想和文明的职业道德行为来克服错误的、落后的职业道德思想和不文明的行为。

我国古人把道德修养看成治国平天下的大事。孔子说："修己以安人，修己以安百姓。"意思是说只有自己有高尚的道德修养，才能使别人、使老百姓得到安宁。我国古代还认为人生要立言、立功、立德。立言容易，立功困难，立德难上难，但是立德是第一位的。

当今社会，仍然把道德修养看成是道德建设的重要内容。青年时期注重思想道德修养，陶冶情操，努力树立正确的世界观、人生观、价值观，将会对自己一生的奋斗和成就产生长远而巨大的作用。

职业道德促使从业人员无怨无悔地履行职业义务和职业责任。每个从业人员都讲职业道德，就会树立起良好的团体形象，为团体争得荣誉，为企业积累一大笔无形资产；人人都讲职业道德，各行各业和睦相处，就会建立起宽松和谐的大环境，获得良好的发展空间，社会的物质和精神都会更加文明。

二、提升职业道德修养的途径

职业道德修养渗透、贯穿于整个职业生涯之中，职业道德修养没有止境，需要用一生的精力不断加强，才能达到目的。当代社会，从业人员掌握职业道德修养的途径和方法，养成职业道德良好习惯，不仅有利于社会的和谐，也是我们每个人成长与发展的必然要求。职业道德修养的途径主要有以下几个方面。

(一)在日常生活中从小事做起

有人认为，做事就要做大事，做那些丁丁点点的小事有何用？岂不知，大事是由小事积累而成的。我国古代思想家老子说过："合抱之木，生于毫末；九层之塔，起于垒土；千里之行，始于足下。"荀子说过："积土成山，风雨生焉；积水成渊，蛟龙生焉；积善成德，而神明自得。"古人的这些话都是积小成大，积少成多的真理，我们不仅要知之，而且要行动之。学校的学生年龄还不算大，知识还不够多，经验谈不上丰富，但不要"以恶小而为之，以善小而不为"，而是要再小的坏事都不做,再小的善事都要做,持之以恒,我们就会从具有起码的道德发展到具有高尚的道德。

(二)坚持理论与实践相结合

道德本身就赋予理论与实践的统一性。从定义上讲,道德是一种行为规范;从特征上讲,精神内容和实践内容的统一是道德的特征之一。而单有良好的职业道德意识、职业道德情感和职业道德理论也不会使任何从业者达到较高境界的职业道德修养。提高道德修养,关键在于付诸行动。高尚的理想只有通过行动才能变成现实,优良品质只有通过实践才能锻造出来。只有在职业工作中不断充实自己、完善自己,努力实践才能提升自己的职业道德水平,获得高水平的职业道德修养。比如,在学校成绩优秀的学生一开始工作就是个行家里手吗?把道德知识烂熟于心,考场上拿 100 分,职场上长篇大论之人道德肯定高尚吗?很多情况下不是,不少人不是。为什么?因为把书本知识真正转变成自己所拥有的知识,转变成自己的技术、技能,转变成自己的素质需要一个实践的过程,没有实践过程,不能说书本上的知识就是自己的知识。对于实践的作用,毛泽东同志有个生动的比喻,他说:"要想知道梨子的滋味,必须亲口尝一尝。"大学生在校期间要尽可能多地参加社会实践,如社区服务、青年志愿者服务等,才会对自己所学的专业、将来的职业及职业道德有更多的体验,才会把职业道德内化为自己的信念。毕业走上工作岗位之后,进一步把职业信念外化为职业行动。

(三)自重、自省、自警和自励

自重,即自我尊重,自我重视。一个人如果没有起码的自尊,就会自暴自弃,也就谈不上什么修养。自重是职业道德修养最基本的前提条件。

自省,即自我省悟,自我反省。"一日三省吾身"是我国的古训,通过每日多次的自我反省,检讨自己的行为是否违背了道德规范,认真思考自己行为的动机、效果和影响,从而修正自己的道德行为,这一过程有时是很痛苦和复杂的。"自省"是需要勇气的,要敢于解剖自己,正视自己的缺点和错误。有人没有这种勇气,只拿自己的长处和别人的短处比,看到别人比自己差就沾沾自喜,看到别人比自己好就不服气,就生出红眼病来,更有甚者就找茬闹事,不整倒别人不罢休。这种人不是修身,而是丧德。

自警,即来自内部的和外界的力量,通过内化,时常警示自己要按照道德规范去做。

自励,即自我激励、自我鼓励,无论遇到什么样的挫折和如何沮丧的心境都要朝着既定的、理想的修养目标迈进。

三、提升职业道德修养的方法

职业道德对于个人、家庭乃至单位、国家都有非常重要的意义。大学生佩服、敬仰那些职业道德高尚的人,同时,为了让自己的职业道德达到理想的境界,大学生也要通过不断的修身,使自己逐渐成为一个道德高尚的人。因此,应当把握行之有效的职业道德修养方法,主要有以下几点。

（一）努力学习

人不是生而知之，而是学而知之。因为学才知，知才行，不学不知，不知怎行？

培养高尚的职业道德，一要学习职业道德知识的原则、核心、最基本规范等理论知识。理论是指导实践的方向盘，只有从理论的高度去认识职业道德修养，才能避免盲目性，把握主动性。我国古代的思想家们大都十分重视学习在道德修养中的重要作用。例如，孔子就明确指出过"笃信好学、守死善道"。在他看来，不爱学习、缺少应有的知识，即使主观上爱好仁德，也不会有完善的道德品质。他主张"博学""多闻""志于学"，这样才能有完善的道德品质。通过学习才知道要做什么，不做什么，什么是对的，什么是错的，什么是善，什么是恶。一个对道德一无所知的人，怎能成为道德高尚的人？

二要学习道德楷模们的事迹激励和鞭策自己。学习先进模范人物要密切联系自己职业活动和职业道德的实际，注重实效，学习他们的人生观、世界观，学习他们的优秀品德，学习他们对待生活、工作的态度，学习他们敬业、乐业、勤业、精业的精神。自觉抵制一切不健康的思想，特别是拜金主义、享乐主义、极端个人主义等腐朽思想的侵蚀，大力弘扬科学的、优良的职业道德品德和创业精神，提高职业道德修养水平，立志在本岗多做贡献。例如，周恩来总理"为本国人民和全人类做出过巨大贡献"，是中国乃至世界的伟人，在我们的心中留下永远效法的崇高精神。周恩来总理高尚的人格和完美的道德情操永远是我们学习的楷模。

（二）坚持反躬自省

反躬自省即内心的省查检讨，是行为主体经常地、不断地、冷静地去寻找自身思想和行为中的缺点和错误。没有内心反躬自省的过程，也就不可能达到自律的目的，自我调适、自我激励也就失去了目标。我国古代伦理学家非常重视道德修养中的"内省""克治"的功夫。孔子的弟子曾参有"吾日三省吾身"的名言，孔子也有"见贤思齐焉，见不贤而内自省也"的论述。老一辈无产阶级革命家也很注重这种自省精神。毛泽东同志主张经常想一想自己的弱点、缺点和不足，陈毅同志说："中夜尝自省"，"灵魂之深处，自掘才可能"，这种反躬自省的修养方法，在今天改革开放和发展市场经济的环境中显得尤为重要。现在国门打开了，在引进国外先进科学技术的同时，资产阶级的腐朽人生观、价值观和生活方式，也不可避免地趁机而入，影响和腐蚀着人们的思想。从业者如果不对自己的职业思想和行为及时地进行反躬自省，不认真检查自己的言行，那就会小错不识，积成大错。采取这种修养方法应注意几个问题：要树立正确的职业观念，依照社会主义职业道德原则和规范进行省查检讨。要敢于接触自己的思想实际，在心灵深处展开两种职业道德观的斗争，彻底摒弃职业等级观念、特权意识等陈腐的职业观念。要持之以恒，工作失败了需要自省，成功了也需要自省。只有经常反躬自省，才能有自知之明，立于不败之地。

（三）积极投身实践

实践是人生修养的基础。一切社会意识和规范都是在社会实践中形成的。人们只有在社会实践中，在个人与他人、个人与集体、个人与社会的道德活动中，才能深刻认识道德规范和判断自己的行为。离开了社会实践，离开了人类的道德活动，人们的善恶观念就无从产生，无法改变,也不能克服自己不正确的思想和不道德的行为,更不能培养自己崇高的思想和道德品质。刘少奇同志在《论共产党员的修养》指出:"革命者要改造和提高自己,必须参加革命的实践,绝不能离开革命的实践,同时,也离不开自己在实践中的主观努力,离不开在实践中的自我修养和学习。"这就告诉我们,职业实践是职业道德修养的根本。事实上,当一个职业劳动者以高度的职业行为被给予了肯定的评价,他便从中获得了良心的满足感。这种道德情感体验又反过来促使他坚定遵守道德行为的自觉性。相反,当一个职业劳动者因违反职业道德规范而受到谴责,就会引起良心上的羞耻感、内疚感。这种情感体验,则会促使他改变自己的认识,矫正自己的行为,使之符合职业道德标准。也就是说,只有在职业活动中,从业者才能获得真实的道德体验,才能提高职业道德认识,培养职业道德情操,磨炼职业道德意志,树立职业道德信念,养成良好的职业道德行为习惯。

(四)注意"慎独"

"慎独"就是在任何时候做事情都要小心谨慎,特别是在独自一个人,根本无人监督的时候,也要忠于职守,自觉地遵章守纪,不要以为没有人看见、没有人知道就可以偷工减料,疏忽大意,忘乎所以,甚至以为做点错事也不要紧。"慎独"是中国千百年来行之有效的道德修养方法,是人生最高的道德境界。"慎独"之人是高尚之人。

第四节　部分职业的道德规范要求

职业道德是从业人员在职业活动中的行为准则。社会上有多少种职业,就会有多少种职业道德,这是由职业的不同性质、不同责任和不同要求决定的。下面我们列举了部分职业的道德规范。

一、教育工作者的职业道德

(一)具体内容

(1)热爱祖国,热爱人民,拥护中国共产党的领导,拥护社会主义;全面贯彻国家教育方针,自觉遵守《教师法》等法律法规,依法履行教师职责和义务。

(2)敬业奉献,忠诚于人民教育事业,志存高远,对工作高度负责,勤勤恳恳,兢兢业业,甘为人梯,乐于奉献;认真备课上课,认真批改作业,认真辅导学生。

(3)关心爱护全体学生,尊重学生人格,平等、公正对待学生;对学生严慈相济,做学生的良师益友;保护学生安全,维护学生合法权益,促进学生全面、主动、健康发展。

(4)实施素质教育,遵循教育规律,勇于探索创新,不断提高教育教学水平;培养学生良好品德,塑造学生健全人格,启发学生创新精神。

(5)知荣明耻,严于律己,以身作则;衣着整洁得体,语言规范健康,举止文明礼貌;谦虚谨慎,团结协作;平等对待学生家长,认真听取意见和建议;廉洁奉公,自觉抵制有偿家教。

(6)树立终身学习理念,遵守教师培训制度,不断学习,与时俱进;自觉更新教育观念,完善知识结构,潜心钻研教育教学业务,不断提高教书育人的能力水平。

(二)针对群体

主要针对师范类学生群体以及预备从事教师职业的其他专业学生群体。

二、党政干部的职业道德

(一)具体内容

(1)有牢固的"社会公仆"意识,正确运用手中权力,一切向人民负责,为社会整体谋利益。

(2)有强烈的社会主义事业心;善于学习,勤奋工作,信念坚定,开拓前进。

(3)有高尚的情操,廉洁奉公,遵纪守法;不以权谋私,不假公济私。

(4)有良好的思想作风和工作作风,坚持原则,实事求是,公道正派;勇于开展批评和自我批评,坚持真理,修正错误,敢于同一切坏人坏事作斗争。

(5)自觉坚持"一个中心、两个基本点",坚持正确的政治方向。

(二)针对群体

主要针对思想政治教育专业、政治学与行政学专业、公共事业管理专业以及预备从事党政工作的各专业学生群体。

三、秘书工作者的职业道德

(一)具体内容

(1)忠于职守,自觉履行各项职责,认真辅助领导做好各项工作。要有强烈的事业心和责任感,不擅权越位,不掺杂私念,不渎职。

(2)服从领导,当好参谋跟从领导,严格按照领导的指示和意图办事;在服从领导的前提下发挥个人的积极性、创造性,为领导出谋献策;不断提高参谋意识和能力,明确不能出谋献策者就不是好的秘书人员的新观念。

(3)兢兢业业,任劳任怨;要围绕领导的工作来展开活动,在具体而紧张的工作中,脚踏实地,密切联系实际和群众,不计个人得失,有吃苦耐劳甚至委曲求全的精神。

(4)平等地同各职能部门商量工作,虚心听取他们的意见,在工作中要善于协调矛盾,搞好合作;对领导对群众都要一视同仁,秉公办事,平等相待;把为领导服务,为本单位各职能部门服务,为群众服务当作自己的神圣职责。

(5)遵守职业纪律和与职业活动相关的法律、法规;在职业活动中要坚持原则,不利用职务之便假借领导名义以权谋取私利;要以国家、人民和本单位整体利益为重,自觉奉献,不为名利所动,以自己的实际行动抵制和反对不正之风。

(6)遵守信用、遵守时间、遵守诺言,言必信,行必果;必须具备严守机密的职业道德,自觉加强保密观念。

(7)坚持实事求是的工作作风,一切从实际出发,理论联系实际,坚持实践是检验真理的唯一标准。

(8)勇于创新,要求不空谈、重实干,在思想上是先行者,在实践上是实干家,具有强烈的创新意识和精神,不断提出新问题,研究新方法,走出新路子。

(9)刻苦学习,努力提高自身的思想素质,使自己具有广博的科学文化知识。

(10)努力钻研业务,掌握秘书工作各项技能,了解和懂得与秘书工作有直接或间接关系的各项技能。

(二)针对群体

主要针对文秘专业、汉语言文学专业以及预备从事文秘职业的其他专业学生群体。

四、内部审计工作者的职业道德

(一)具体内容

(1)严格遵守中国内部审计准则及中国内部审计协会制定的其他规定。

(2)不从事损害国家利益、组织利益和内部审计职业荣誉的活动。

(3)在履行职责时做到独立、客观、正直和勤勉。

(4)保持廉洁,不得从被审计单位获得任何可能有损职业判断的利益。

(5)保持应有的职业谨慎,并合理使用职业判断。

(6)保持和提高专业胜任能力,必要时可聘请有关专家协助。

(7)诚实地为组织服务,不做任何违反诚信原则的事。

(8)遵循保密性原则,按规定使用其在履行职责时所获取的资料。

(9)在审计报告中应客观地披露所了解的全部重要事实。

(10)具有较强的人际交往技能,妥善处理好与组织内外相关机构和人士的关系。

(11)不断接受后续教育,提高服务质量。

(二)针对群体

主要针对财务管理专业、统计学专业以及预备从事审计职业的其他相关专业的学生群体。

五、商业工作者的职业道德

(一)具体内容

(1)热爱商业工作,确立职业的责任感与荣誉感。

(2)严守商业信用,诚信无欺,公平交易,实事求是地介绍商品,严格执行国家价格政策。

（3）文明经商,对顾客一视同仁,出售货真价实的商品,不以次充好,不缺斤短两,态度和蔼,待客热情,服务周到,方便群众。

（4）爱护商品,讲究卫生,不出售变质的食品、药品。

（5）严格执行有关规定,不私买私卖,不以营业权谋私利,接受群众监督,欢迎群众批评;坚决同商业领域的不正之风作斗争。

（二）针对群体

主要针对国际经济与贸易专业、市场营销专业、英语(商贸英语)专业、经济信息管理专业、电子商务专业以及预备从事商业类职业的其他相关专业的学生群体。

六、会计工作者的职业道德

（一）具体内容

（1）热爱本职工作,勤奋、努力钻研业务技术,使自己的知识和技能适应具体从事的会计工作的要求。

（2）熟悉法规,做到在自己处理各项经济业务时知法依法、知章循章,依法把关守口;对服务和监督对象也能够进行会计法制宣传,增强他们的法制观念,帮助他们辨明法律上的是与非,促使他们在日常经济活动中依法办事,避免不轨行为。

（3）依法办事,按照会计法律、法规、规章规定的程序和要求进行会计工作,保证所提供的会计信息合法、真实、准确、及时、完整;敢于抵制歪风邪气,同一切违法乱纪的行为作斗争。

（4）在办理会计事务中,做到实事求是、客观公正。

（5）好服务,熟悉本单位的生产经营和业务管理情况,以便运用所掌握的会计信息和会计方法,为改善单位的内部管理、提高经济效益服务。

（6）严格保守本单位的商业秘密,除法律规定和单位领导人同意外,不能私自向外界提供或者泄露单位的会计信息。

（二）针对群体

主要针对财务管理专业、统计学专业、经济信息管理专业以及预备从事会计职业的其他相关专业的学生群体。

七、外贸工作者的职业道德

（一）具体内容

（1）热爱社会主义祖国,忠于祖国,有强烈的民族自豪感和自信心;全心全意为社会主义现代化建设服务。

（2）在对外交往中做到热情友好,不卑不亢,落落大方,举止端庄,礼貌待人。

（3）重合同，讲履约，守信用，取信于全世界的贸易伙伴，维护我国社会主义商业信誉。

（4）对工作认真负责，服务周到热情，办事讲究效率，破除官僚主义和官商作风。

（5）严格执行外贸工作政策和纪律，廉洁奉公，拒腐防变，不索礼，不受贿，不以工作之便谋私利。

（6）坚决同违反、破坏外贸政策的现象和一切违法乱纪现象作斗争；自觉维护国家的经济利益，维护民族的尊严，维护党和国家的声誉。

（7）刻苦钻研业务技术，加强职业技能修养，不断增长才干，为社会主义外贸工作，为进一步改革开放做出贡献。

（二）针对群体

主要针对国际经济与贸易专业、市场营销专业、英语（商贸英语）专业、经济信息管理专业、电子商务专业以及预备从事外贸类职业的其他相关专业的学生群体。

八、新闻工作者的职业道德

（一）具体内容

（1）热爱党、热爱社会主义祖国，坚持四项基本原则，坚持新闻的党性与人民性的统一。

（2）坚持新闻的真实性，忠于事实，不搞虚假报道；以人民利益为准绳，宣传党的政策，反映群众的心声，努力克服新闻报道中的主观主义倾向。

（3）热情讴歌正义与光明，无情揭露邪恶和黑暗，敢于主持公道，坚持正义，不畏惧任何压力，时刻同群众保持密切的联系。

（4）严格要求自己，廉洁奉公，不利用工作之便谋私利，不拿版面做交易；吃苦耐劳，深入基层，有良好的新闻意识，遵守新闻纪律。

（5）热情地为广大读者服务，提供有益身心健康的稿件，甘当无名英雄；同行之间，相互尊重，相互学习。

（6）认真学习马克思主义基本理论和党的路线方针政策，树立共产主义理想、信念；掌握丰富的科学文化知识，加强职业修养，勇于献身新闻事业。

（二）针对群体

主要针对汉语言文学专业、广播电视新闻学专业、播音与主持艺术专业以及预备从事新闻类职业的其他相关职业的学生群体。

【知识小贴士】

世界 500 强企业优秀员工的 12 条核心标准

1. 敬业精神：一个人的工作是他生存的基本权利，有没有权利在这个世界上生存，看他能不能认真地对待工作。能力不是主要的，能力差一点，只要有敬业精神，能力会提高的。如果一个人的本职工作做不好,应付工作,最终失去的是信誉,再找别的工作、做其他事情都没有可信度。认真做好一个工作,往往还有更好的、更重要的工作等着你去做。这就是良性发展。

2. 忠诚:忠诚建立信任,忠诚建立亲密。只有忠诚的人,周围的人才会接近你。企业在招聘员工的时候,绝对不会去招聘一个不忠诚的人;客户购买商品或服务的时候,绝对不会把钱交给一个不忠诚的人;与人共事的时候,也没有人愿意跟一个不忠诚的人合作。

3. 良好的人际关系:良好的人际关系会成为你这一生中最珍贵的资产,在必要的时候,会对你产生巨大的帮助,就像银行存款一样,时不时地少量地存,积少成多,有急需时便可派上用场。难怪美国石油大王洛克菲勒说:"我愿意付出比天底下得到其他本领更大的代价来获取与人相处的本领。"

4. 团队精神:在知识经济时代,单打独斗的时代已经过去,竞争已不再是单独的个体之间的斗争,而是团队与团队的竞争、组织与组织的竞争,许许多多困难的克服和挫折的平复,都不能仅凭一个人的勇敢和力量,而必须依靠整个团队。作为一个独立的员工,必须与公司制定的长期计划保持步调一致。员工需要关注其终身的努力方向,如提高自身及同事的能力,这就是团队精神的具体表现。

5. 自动自发地工作:充分了解工作的意义和目的,了解公司战略意图和上司的想法,了解作为一个组织成员应有的精神和态度,了解自己的工作与其他同事工作的关系,并时刻注意环境的变化,自动自发地工作,而不是当一个木偶式的员工!

6. 注重细节,追求完美:每个人都要用搞艺术的态度来开展工作,要把自己所做的工作看成一件艺术品,对自己的工作精雕细刻。只有这样,你的工作才是一件优秀的艺术品,也才能经得起人们细心地观赏和品味。注重细节,追求完美,细节体现艺术,也只有细节的表现力最强。

7. 不找任何借口:不管遭遇什么样的环境,都必须学会对自己的一切行为负责!属于自己的事情就应该千方百计地把它做好。只要你还是企业里的一员,就不应该找任何借口,投入自己的忠诚和责任心。将身心彻底地融入企业,尽职尽责,处处为自己所在的企业着想。

8. 具有较强的执行力:具有较强的执行力的人在每一个阶段,每一个环节都力求卓越,切实执行。具有较强的执行力的人就是能把事情做成,并且做到他自己认为最好结果的人。具有较强的执行力的人随时随地都想着企业的顾客,了解了顾客的需求后,乐于思考如何让产品更贴近并帮助顾客。

9. 找方法提高工作效率:遇到问题就自己想办法去解决,碰到困难就自己想办法去克服,找方法提高工作效率。在企业里,没有任何一件事情能够比一个员工处理和解决问题更能表现出他的责任感、主动性和独当一面的能力。

10. 为企业提好的建议:为企业提好的建议,能给企业带来巨大的效益,同时也能给自己更多的发展机会。为了做到这一点,你应尽量学习了解公司的业务运作的经济原理,为什么公司业务会这样运作?公司的业务模式是什么?如何才能盈利?同时,你还应该关注整个市场动态,分析总结竞争对手的错误症结,不要让思维固守在以前的地方。

11. 维护企业形象:企业形象不仅靠企业各项硬件设施建设和软件条件开发,更要靠每一位员工从自身做起,塑造良好的自身形象。因为,员工的一言一行直接影响企业的外在形象,员工的综合素质就是企业形象的一种表现形式,员工的形象代表着企业的形象,员工应该随时随地维护企业形象。

12. 与企业共命运：企业的成功不仅仅意味着这是老板的成功，更意味着每个员工的成功。只有企业发展壮大了，你才能够有更大的发展。企业和你的关系就是"一荣俱荣，一损俱损"，不管最开始是你选择了这家企业，还是这家企业选择了你，你既然成为这家企业的员工，就应该时时刻刻竭尽全力为企业作贡献，与企业共命运。企业就是你的家，要是家庭不幸，你也会遭遇不幸。

（资料来源：袁文龙.《成为企业最受欢迎的人》. 北京：中华工商联合出版社，2006 年）

认真阅读这篇文章所提到的优秀员工 12 条核心标准，围绕这 12 条核心标准展开话题，谈谈自己在哪些方面占有优势，在哪些方面存在不足及其应如何提高。同时，再想想除了这 12 条标准以外，还有没有其他不可忽视的标准内容，若有，请提出观点，简述其重要性及其可作为标准的原因。

第十章　创业基础知识

罗浩创业

长江师范学院政治与公共管理学院 2007 级法律事务专业专科学生罗浩于 2010 年毕业。他在校期间就开始了创业历程，并创办了鸣浩电子科技有限公司。至 2012 年，该公司在三年内从起步到发展为年产值 3000 多万元，有 1200 名员工、三个分公司的大企业。

第一节　创业的内涵与意义

一、创业的概念

创业是人生职业生涯规划的一个重要选项。在目前就业形势严峻、知识经济和经济全球化快速发展的情况下，对广大大学生来说，选择走自主创业之路既存在难得的机遇，也面临着严峻的挑战。

创业，从狭义上说是指具有创业能力的人创设新的职业、创立新的行业。创业能力是指在工资形式就业以外的"自我就业"能力，这种能力须与市场行为相结合。广义上的创业还包括以工资形式就业后，在已有的岗位上努力工作、不断创新，把原有的事业开拓壮大。

简单地说，创业就是依靠自己的能力、财力及社会关系、社会经验等条件而进行的合法的经营活动。其特点有四：一是谋利；二是自主决策与管理；三是从无到有、白手起家；四是合法经营。

二、创业的原因和动机

当你有了自己创业的想法的时候，你应该仔细地想一下，自己为什么要创业，也就是需要思考创业的动机与原因。通过总结分析，我们发现，人们创业的原因和动机无外乎有以下几个方面。

（一）为了经济收入

这是在创业者中常见的创业理由。由于在公司里工作的薪资不高，难以维持家庭的生活开销或者是为了提高家庭生活的质量，他们经过分析后发现，要想改变命运或现实的生活，必须走自己创业之路，让自己的能力尽情地发挥，并获取最大的经济回报。大多数出身贫寒、收入微薄的创业者，其最初的创业原因就是要改变自己的生活，改变经济状况。

另外，失业或下岗也是很多人自己创业的主要原因。失业的原因尽管很多，但对于失业者来说，需要考虑新的就业。在面对就业压力和生活压力的情况下，很多人可能会痛下决心，开始自己的创业之路。中国刚刚改革开放时的创业者中就有很多是待业者或刚刚从农村回到城市、没有就业机会的下乡知青。而最近这些年，随着国有企业的调整和转制，大批国有企业的职工下岗，从而使一部分有头脑的人走上了自主创业的道路。

（二）做自己喜欢做并能够做的事情

每个人对生活和工作都有自己的理解和追求，可是就目前以及以后相当长的时间内，对很多人来说，在一个公司里做一般工作甚至高级员工，虽然有较高的薪资或比较舒适的办公环境以及较好的福利待遇，但是，必须按照公司统一的战略规划及统一的步调进行日复一日、年复一年的那份工作，无论你是否喜欢做这份工作，为了生活你不能失去这份工作。那么，你就必须服从公司的所有工作安排。有时，你可能非常不情愿，但是也不得不去做。

而自己创办公司的话，基本上就可以选择自己喜爱的事业去开创，按照自己喜欢的方式（当然必须按照市场规律，遵守法律法规）去做自己喜欢的事情。在自己创办的企业里为自己而工作，做自己喜欢的事情，去实现自己的人生理想与抱负，这是大多数创业者的创业理由。

一般来说，当完成学业后，很多人会到已有的公司从事与所学专业相符合的工作。但是，有的人在择业上，由于种种原因而不能从事自己所能做的工作，或者说，公司分给自己的工作，自己即便是非常努力也做不好。这时，会有很多人在无可忍受的情况下，走上自己的创业道路，去从事自己能够做的事情。

（三）实现自我价值和社会理想

有句话叫做"市长位置有限而企业家位置无限"。而且，随着市场经济的深入，企业家的地位也在逐渐提高。我们中的许多人最需要的就是独立。我们许多人内心深处都有一种非常强烈的需要，要做自己的事情，并在学习中不断提高。这些人在经营自己公司时成功的可能性非常大，他们喜欢以自己的眼光去看待事物，渴望彻底地控制自己的命运。

创业是人类进步的基础，创业与奋斗都是为了改变人的生活质量，提高生活水平。创业从某种意义上说，是为平民而创立的词。因为，创业可以改变一个穷人或并不富裕的人的个人乃至家庭等的命运。对于一个贫穷的国家或民族，要想改变国家与民族落后的面貌，需要有更多的人投身到创业的行列中。正是由于深刻认识到这样的道路，许多立志创业的有识之士是怀着实业救国、科技救国、影响社会、改造社会、回报社会、振兴国家的社会理想而艰苦创业的。他们深刻认识到自己的命运与国家、民族的命运是紧密联系在一起的，明白了个人富是小富，国家的富强、民族的振兴才是自己人生追求的终极目标。因此,实现自己的社会理想是他们创业的主要动机。

第二节　大学生创业前必须思考的问题

一、大学生创业所面临的问题

"创业比就业更难",某大学就业指导中心的一位老师这样说。近几年就业形势十分严峻,国家和各地方为缓解就业形势相应出台了一些鼓励高校毕业生自主创业的措施。就业压力大是目前许多大学生热衷创业的重要原因之一,而学生创业之前应该做好应对各种困难的思想准备。就大学生而言,由于其年龄、阅历与知识等方面的原因,使其在创业过程中面临较多的心态、知识、经验、技术与资金等方面的问题。

第一,心态问题。拥有良好的创业心态,是创业成功的必要条件。但是由于大学生受年龄及阅历等方面的限制,未必对创业风险具有清醒的认识,缺乏对可能遭遇到风险的必要准备。在缺乏良好心态的情况下,创业前景也会受到相应不利的影响。

第二,知识限制。创业需要企业注册、管理、市场营销与资金融通等多方面的知识,在缺乏相应知识储备的情况下,仓促创业不仅难以融到必需的资金,而且在残酷的市场竞争中也将处于劣势。

第三,经验限制。受年龄及学识的限制,大学生很难拥有关于创业的直接经验与间接经验,创业知识一般也限于"纸上谈兵",在这种情况下大学生创业及在公司运营中肯定会遇到各种不可预见的问题,以致创业困难。

第四,技术限制。理工类大学生受学识的限制,拥有可创业技术的大学生可能只是少数。而对于那些文科类大学生来讲,很难拥有可以创业的技术。技术的缺乏直接限制了大学生创业,在激烈的市场竞争中大学生创业将遭遇较多的困难。

第五,资金问题。由于大学生很难有足够的创业资金,从社会上融资或获取无息及贴息贷款是必然选择。但是由于大学生创业风险较大,所以较难获得必需的资金。而且一般在获取资金方面也存在两种问题,一是急于获得资金而不惜贱卖技术,二是过于珍惜技术而不肯作出适当的让步。这些问题都决定了在资金方面难以获得相应的资助。

为解决上述问题,在这里给同学们几点建议。

第一,创业首先要看专业是否适合。大学生自主创业虽然存在着很多未知数,除了要有生意头脑外,还要有资金、专业技术、创业背景、懂得市场运作等。但是,有些专业的学生或许会更加适合自主创业,如美术、装潢设计类的学生。由于专业的特殊性,他们的工作本来就是一种创作行为,只要具备一定的专业技术即可,不需要太多的创业背景和承担过多的风险。据悉,广东技术师范学院的艺术设计系把"项目设计"融入教学,从而带动学生自主创业。近年来,毕业生一次就业率保持在98%以上,其中有近80%的毕业生实现了自主创业。除了艺术类专业的学生外,自主创业以理科和经济类专业的学生居多。文科学生中也不缺乏自主创业例子,如自由撰稿人、策划人、职业写手,甚至作家。文科学生的自主创业偏向于自由职业一类,从这个角度上说,创业所需要的诸如资金、经验、市场等条件反而不会太苛刻,学生也较容易在刚出校门的"一穷二白"中站稳脚跟。

第二,综合考虑社会经验和实践能力。自己尝试办设计工作室的师范学院某一大二学生认为"创业前的社会经历十分重要",他这样评价自己,"我绝对不是最顶尖的学生,就算是在我们系里,也有不少人比我强。我之所以比他们更敢走出这一步,主要是因为朋友较多、经验多些、懂一点儿法律知识。创业还不仅仅是有专业能力就可以的,社会阅历、人际交往、客户关系、法律常识更重要。"创业是一个整合过程,它需要充分考虑各方面的因素,如果没有经验的积累,没有社会的支持,大学生创业实际上是"独木难支"。相对于其他背景的创业者而言,学生最大的劣势就是严重缺乏社会经验,所以学校应当理解、支持和正确引导学生创业。现在的高等教育更侧重于培养学生的知识和技能,毕业培训也千篇一律地指向就业,而在自由创新、自由创业方面显得较为薄弱。既然现在国家鼓励高校毕业生自主创业,那么是不是学校可以适当地在平常的教学中向学生渗透一些市场动态、融资、法律等知识,让学生慢慢树立起自己创业的意识与信心?还可以利用学校既有的资源优势和科研力量,再加入一些配套的思路,帮助学生在一定程度上实现自主创业。

第三,大学生创业切忌好高骛远。大学生自主创业容易产生好高骛远的心理。比如,把创业目标定位在需要一大笔启动资金、高科技的大型项目上。这会给创业带来巨大的风险和压力。所以,大学生应该选择一些低成本、低风险的小项目,放下架子去创业。一些家长也表示,资金困难、经验能力缺乏是高校毕业生创业面临的主要问题,建议高校最好设立大学生"创业辅助机构",让毕业生更好地走上自主创业的道路。

二、影响大学生创业的因素

影响大学毕业生创业的因素,大致包括以下五个方面。

(一)个人能力与素质

创业是一项非常具有挑战性的社会活动。由于其强烈的个体性色彩,因此十分强调创业者本身的个人素质和能力。大学毕业生要在真刀真枪的社会竞争中站稳脚跟,靠的只能是实力。没有实力,其他一切都是空谈。只有创业的美丽梦想,没有足够的创业实力,创业永远不可能成为现实。而当大学毕业生的创业实力达到一定的程度时,他会排除其他因素的影响,坚定地走创业之路。因此可以说,个人的能力与素质在创业选择中起决定作用,其他因素都是外因。

(二)个人的性格、气质、个性、爱好和特长

性格、爱好、特长与创业项目的结合,会为创业的成功增加重要的砝码。比尔·盖茨、杨致远他们所进行的创业项目,正是他们的爱好和特长,他们对其有着无比浓厚的兴趣,而且可以说,是兴趣引领他们开始了创业的脚步,他们在创业最初绝对没有想到未来是如此的灿烂。在很多时候,需要创业者将利益最大化作为一种短期目标,一种现实的价值。

（三）家庭因素

父母的价值观对大学毕业生的创业选择产生影响。父母鼓励孩子不要担心失败、大胆尝试、勇于开拓，那么受父母的影响，孩子在选择创业时就会持更积极、乐观的态度。父母担心孩子吃苦受累，希望他们找一个安稳的工作，一步步发展，那么，大学毕业生就会在选择创业路时更为谨慎。家庭的现实状况对大学生的创业选择也会产生影响。家庭的经济条件较好，父母有着较高、较稳定的收入，在目前不需要孩子给予照顾，甚至可以给孩子的创业提供某些支持，那么，大学毕业生在选择创业时，就会更自主、敢于冒更大的风险；反之，如果家庭条件不太好，父母需要照顾，那么大学毕业生就会害怕创业的失败。听取父母亲的意见，考虑家庭的情况，这就是大学毕业生选择创业时必经的一环。事实上，家庭条件、父母的意见对大学生的选择影响并不小，虽然已经成人，但是我国多数大学生，即使已经进入硕士、博士学历学习阶段，仍然没有从经济上和心理上摆脱对父母的依赖。

（四）学校因素

学校对大学毕业生创业的影响分直接影响和间接影响两方面。直接的影响来自于学校针对大学生创业推出的政策和各种教学、训练活动。间接的影响是指学校所有教育活动，尤其是以创新为主题的教育教学改革对学生创业的潜移默化。近年来，各高校已经注意到学校教育对学生创业的影响，并采取了相应措施。

（五）社会因素

影响大学生创业选择的社会因素有两方面：一是社会为大学生提供的创业硬件、软件环境；二是大学生创业的社会舆论。"硬"的社会环境主要是指风险投资机构对大学生创业项目的关注和扶持；"软"的社会环境是指与大学生创业相关的政策环境、法律环境、商业环境。除此之外，从众是人的正常心理反应，在年轻人中表现严重。年轻的大学毕业生往往把周围同学朋友的观念、选择作为自己行动的有力参照，加以实践和效仿。所以我们说，第一代大学毕业生的创业路走得如何，对后来人的创业选择有着十分重要的影响。

以上五方面因素，相互作用，对大学毕业生创业产生重大影响。当前，对于大学毕业生创业，各方面的条件和环境还在逐步完善中。随着时间的推移，参与创业的毕业生越来越多，创业定将成为根植大学生心中的一种成才模式、成才理念。

三、大学生创业的优劣势分析

大学生创业与社会上四五十岁的失业人群、退休人员创业相比，还是有自身特点的。孙子兵法云："知彼知己，百战不殆"，大学生只有深刻认识自己的优点和缺点后，才能在扬长避短的基础上对创业准确定位。

（一）大学生创业的优势

（1）具有本科或研究生程度的文化水平，对事物较有领悟力，有些东西一点即通。

(2)自主学习知识的能力强。

(3)接受新鲜事物快,甚至是引领潮流者。

(4)思维普遍活跃,不管敢不敢干,至少是敢想。

(5)运用 IT 技术能力强,能够在互联网络上搜寻到许多信息。

(6)自信心较足,对认准的事情有激情去做。

(7)年纪轻,精力旺盛,故有"年轻是最大的资本"之说。

(8)没有成家的大学生暂无家庭负担,其创业很可能获得家庭或家族的支持。

(二)大学生创业的劣势

(1)缺乏社会经验和职业经历,尤其缺乏人际关系和商业网络。

(2)缺乏真正有商业前景的创业项目,许多创业点子经不起市场的考验。

(3)缺乏商业信用,在校大学生信用档案与社会没有接轨,导致融资借贷困难重重。

(4)喜欢纸上谈兵,创业设想大而无当,市场预测普遍过于乐观。

(5)眼高手低,好高骛远,看不起蝇头小利,往往大谈"第一桶金",不愿谈赚"每一分钱"。

(6)独立人格没有完全形成,缺乏对社会和个人的责任感,甚至毕业后有继续依赖父母过日子的想法。

(7)心理承受能力差,遇到挫折容易放弃。有的学生在前期听到创业艰难,没有尝试就轻易放弃了。

(8)整个社会文化和商业交往中往往不信任青年人,俗语说的"嘴上无毛,办事不牢",很不利于年轻人的创业。

以上是从统计面上来分析大学生创业的优缺点,实际上每个大学生的情况是千差万别的,还需要个性化地认识自己。

在这里提供一个 SWOT 分析工具,大学生在一个四方格内分别把自己的优势、劣势、面临的发展机遇、挑战或威胁四个因素写下来,每种因素罗列出主要的 4～5 条来。

比如说某学生 A 认为自己的优势有:家庭经商,自小在父母边耳濡目染,对创业有浓厚兴趣;经过几年勤工俭学也积累了一些实际经验;做过班系干部,组织领导能力得到过锻炼;几个朋友合计创业有一定的时间,已基本上有一个磨合的团队;产品独一无二,有市场竞争力。

某学生 B 认为自己的劣势有:个人性格内向,与人打交道较困难;家庭较贫困,没有资金支持,还指望毕业后还清教育贷款;没有团队,可能要单打独斗;社会经验严重不足;准备创业的产品成本高昂,要委托别人加工。

某学生 C 认为面临的机遇有:大学生创业基金成立,自己的科技项目可以申报一试,有导师的强力推荐;国内市场目前变化大,产生有利于己方的巨大需求;一些企业正与我方洽谈,个别有签约前景;政府循环经济鼓励政策出台,更是好消息。

某学生 D 认为自己创业的挑战是:市场竞争不规范,假冒伪劣商品盛行,自己的真东西卖不出去;目前大城市的店铺租金越来越高,辛辛苦苦赚来的利润越来越低;消费风潮变动很快,自己可能赶不上流行趋势。

在以上 SWOT 分析基础上,大学生可针对自己的情况,发挥优势、弥补劣势、克服威胁、规避风险、抓住机会、迎接挑战,使得自己的创业计划更为实际可行,更多一份胜算。

案例分享
ANLIFENXIANG

李开复谈大学生创业:团队比点子更重要

郭广昌和李开复,一个是成功创业的企业家,一个是创办创新工场的风险投资人,在2011年全球创业周峰会上却不约而同地向有志创业的大学生"泼冷水",甚至是"冰水"——创业失败的一定比成功的多,梦想一毕业就可以成为下一个马化腾是不现实的,在没有做好充分准备的时候,不要过早出来自主创业。

创业要做好失败的准备

"创业失败概率很大,丝毫没有经验没有团队就出来,凭着自己拍脑子想出来的点子,那么你失败的概率就会是99.99%。"李开复反对大学生在没有准备好的时候,过早出来创业,"大学生梦想自己一毕业就可以成为下一个马化腾,这在绝大多数情况下是不现实的。"

上海复星高科技(集团)有限公司董事长郭广昌提醒创业者,创业失败的一定比成功的多,在积极准备创业的同时,要为失败做好准备,更多是想如果失败了会怎么样。"如果没有为失败做好准备,我建议大家不要轻易去创业。"

美国之所以有这么多大学生毕业或者甚至未毕业就创造了了不起的企业,李开复分析,这些人不仅仅是科技精英,他们对团队运作和如何提升执行力有相当的经验。中国教育虽然在进步,但是中国的教育相对比较专注,一个学做计算机的学生可能对计算机懂很多,但是要管理团队,有执行力,把一个市场做出来,这样的经验往往大学生在毕业时还不具备。

"大学毕业的时候你22岁,如果你25岁或者28岁能出来创业,这还是非常非常年轻的,不必要赶在今朝。"李开复建议有志创业的大学生,给自己几年时间,加入一个创业的公司,在里面接触一个有经验的领导者,看他怎么做事情,看市场怎么被建立起来,看产品怎么被创造出来。

团队比点子更重要

很多创业者认为,好点子就是一切。李开复对此不以为然,"真正改变一切的点子非常非常少。其实每个人如果仔细想想,都可能想出10到20个不错的点子,而且足够好到让'风投'来投资,所以点子不是最值钱的"。

比点子更重要的是什么?李开复强调三点,一是在正确的时间做正确的事情;二是团队要非常的好,要看人;三是团队要有执行力,知道如何把一个点子落实下去。他举例说,如果20年前有人拿了谷歌的商业计划去投,会失败;如果15年前有人拿了Facebook的商业计划去投,也会失败。"今天他们成功了,是因为在正确的时间做了正确的事情,而不是点子本身改变世界。"

郭广昌建议,创业者把更多的时间和精力花在去体会市场上,花在跟团队的沟通上,花在自己的独立思考上——"细心去体会市场的确需要你吗?需要你的商业模式吗?你真的在为市场创造价值吗?"

风投真正的价值在钱之外

李开复认为,创业者往往还有一个误区,认为"风投"提供的价值就是钱。"其实真正成功的'风投'所提供的价值,恰恰在金钱之外——他们能够帮你介绍人脉,提供下一轮融资,帮你把握市场方向,帮你把产品做得更好,让你了解国内外的市场,帮你介绍人,帮你招聘,帮你做更好的财务,让你更快能够在合适的时候赚钱。这些才是风险投资家的本质,他们能提供最大的价值"。

李开复希望每一位创业者不要只看到钱的来源。在他看来,创业者如果有好的方向和团队,一定可以融到资金,这时候一定要"挑选给你最大加分的风险投资者",这样才能对得起自己。李开复的创新工场累积了近40位在商务、法务方面有十年经验的人才,每年可以招到100名优秀大学毕业生,"这些创业者来到这里,可以没有后顾之忧专注地进行创业"。而对有经验的创业者,创新工场也可以提供多方面的帮助。

"千万不要在别人给了你钱之后,就以为有了第一次支持,之后还会有第二次。"郭广昌提醒创业者必须脚踏实地,必须珍惜每一分钱、每一个起步。而在每一分钱的创造过程当中,也一定要冷静冷静再冷静,"不要自认为理想很伟大,就可以忘乎所以"。

(来源:大学生就业在线)

第三节　大学生如何去创业

一、融入社会,修炼自我,把握机遇

大学生完成学业并就业后,如果是在已有企业的岗位上施展自己的才华,以求生存和发展,工作中只需要考虑如何履行好本岗位的职责,通常不需要考虑企业人、才、物的管理、协调企业的发展,除非通过努力达到了一定职位。而创业则完全从零开始,从设立企业的可行性研究分析到筹备、运作都必须按照自己的意志和实际能力去设计、把握事业发展的进程。这就需要创业者有远见卓识、超人的智慧以及挑战风险的勇气,并能把握自己的实力资本。此外,还需要创业者不断了解市场的竞争态势,即时调整应对对策,力求将风险转化为机遇。

为了获取经验,大学毕业生应该树立起"先就业,后择业,再创业"的新意识,走一条面对现实,降低起点,先融入社会再寻求发展的道路。"先就业,后择业,再创业"就是指大学生毕业时,只要有条件基本认可的单位接纳,就应该采取先工作的方式,实现就业。工作一段时间后,如果认为工作不合适,可以重新选择就业。有了一段就业和择业的工作经历,自己各方面的能力都有所提高。当具备了创业的自信心和一定的主观条件后,客观上时机也到来时,可以考虑走创业这条路。这是一种完善自我、减少风险的好方法,但也不能苛求每个都这样循规蹈矩。对有一定知识产权、发明创造的毕业生,可将自己的技术作为资本投入企业或自己开办公司直接进入创业阶段。对大多数毕业生而言,通常都有一个"先就业,后择业,再创业"的过程,这种就业观是以职业流动观、创业观等现代就业观为基础,并符合市场经济环境下奋力拼搏、追求发展、事业有成的鲜明写照,是人生事业追求的三部曲。

(一)进入欲创业的行业,了解现状

当你确立了创业志向后,不一定能立即实现,除了创造必需的条件外,还必须在思想上做

好准备。

第一，要有创业的坚定信念。因为一个人的信念具有不可思议的力量。对自己的人生态度，可能会产生巨大的力量，也可能会使人裹足不前。

第二，要树立终身创业的意识。创业就是激励自己，开发自己最大的潜能，发现和挖掘通往成功的潜在时机。创业就是创造新的就业岗位，创造新的成功和机遇，创造新的富于挑战的人生。只有立志不断创造，才能提高创业成功的概率。

第三，勇敢地走向市场，走向竞争。在瞬息万变的社会里，只有适者才能生存。因此，为了达到上述目的，必须一步一步地进行心理激励并重新认识自我。有了创业的志向，但主客观条件不具备时，可以先就业。即使从事的工作与创业的志向不一致，也必须为解决基本生活问题先稳定下来。当基本生活有了保障，并对现有工作不满意而再择业时，应进入欲创业的行业。目的是为了观察、了解和熟悉该行业。因为对特定行业熟悉是创业成功的基础。仔细观察各行各业，赚钱的关键只在"熟悉"二字。熟悉一个行业到一定的程度，研究它的规律，具备比较成熟的业务关系和一定量的资金，就可以自己创业了。

有一条规律对有志创业者是有用的：一年入行，二年入门，三年有小成。如果不敢确定自己是天才，那么熟悉欲创业的行业，选择创业时机，预测创业结果，最终付诸行动，这条规律人人可以用来参考。

由此可见，创业成功者的秘诀就是对行业的熟悉再加上勤奋和自信心。所以不要担心自己不如别人聪明能干，因为多数人的智商差别不大。许多工作、许多行业需要的是熟悉、熟悉、再熟悉，而不是天才生来就懂。只有熟悉以后，才能总结出规律，找到成功的诀窍。

(二)在实践中修炼自我，选择时机

对欲创业的大学生而言，修炼自我的过程单凭在学校中的学习是不能完成的，也很难有条件在自己的企业中完成，绝大多数人只能通过打工的方式在别人的企业中完成，这是修炼的基本途径。

如果正在适应个人创业的小公司、小企业中的工作，那是最好不过的了。你可以将所需知识和各个经营运作的环节全面熟悉，而不会有盲点。熟悉之后要面对特定行业，全面分析，以研究自己的长处和不足，并确定适合个人特点的做法。更为可取的是，万一老板赔钱，却是在为你的成功准备经验。你有充分的资料和机会来研究行业成败。这个资讯和条件是外面的人永远得不到的。你是在内部，用一个老板的眼光在研究这些资料，是在为自己做实战演习。你还有足够的机会与老板一块交流，这是你向老板学习的最好时机，他想保守一点行业机密都不可能。因此，不要怕与老板交流、谈心，也不要不想、不敢说出内心的真实想法，但要注意分寸，不要忘记你的身份，你是打工的，不能因为自己是大学毕业生而显出比老板高一筹。在小公司，鉴于小老板个人的经历，他只会相信自己，因此你不要心存幻想。在理智的思想指导下，你才会尽快学到想要的知识。有朝一日你成为老板时，也会面对这个问题。

欲创业的大学生具体应从哪些方面修炼自己，掌握创业的本领呢？

(1)了解和熟悉企业产品的生产工艺、原材料购进渠道、产品的销售渠道。这是欲创业者应具备的基本常识，即明确生产什么、如何生产、原材料从何而来、产品又如何销售出去等问题。

（2）了解该企业产品的特点、优势与劣势。不同的企业生产的同类产品，除具有共同的基本功能外，通常都有各自的特色。你应通过比较分析，博采众长，设计出更能满足消费者需要的产品，为创业做好产品准备。

（3）了解企业的机构设置和管理方式。企业管理界有一句话："管理无定式"。意思是说企业的管理没有固定的模式可循，因为不同行业、不同产品、不同的技术条件，甚至不同的地域和人文环境都会影响管理方式和组织机构的设置。所以，对未来企业的管理设想不能局限于理论或某一企业的模式上，应了解现有企业的管理现状，分析不足，总结经验，为欲创企业的管理做准备。

（4）预测市场前景。在企业各部门工作可以有机会观察市场的需求变化，预测产品的市场前景。因为任何一种产品都有其生命周期，在产品成长期进入该行业风险最小。了解和掌握了这些规律，就会为成功创业打下良好的基础。

通过这一过程的锻炼，熟悉和了解了该行业的现状及未来发展前景，当时机成熟时，就可以自立门户。

（三）以小搏大，借鸡生蛋，积小利求大成

自己创业，获取财富，最省时省力的办法就是以小搏大，借鸡生蛋。这是白手创业的必修课程。

初创业的人往往资金有限、经验不足，有了机会，自己却没有力量去干，在这种情况下，最好能"借鸡生蛋"，即利用别人的资金关系、组织机构、人员去干事，事成之后参加利润分成。人们各有各的优势。有的人有销售渠道，有的人有方方面面的关系；有的人信息灵通；有的人掌握着新产品的技术秘密；有的人有很好的主意……在这些情况下，初创业者可以用技术、信息、销售渠道、关系网、智慧作股本与他人合作，得利后按比例分成。这样做虽然不如独自干获利大，但可以化解风险，同时也可以减少自己资金的制约。

经济生活中有这样一条规律，风险与收益是成正比的。一般来说，风险大，收益也大；风险小，收益也小。例如，市场上一种新产品或服务业的出现，通常会产生两种截然相反的结果。一种是企业提供的产品和服务供不应求，价格必然高于价值，收益也大；另一种是企业提供的产品和服务由于各种原因得不到消费者的认可，就可能产生投入资金后没有收益甚至亏损的结果。这就是风险所在，也正是大多数人望而却步的原因。对于已经有了一定基础，且有多项业务的公司，为了赢得较多的利润，有时冒点风险是必要的，也是可以承受的。如果企业搞的是多元化经营，东方不亮西方亮，这儿赔了，那儿却赚了，企业还可以存在下去。但是，对于初创业者来说，应该尽量避免风险大的事情，应将为数不多的资金投入到风险小、规模也较小的事业中去。先赚小钱，再赚大钱，聚沙成塔，滚动发展。等资金雄厚了，再干大事业，冒大险，赚大钱。

（四）在"冷"与"热"上寻求机会

抓住有市场需求，而目前又没有多少人干的"冷门"行业，风险小，盈利大，是创业初期可供选择的行业。当然，从事"热门"行当也可以创业赚钱，不过要在需求达到高峰之前。需求高峰一过，赶快抽身，不要陷在里面。这需要较高明的决策艺术。

创业之初,为了保证有稳定的利润,最好瞄准"冷门"和即将成为"热门"的产品。在看不清的情况下,不要轻举妄动。如果一开始就加入竞争激烈的行业,可能会因实力、经验不足而在竞争中败北,出师不利,搞得"赔了夫人又折兵",从此一蹶不振。

(五)发挥自己的知识优势

随着知识经济的到来,人类社会将进入知识社会。知识创业是促进科学技术进步和高新技术产业化的决定性因素。经济的知识化和知识的资本化使创业行为发生在社会生活的各个角落,使创业成为更多知识工作者的最佳选择。在科学技术日新月异的今天,无论从创业行为实现的价值或是从实现这种价值的机会衡量,几乎都是无限的。由于计算机、通信等信息技术的发展,改变了人们对时间、空间、知识(智力)的理解,同时也改变了人们对需求、市场、管理、价值、财富等概念的基本认知。人类正在走向知识经济时代,这使创业形式也呈现出多样化的趋势,一些新的创业形式纷纷出现,包括大公司创办的小公司、学生创办的公司、个人公司、为一个客户服务的公司等。大学毕业生作为知识工作者中的一分子,在创业过程中应充分发挥自己的知识优势。在知识经济时代,知识工作者的创业优势主要有以下几点。

1. 创业将更加容易

由于信息产业的出现与壮大,人们获取市场信息的渠道更快捷,更容易。技术的日新月异、市场的快速变化、人们生活节奏与方式的变化,使创业机会大大增多。根据市场的需要、企业的需要以及技术的进步进行创业构思并实践,是每个人都能做到的。在知识经济时代,只要有愿望,人人都有创业的机会。

2. 创业使得学生与老师、学习与工作、企业与社会的界限更加模糊

当今,知识的快速更新要求人们在工作中不断学习,使以往存在于人们头脑中的"学习是吸纳知识,工作是使用知识"的简单认知发生了改变,学习与工作的界限逐渐模糊。这在美国硅谷的企业以及中关村的高新技术企业中体现得很明显。由于企业与社会界限的模糊,出现了许多创业的新模式。例如,在公司内创业、公司鼓励与吸纳新创企业、公司支持员工在社会上创业等。

3. 创业与成功的距离更拉近了

由于创业环境大大改善,创业所需的信息可以快捷、低廉地获得,创业所需的资金也可以从风险投资家那里得到。同时,由于企业孵化器和创业中心的大量出现,加之资本市场的发育成熟,使得从创业到成功、从投入到回报所花费的时间比以往任何时候都短。

4. 创业的源泉大大增加了

由于知识与技术获取渠道的增多,技术发明者与技术掌握者已经不是主要的创业者来源,知识与技术能够面对更多的人,创业行为将更加普遍。

5. 利用技术或构思进行创业将更加普通

创业团队的概念将被普遍接受。创业团队是拥有技术、管理等各种专门技能的创业人才的自愿组合。创业者在形成了基于市场需求的创业构思后，无论他是管理者还是技术掌握者，都可以寻找技术掌握者或管理人员而形成创业团队。

二、谨慎选择，注重开局，力求成功

（一）谨慎选择行业

特长是一个人最熟悉、最擅长的某种技艺，它最容易表现一个人在某一方面的能力和才华。事实证明，能够发挥自己的最大特长的事业是最容易取得成功的事业。因此，当选择了能够发挥自己的最大特长的事业时，实际上就意味着已经在创业的道路上迈出了成功的一步。那么，如何将特长作为创业时选择行业的根据呢？

1. 搞清楚自己有哪些特长

无论自己的特长是不是自己的爱好，都要清清楚楚地了解它。有些人可能说，我什么特长也没有。其实这些人并不真正了解自己，因为不管是什么人，他都有一定的特长，没有任何特长的人是没有的。只要认真地去发现和挖掘，就会发现自己的特长。比如，善于唱歌，善于写作，善于用人等。不要小看这些特长，它有时会使你获得意想不到的收获。所以，在走向创业之路之前，首先要尽可能诚实并客观地回答这样一个简单的问题：我究竟有哪方面的特长？我的这些特长能作为我创业时选择行业的依据吗？了解自己的特长，并确定这些特长是否就是你的爱好，就可以很从容地对自己将要从事的事业作出选择。想一想自己周围的或从书上读到的有关创业的成功经验，很多人似乎都是在创业活动中发挥了自己的特长。如果想成功，就应该向他们学习。

2. 选择特长中的特长

一个人往往具有许多方面的特长。比如，喜欢写作或擅长进行商业咨询以及生物学研究等。在选择创业行业之初，往往觉得有些眼花缭乱，可能将自己所有的特长都在心中设计成创业的各种方案，但要在多个方案中作出优化选择似乎并不十分容易。其实，选择方案的过程就是对自己的选择过程，即在许多方面的特长中，选择自己特长中的特长。这样就会尽快把自己的最大特长转化为创业行为，并在创业致富的道路上不断走下去。

什么是特长中的特长？就是最能体现自己创造力的特长，它不仅包括自己所熟悉的某种手艺或某一方面的知识，还包含自己的兴趣。如果在选择创业时，将自己最感兴趣的、能够体现自己创造力的特长作为首要的选择的目标，那么，创业就不会轻易地失败。

此外，在多种特长中，选择了自己最好的特长作为创业之始，就会由于自己的特长得到了淋漓尽致的发挥而处于高度兴奋之中，灵感会不断地涌现出来，从而使自己不断地创造出能够为自己赚钱的好主意。而且，创造力越是丰富，获得新的创意的可能性也就越大，而新的创意就会使自己走向富裕之路。

如何选择创业行业，并没有统一不变的固定模式。不同的人，所处的社会环境不同，选择创业行业的标准也不同。创业行业的选择，不仅仅是一个理论问题，更重要的是一个实践问题。当然，创业行业的选择还有许多应该考虑的因素。例如，社会风尚、国家关于创业的有关法律条文和个人的投资能力、资金状况等。这些因素都是在选择创业行业时应该予以考虑的。实践证明，在"八仙过海、各显神通"的创业大潮中，凡有一技之长者往往独占鳌头。

（二）精心制定开局方案

创业开头难，开个好头更难。开头顺利会增强自信心，可以继续干下去，随着经验的日趋丰富，实力的日益雄厚，事业越干越大，再做起生意来就会更顺利、更容易。如果开头就出师不利，赔了钱，就会对创业丧失信心。其实，对开头是否能干好而过分担忧、过于恐惧也是不必要的。

第一，头三脚不好踢，是正常的。古人云："不入虎穴，焉得虎子。"毛泽东同志也说过："在战争中学习战争。"搞科学研究，带兵打仗，一开始也是不知所措。经过一次又一次的失败，逐渐掌握了事物运动的规律，成功的概率大了，失败的概率就小了。什么事都是由不知到知，由知之不多到知之甚多，这个过程就是不断失败，而后取得成功的过程。创业或干其他事也是一样，因为经济活动是复杂的，如果人们对经济活动的规律缺乏认识，不按规律办事，当然要栽跟头，开始时人们对经济活动规律的了解必然是较少的，因而在开始时会干出一些违背规律的事情，失败的概率较大一些，这不奇怪，即使对经济活动规律较为了解的人，由于经济运动过程中起作用的因素多，某种突发性、偶然性因素的作用，也会使结果与人们的预期不一致。因此，创业就要准备"交学费"，不然，就不容易从"市场经济大学校"毕业。如果怕失败，怕栽跟斗，就很难实现创业目标了。由此看来，先应有心理准备：宁愿多考虑，失败了怎么办，而不要把开局设想得过于美妙。这样，即使开头不顺利，也不会就此一蹶不振，而会振奋精神，总结经验，接受教训，由不会做生意到会做生意，由赔钱到赚钱。

第二，经济活动毕竟是有规律可循的，只要认真地研究与观察，经济活动规律是可以被认识的。按照规律办事，一开始也可能取得成功，即使不成功也不会败得很惨。在创业初期受挫折的例子固然有，但是，一开始就旗开得胜的先例也不是没有，事在人为。

（三）行动是成功的先导

我们每个人都崇拜成功者，尤其在小的时候，可长大后却发现许多成功原来只是曾经生活在我们身边的普通人。我们很了解他们，如果抛开传媒的渲染，要我们崇拜他们，还真不知崇拜什么。何况他们中还有人曾经崇拜过我们当中的某个人呢。但他们毕竟不平凡了，毕竟与我们的地位不同了。为何如此？他们比我们聪明或者条件比我们好？当我们冷静地思考后，发现答案只有一个：他们不懈地行动了。行动使他们增长了才干，行动使他们获得了成功。特别对于为人处事，即与人交往的学问，实践才是最好的导师。毛泽东同志曾说过，"要想知道梨子的滋味，就必须亲口尝一尝。"要获得创业的成功，就要亲身去实践。我们应该崇拜成功者，崇拜他们敢于行动、不懈行动的精神。有行动才可能有成功。行动说起来容易，做起来却很难。行动就要克服懒惰，行动就可能遇到难以想象的困难和挑战。能行动也是一种能力，行动才是对你是否正具备自信和勇气的严峻考验。要不为什么将那些卓越的行动者,称之为"行家"呢?有许多次我们被名人的事迹感动得热血沸腾,浑身充满力量,恨不得马上就去大干一场。但可惜的是它如大海的波浪,来得快去得也快。思想上的震撼,情感上的激动都只是短暂的,作为一个立志创业者,真正重要的就是行动。有了以上思想准备和认识,就可以做开局方案了。

三、大学生创业应该始于熟悉和擅长领域

大学生创业有优势,也有局限性。大学生思维活跃、充满活力,喜欢接受新鲜事物,学校的学习使大学生具备了一定的专业知识,但由于没有进入社会,商业意识、社会经验、企业管理、财务及营销等方面都比较欠缺,因此大学生在创业方向的选择上应扬长避短,寻找适合自己发展的道路。

(一)科技成果研究

大学是科研成果和科技人才聚集的地方,曾经出过不少科技创业的成功人才。作为大学生,如果自己在某一领域有自己的科技成果,则可以利用自己的成果走科技创业的道路。这里要注意的是,在进行科技创业时,要充分利用学校的资源,包括科技成果、技术、设备、老师、同学等;另一方面要注意的是,要将科技成果转化成商品,这是用科技成果创业能否成功的一个重要因素。

(二)科技服务

大学生根据自己兴趣爱好结合专业可以作出一些科研成果,但这些科研成果往往难以转化成商品,更无法将它们直接用于创业,而我们的一些企业,特别是一些大中型企业会有许多科技难题。大学生可以通过老师、学校加强与企业联系,将企业难题作为科研课题,为企业提供科技服务。如果某项科技服务成果,能成为大企业的一个长期的配套产品或服务,那么它就能为创业者提供一个稳定发展的基础。

(三)科技成果应用

大学的许多科技成果是与我们的生活息息相关的,但缺少应用方面的开发,许多都束之高阁。大学生可以利用自身的知识及学校资源,进行科技成果的应用开发。这里不一定把眼光放在能改变社会生活的大项目上,只要能找到与人们日常生活相结合的一个点,小商品就可能做成大市场。比如,我们可以把科技的成果用于休闲食品领域;把种植、养殖方面的科技成果用于家庭养花、养宠物;把材料表面处理新工艺用于工艺品、饰品等。

(四)智力服务

服务业随社会经济的发展,在我们的生活中已占有越来越重要的地位。学生创业应发扬自己的知识优势,选择一些需要知识和专业的智力服务,如翻译、电脑维修维护、家教培训等,或把软件设计应用到一些传统行业、中小企业、商务及商业连锁领域中。

(五)电子商务

现在网络已变得日益普及,它已成了人们生活的另一个舞台。电子商务成本低,不受时间、空间限制,大学生从小就学习和使用计算机,他们可以用自己的知识技能进行网上创业,做电子商务。在这方面大学生不应停留在网上开店买卖传统商品上,而应该结合自己的特点提供一些网上智力服务,或一些有创意的电子商务。比如,学国际贸易的可以通过网络寻求国际订单;为传统行业提供网络销售;为要走出去的中小企业提供外部信息,建立虚拟办公商务等。

(六)创意小店

大学生年轻有朝气、思维活跃、喜欢接受新鲜变化时尚的东西,小店的经营相对简单,对社会经验、管理、营销、财务的要求不太高。因此,大学生可以发挥自己的特点开一些有创意的小店。比如,创新的蔬果店、甜品店、幼儿绘画坊、成人或老年人玩具吧、绣品工艺品 DIY 店、个性家饰、饰品店、美容美发吧等。

(七)连锁加盟

连锁加盟是一种成功的商业模式,发达国家的连锁加盟在商业经营中占有很高的比例。在我国连锁加盟的比例还不高,还有很大的市场空间。连锁加盟店可以为加盟者提供成功的模式和经验。对大学生来说,通过连锁加盟形式创业,可以弥补自身的不足,快速掌握经营所需的经验和知识,降低风险,提高创业成功率。通过连锁加盟创业的关键,是要寻找一个连锁加盟体系相对完善,适合自己的项目。

以上所说的一些创业方向,比较符合大学生的特点。随着大学精英教育向大众教育转变,大学生的就业也将从学历就业转变成能力就业,创业也将成为就业的一种选择。生存型的创业也将逐步成为我们的一种选择,因此,为了明天更美好的生活,我们的大学生应做好全方位的准备。

四、积极参加实践锻炼,避免创业经验不足

大学生的理想与抱负很高,这是好事。当前,很多大学生把创业当作实现人生理想的最好途径,既可避开就业压力,又可自由发挥自己的综合能力,何乐而不为?有同学说,创业固然需要很强的综合能力,但可以一边创业一边锻炼,没有相关实践经验无所谓,只要创业项目有市场就可以进行操作。是的,有市场的项目就有可能盈利。但是市场竞争非常激烈,在你看好一个项目时,稍有风声,就会有人跟风,只要别人的各方面经验高于你,那你的项目就相当于是为别人而策划。有无经验不能决定能否创业,但却能决定创业能否成功。

那么,如何避免创业经验不足呢?

(一)利用大学社团得到实践锻炼

学校社团的任何一项活动,从策划到最后实现是个综合过程。参与全局,体验全局,可锻炼组织、协作、资源利用等能力。这是锻炼综合能力最基本的途径。

(二)利用大学课余和寒暑假打工

现在社会留给学生的打工机会很多,利用打工可充分锻炼自己的综合能力。市场调研、销售、组织、人力资源管理、财务管理、物流管理等各方面能力都可以在打工的过程中或多或少地得到锻炼,加上相关书籍的对照学习,积累经验是完全可能的。大学生打工的实际工作往往都是烦琐的或者重复性强的工作,但不能小看这些工作。例如,做销售,在此过程中,大学生可以观察消费者的消费能力、消费观点、对公司产品及市场相关产品的评价等,掌握市场消息、预测市场需求、洞察市场空白,以市场指导生产。担任市场销售的学生团队领导,还可以借机向公司相关销售人员讨教经验,申请到生产现场参观等。担任学生领导,可以带领学生充分发挥团队协作能力,超额完成任务,积累人员管理、物流管理、财务管理等方面的实践基础经验。以后,从事相关的项目创业,在市场方面便有了对照和参考。在其他内容的打工实践中,同样可以通过简单的工作综合积累相关经验。

(三)参与学校的科研项目获取实践经验

参与学校科研项目的同学,有更多接触项目导师的机会。项目导师跟社会的接触往往很紧密,在导师那里能学到很多实践经验。参与科研项目,能通过实验充分锻炼动手能力,找出创业金点子,锻炼策划能力。

(四)毕业后在企业实际锻炼

企业就是个实际创业团队。在这个团队里,锻炼能力积累经验都是可取的。但在企业里,要想独立创业,还需要善于发现全新的创业金点子,或从所在企业市场空白处找到创业的契机,或自己组建团队高于所在企业的团队,那么独立创业才会有成功的把握。

眼高手低、纸上谈兵,经验不足、缺乏从职业角度整合资源进行科学管理的能力是很多大学生创业失败的重要原因。因此,没有实践经验就没必要盲目尝试,没有在人生独立之初就体验重大失败的必要。

第四节　创业需要的知识和能力

一、创业者的知识准备

在 21 世纪,自主创业成为大学毕业生一种新的择业途径,并受到了各界的充分肯定。虽然并不主张每个大学生都走自主创业之路,但不能否认,在知识经济时代,自主创业无疑具有广阔的发展前景。自主创业成功与否,除了必须具有一定的专业特长外,还要求大学生必须具有合理的知识结构、良好的心理素质和创新能力。创业者尤其要对企业的设立及运营过程等管理专业知识有基本的了解。这类专业知识对于创业者来说是十分重要的。当选定自己创业的发展方向时,要对这方面的专业知识有一定的掌握,并在发展的过程中不断"充电"。

创业者还需要了解以下各个环节的专业知识：市场调查、市场分析、市场定位和企业策划知识；资金的筹措方式和使用以及投资的理财知识；不同企业场地的选择与安排布置方面的知识；设备器材的选择与购置方面的知识；企业规模与雇员数量和雇员的层次要求以及雇员招聘的一般常识；办理各种证件的知识；经济法规知识；商品的摆放、储运知识；生产、质量与人员管理知识；广告宣传与公关知识及企业形象知识等，同时还应了解所创办企业的经营项目要求的一般知识。

当然，这些专业知识并非要求创业者一下子全部掌握，创业者可以边学边用。但创业者一定要对公司的经营管理有足够的重视，因为商场如同战场，它对弱者的惩罚并不会因为你的无知而有所宽容。

二、创业所需要的能力

一般来说，创业者必须具备以下五个方面的能力，即创新能力、策划能力、组织能力、管理能力以及社交能力。

（一）创新能力

创业与创新有着密不可分的联系。可以说，创新贯穿于创业的全过程。无论是发现市场机遇还是撰写创业计划，再到创业融资乃至创业活动的管理与控制，都是一个创新的过程。所以，作为一个创业者，必须具有在技术和管理上的创新能力。当然，这里所说的创业者并不局限于个体，而是包括团队在内的组织。创新能力又来源于创造性思维，很难想象一个墨守成规、循规蹈矩的人能够成为一个成功的创业者。

（二）策划能力

管理学上通常将管理资源分为人、财、物、信息和时间等，这样的分类方法同样适用新创企业，这些资源对于一个草创期的企业来说都是稀缺的，所以根据外部创业环境和掌握的创业机会进行富有创意的策划就显得至关重要。创业者发挥策划能力必须注意以下方面的问题：第一，创业者在进行某项策划的必须考虑策划涉及的范围和有关限制因素，然后决定由谁来进行策划。第二，创业者要考虑某项策划的价值。第三，创业者要考虑策划的时机。进行为时尚早的策划同贻误战机一样，都会导致失去创业机会。第四，创业者要考虑策划的根据和后果。

（三）组织能力

早在20世纪初，法约尔就将管理的职能归纳为计划、组织、命令、调整和控制。对于新创企业而言，由于资源的缺乏和经验的不足，对有限的资源进行有限的组织就显得格外重要。组织能力是创业者不可缺少的能力之一。因为，组织才是创造价值的源泉。

（四）管理能力

创业者需要具备的第四项能力就是管理能力。管理能力与组织能力有着密不可分的联系，但是二者并不等同。管理能力主要包括四个方面的内容。

第一，创业者必须具备决策能力，这里所说的决策既包括对实现目的、手段的规定，又包括对目的本身的规定。巴纳德将前者称为机会主义的决策（译为随机应变的决策）；后者则为道德决策。对于创业者来说，道德决策显得比机会主义决策更加重要。因为它决定了企业的目的，规定了企业的发展方向和经营理念。

第二，创业者必须具备沟通能力。创业者在作为企业领导者的同时，又是沟通系统的中心。任何一个组织都可以理解为一个信息传递的系统，而创业者常常位于组织的核心。

第三，创业者需要具备激励能力。通俗地讲，就是善于调动人的积极性。通常激励的方式很多，既包括物质激励，又包括精神激励；既包括制度方面的内容，又包括情感方面的内容。对于新创企业而言，创业者能否通过事业和情感吸引、激励人才具有深刻的意义。

第四，创业者必须具备领导能力。创业者在新创企业中需要承担多种角色，其中重要的一项就是领导者。现代管理学认为，一个命令或信息是否能够引发行动，不在发出命令的一方，而在接受的一方。这就是我们常说的权威接受学说，而决定命令是否有效的关键是发令者是否具有威望，而与他所在的职位无关。这就要求创业者不仅要在技术和管理业务上具备令人信服的才能，而且要具有良好的修养和高尚的道德情操。

（五）社交能力

社交能力对于创业者来说也是必不可少的。由于新创企业是一个"后发者"，社交活动必不可少。如果创业者具有较强的社交能力，就有可能获取更多的信息，并尽快与各界人士建立相互信赖的关系。综观世界上成功的创业者，作为社交家活跃在国际舞台的大有人在。如"船王"包玉刚就是一位杰出的社交家，不仅在香港享有盛誉，而且成为邓小平、基辛格、李光耀等政界要人的座上客。而厌恶社交却能取得事业成功的创业者却是寥寥无几。在历史上著名的创业家中，亨利·福特也许是个例外，他虽然较少参加社交活动，但是并不能否认他的社交能力。福特作为汽车大王，创业目的就是在于让从前只供贵族子弟玩耍的奢侈品——汽车，走入普通家庭。他厌恶社交，是因为他痛恨上流社会和金融资本家。

三、创业者的特性及综合素质要求

创业者除了需要具备上述几个方面的能力之外，还需要具有一些独特的个性。

关于创业者个性特征的研究很多。蒂蒙斯指出，成功创业者的性格特质包括七个方面：强烈的事业心，坚定的信心，领导才能，创造或者寻找给予的执著，对于风险和不确定性的承受力，创新能力以及追求卓越的动力。综合起来看，这些特征可以概括为以下五个方面。

（一）善于捕捉机会

创业意味着对机会的把握。创业者需要具有这样的特性，即能够敏锐地分析环境并从中发现创业机会。创业机会也被称作商业机会，这种机会是稍纵即逝的。比如，索尼公司在创业之初，是一家生产通信器材的企业，名为"东京通信电气公司"，在事业方面并无什么惊世骇俗之举，真正使公司发生飞跃的是对半导体收音机专利的引进。1955年，美国人首先发明了半导体收音机，随后在日本国家电视台进行展示。众多的参观者虽然觉得新鲜好奇，但也只是停下来驻足观望而已。但是,井深大却在其中发现了商业机会,购买该项技术的专利后进行批量生产。之后,公司意识到开展国际化业务的重要性,于是更改为现名。可以说,本次机会的把握是索尼公司在真正意义上的"创业"。

在世界上众多成功的创业者中,有许多人是在校期间创业甚至中途退学。如 IT 行业的巨头比尔·盖茨和戴尔,都属于这方面的代表。当然,这些创业者选择退学原因可能是多方面的,但是,"为了捕捉创业机会"恐怕是重要原因之一。有人看到创业家中不乏退学者,会认为创业应该优于学业。其实,这种观点是错误的。中国近年掀起了一股校园创业的浪潮,但是,对于校园创业应该有正确的态度。比尔·盖茨曾经说过,他非常珍惜他的大学时代而且后悔退学。之所以辍学是因为当时有一个理想——创建第一家微机软件公司,而这一理想不能耽搁。

(二)敢于承担风险

前面已经提到,机遇与风险经常是相伴而行的。风险也可以理解为"危机"。其实,从汉字的组合上看,危机意味着"危险"与"机遇"。对于创业者来说,敢于承担风险就意味着有可能把握机遇。在中国的创业者中,无论是 20 世纪 80 年代的个体户,还是 90 年代的"下海"经商者或 IT 创业者,一个共同的特征是敢于承担风险。

(三)好奇心强

创业者的特性之一就是善于把握机会,但是,能不能发现机会在于创业者是否具有好奇心。从美国的硅谷到中国的中关村,高新科技企业的创立是现代创业的一个基本趋势,于是,这些年轻的创业者在国内被称为"知本家",顾名思义就是"以知识为资本的人"。新一代的创业者或许不见得都是技术人员,从事的也不见得都是所学的专业,但是,一定对自己所创造的事业或技术有着强烈的好奇心。所以,好奇心强也是创业者的一个重要特性。

(四)善于学习

善于学习也是创业者的重要特性之一。心理学上将学习定义为:通过经验引发行为,或者行为潜能的相对持久的变化。学习又可以分为多个层次,如广义的学习包括人和动物的学习;次广义的学习泛指人类的学习;而狭义的学习是指学生的学习。创业需要面对一个多变的环境和激烈的竞争,这就要求创业者善于学习。企业在草创期所需要考虑的问题很多,如资金、技术、管理,与相关企业和政府部门的关系等,而企业又不可能有充足的人员。这些条件上的制约只有通过学习和经验的积累加以解决,如果创业者和他的团队善于学习,就能掌握要领,节约时间和成本。因此,善于学习是创业者需要具备的特性之一。

(五)良好的身体素质和心理素质

最后,创业者还需要具有良好的身体素质和心理素质。良好的身体素质和心理素质是进行各种工作的基础,对于创业者来说这一点尤为重要。因为创业者在新创企业中,需要承担多种角色——企业法人、经营管理者、社交家,甚至包括会计师、工程师。而这些都需要耗费大量的时间和精力,更需要进行有效的时间管理,没有良好的身体素质和心理承受能力,是不可能完成创业的。

第五节 创业信息的收集

一、获取信息渠道

创业准备首先要占有大量的与创业相关的大量信息和知识。今天我们生活在信息时代，每天都会有大量的信息。如果你有目的地去收集信息，就会获取大量的有用信息。获取市场信息的渠道很多，下面介绍几种。

(一)从人群中获取信息

每一个人都是一个信息源，人们在日常生活中吸收着信息，也在传播着信息。尤其是与你选择项目有关的消费者，同行业从业人员，及相关企业的营销人员，往往能够提供大量的、直接的宝贵信息。你的熟人、亲戚、朋友、老同学、老部下、老战友、老同事、童年的伙伴、现在的邻居、从前的客户、一个俱乐部的成员等都是你的信息源。

(二)从现代传媒获取信息

现代传媒和信息工具十分发达，让人应接不暇，广播、电视、报纸、杂志、统计报表，计算机网络等媒体的信息量大、面广、信息新。很多有价值的信息，可能是在你不经意的时候发现的。做个有心人，你会从现代传媒和信息工具中发现许多有价值的信息。

(三)从官方或官方服务机构获取信息

地方政府或政府服务机构是信息的重要来源。如工商、税务、统计、物价、经济计划部门、经济管理部门、消费者协会、新闻机构等部门，这些部门处于社会经济生活的关键地位，信息来源更具权威性。获得这些政府机关的信息，一般有三种方式：一是从它定期或不定期的公告或公开发布的消息获得；二是从它的信息服务中心以及有关定期或不定期编印的信息资源查询获得；三是上门有针对性地走访和咨询获得。

政府的一项政策出台或一些政府行为的实施将会对你的业务产生很大影响。政府支持或鼓励要办的事情，你仔细研究评估后，应尽快去办。同时，还要特别注意政府的一些管理政策和措施的出台，以使你早有准备，规范经营行为。如物价大检查、食品卫生大检查、文化音像市场大检查，技术监督和工商部门的打假行为等，虽然这些都是一些政府经常性的行为，但每次采取行动前，政府都会通过不同渠道发布信息，如某个领导人讲话，某次会议报道，某次新闻专访等，如果你不注意这方面的信息，没有准备，面对突如其来的检查很被动，很可能会造成不应有的损失。不能只埋头做生意，也要关心国家大事，至少是关心你所在城市与社区的政府行为，重视这方面的信息来源，将使你的生意平安顺利。

（四）从图书馆、书店、专利情报所、档案馆、电信局获取信息

从图书馆和书店你可以借到和买到有关信息资料,如行业法规、政策、专业知识和经营策略、企业名录、行业分类,概况、发展趋势、前景预测及各类统计资料。

从专利局、情报所、档案馆可以查到你所需求的技术资料、企业资料、国内外各类机构、科研单位资料、最新科技成果等有用信息。

从电信局你可以买到完整的电话号码簿。几万甚至几十万个电话号码的用户都是你的潜在顾客。如果你有办法,你还可以获得手机号码资料,这些手机持有者是你从事高档消费业务和发展消费会员的潜存顾客。

（五）从各类商会、行业协会、技术专业委员会等民间商业和群众团体获得信息

无论你是否参加各类商会、协会和群众团体,这些机构都会有偿或无偿地为你提供商业信息。比如香港贸发局及其驻各地办事处,公告欢迎客户查询它的信息,这些信息包括香港企业名录和世界各国企业名录,世界各地举办的各类展览会、交易会的资料。各类商会也会向你提供所属企业名录和一些活动资料。当然,你最好加入一些商会或协会,或某种有用的信息网络,你将获得稳定的、固定的信息来源。

（六）从各类交易会、展览会、商场及批发零售交易市场、贸易市场直接获得信息

每一个地区和城市,或者行业都会定期、不定期地举办各种商品展览会,交易会,洽谈会。会议期间,参展单位众多,商贾云集,置身其中你会发现无数商机。很多特约经销、专营、代购、代销业务都是在交易会期间接触并达成共识的。因为参展单位参展时间有限,会期过后,需长期开拓市场,必须与当地经营企业合作,利用当地企业优势和渠道拓展其商品市场。通过交易会,你会获得大量有用的产品信息、技术信息,价格信息和客户资料。这是非常难得的获取信息的渠道和机会。

你还可以到各类商场、批发零售市场及集贸市场观察了解询问,直接获得有关商品种类、质量、形状、产地、价格等情况,了解到哪些商品热销,哪些商品滞销,顾客的购买动机和购买行为。比如有一个精明的生意人,他在逛商场时发现外地的某种热水器和浴缸畅销,便立即打出了该种热水器和浴缸的专业维修服务招牌,并主动与生产厂家联系,以其良好的服务和诚意,赢得生产厂家的信任,不仅同意其特约维修,而且也同意其经销厂家的产品和配件。你也可以以一个打工者或顾客身份经营光顾你的竞争对手的店铺,了解他经销或服务的特色、商品价格质量,从而获得第一手信息。

大学生作为特殊群体,除了上述学习创业的途径外,还有一些特殊途径学习创业知识和获得创业信息,这些途径主要有以下几种。

途径一:大学课堂、大学图书馆与大学社团。

大学课堂使创业者通过课堂学习能拥有一门过硬的专业知识,在创业过程中受益无穷;创业者在大学图书馆通常能找到创业指导方面的报刊和图书,广泛阅读能增加对创业市场的认识;大学社团活动能锻炼创业者的各种综合能力,这是创业者积累经验必不可少的实践过程。

途径二：媒体资讯。

一是纸质媒体，人才类、经济类媒体是首要选择。例如，比较出名的《21世纪人才报》《21世纪经济报道》《IT经理人世界》等。

二是网络媒体，管理类、人才类、专业创业类网站是必要选择。例如，比较出名的中国营销传播网、中华英才网、中华创业网等。

此外，各地创业中心、创新服务中心、大学生科技园、留学生创业园、科技信息中心、先导民营企业的网站等都可以学到创业知识。

途径三：与商界人士广泛交流。

商业活动无处不在。你可以在你生活的周围，找有创业经验的亲戚、朋友、同学、网友、老师交流。在他们那里，你将得到最直接的创业技巧与经验。这更多的时候比看书本收获得多。你甚至还可以通过E-mail和电话拜访你崇拜的商界人士，或咨询与你的创业项目有密切联系的商业团体。你的谦逊总能得到他们的支持。

途径四：曲径创业。

先就业、再创业是时下很多学生的选择。毕业后，由于自己各方面阅历和经验都不够，能够到实体单位锻炼几年，积累了一定的知识和经验再创业也不迟。

先就业再创业的学生跳槽后，所从事的创业项目通常也是在过去的工作中密切接触的。而在准备创业的过程中，你可以利用与老板交流的机会获得更多的来自市场的创业知识。

途径五：创业实践。

真正的创业实践开始于创业意识萌发之时。大学生的创业实践是学习创业知识的最好途径。

间接的创业实践学习主要可借助学校举办的某些课程的角色性、情景性模拟参与来完成。例如，积极参加校内外举办的各类大学生创业大赛、创业计划书大赛、发明专利展赛、工业设计大赛等，对先导企业家成长经历、对先导企业经营案例开展系统研究等也属间接学习范畴。

直接的创业实践学习主要是通过课余、假期在外的兼职打工、求职体验、参与策划、参与市调、试办公司、业余参加某些职业知识与证书班培训等事项来完成；也可通过举办创意项目活动、参加或参观高交会展览、创建电子商务网站、谋划书刊出版事宜、尝试做自由撰稿人等多种方式来完成。

总之，创业知识广泛存在于大学生的学习、生活的视野之中，只要善于学习，总能找到施展才华的途径。但在信息泛滥的社会里，"去粗取精，去伪存真"也是很重要的。善于学习和总结永远是赢者的座右铭。

二、信息调查的内容与方法

一般来讲，获取信息的方法有两种：一是随机的获取信息。很多情况下，你并不一定有获取信息的明确目标或具体计划。很多有价值的信息，是在你不在意的时候发现的。作为一个生意人，读报、看电视、观光旅游、漫步、与人闲谈，都要做个有心人，时时留意有价值的信息；二是带有明确具体的计划，运用一定的手段去获取信息，这也就是我们平常说的市场调查。

(一)市场调查的主要内容

1. 经营环境调查

政策、法律环境调查。调查你所经营的业务,开展的服务项目有关政策法律信息,了解国家是鼓励还是限制你所开展的业务,什么管理措施和手段。当地政府是如何执行有关国家法律法规和政策,对你的业务有何有利和不利的影响。

行业环境调查。调查你所经营的业务,开展的服务项目所属行业的发展状况、发展趋势、行业规则及行业管理措施。比如,从事美容美发行业,应该了解该行业国内及本地区的发展状况,国际国内流行趋势和先进美容技术,该行业的行业规范管理制度有哪些。从事服装业的,应该了解服装行业的发展趋势,流行色和流行款式,服装技术发展潮流等。"家有家法,行有行规",进入一个新行当,应充分了解和掌握该行业信息,这样,才能有助于你尽快实现从"门外汉"到"内行人"的转变。

宏观经济状况调查。宏观经济状况是否景气,直接影响老百姓的购买力。如果企业效益普遍不好,经济不景气,你的生意就难做;反之,你的生意就好做,这就叫作大气候影响小气候。因此,掌握大气候的信息,是做好小生意的重要参数。经济景气宜采取积极进取型经营方针,经济不景气宜采取安全稳妥型经营方针。当然,也不能一概而论,经济不景气也有挣钱的行业,也孕育着潜在的市场机遇,关键在你如何把握和判断。

2. 市场需求调查

如果你要生产或经销某一种或某一系列产品,应对这一产品的市场需求量进行调查。也就是说,通过市场调查,对产品进行市场定位。比如,你经销某种家用电器,你应该调查一下市场对这种家用电器的需求量,有无相同或相类似的产品,市场占有率是多少。比如你提供一项专业的家庭服务项目,你应该调查一下居民对这种项目的了解和需求程度,需求量有多大,有无其他人或公司。市场需求调查的另一重要内容是市场需求趋势调查。了解市场对某种产品或服务项目的长期需求态势,了解该产品和服务项目是逐渐被人们认同和接受,需求前景广阔,还是逐渐被人们淘汰,需求萎缩。了解该种产品和服务项目从技术和经济两方面的发展趋势如何等。

3. 顾客情况调查

这些顾客可以是你原有的客户,也可能是你潜在的顾客。顾客情况调查包括两个方面的内容:一是顾客需求调查。例如,购买某种产品(服务项目)的顾客大都是些什么人(社会团体、企业),他们希望从中得到哪方面的满足和需要(如效用、心理满足、技术、价格、交货期、安全感等),现时哪些产品(服务项目)能够或者为什么能够较好地满足他们某些方面的需要等;二是顾客的分类调查。重点了解顾客的数量、特点及分布,明确你的目标顾客,掌握他们的详细资料,如果是某类企业和单位的话,应了解这些单位的基本状况,如进货渠道、采购管理模式、联系电话、办公地址、某项业务负责人具体情况和授权范围,对某种产品和服务项目的需求程度,购买习惯和特征。如果顾客是消费者个人,应了解消费群体种类,即目标顾客的大致年龄范围、性别、职业、文化程度、居住地点、工资收入、兴趣爱好、生活方式和消费特点、用钱标准，对某种产品和服务项目的需求程度、购买动机、购买心理、使用习惯。掌握这些信息，将有利于你开展业务。

4. 竞争对手调查

在开放的市场经济条件下，做独家买卖太难了，在你开业之前，也许已有人做相同或类似的业务，这些就是你现实的竞争对手。也许你开展的业务是崭新的，有独到之处，在你刚开始经营的时候，没有现实的对手；一旦你的生意兴旺，马上就会有许多人学习你的业务知识，竞相加入你的竞争行列，这些就是你的潜在对手。"知己知彼，百战不殆"，了解竞争对手的情况，包括竞争对手的数量与规模、分布与构成、竞争对手的优缺点及营销策略，做到心中有数，才能在激烈的市场竞争中占据有利位置。有的放矢地采取一些竞争策略，做到人无我有，人有我优，人优我更优。

5. 市场销售策略调查

重点调查目前市场上经营某种产品或开展某种服务项目的促销手段、营销策略和销售方式主要有哪些。如销售渠道、销售环节、最短进货距离和最小批发环节、广告宣传方式和重点、价格策略，有哪些促销手段，有奖销售还是折扣销售，销售方式有哪些，批发还是零售，代销还是直销，专卖还是特许经营等，调查一下这些经营策略是否有效，有哪些缺点和不足，从而为你决策采取什么经营策略、经营手段提供依据。

(二)常见的市场调查方法

1. 按调查范围不同，市场调查可分为市场普查、抽样调查和典型调查三种

市场普查，即对市场进行一次性全面调查，这种调查量大、面广、费用高、周期长、难度大，但调查结果全面、真实、可靠。一般刚开始创业的大学毕业生做的一些业务，没有能力，也没有必要搞这种大规模的市场普查。

抽样调查，即从调查对象的总体上抽出一部分个体作为样本，进行调查，据此推断整个总体的状况。比如，你经销一种小学生食品和用品，完全可以选择一两个学校的一两个班级小学生进行调查，从而推断小学生群体对该种产品的市场需求情况。

典型调查，即从调查对象的总体中挑选一些典型个体进行调查分析，据此推算出总体的一般情况。如对竞争对手的调查，你可以从众多的竞争对手中选出一两个典型代表，深入研究了解，剖析它的内在运行机制和经营管理优缺点、价格水平和经营方式，而不必对所有的竞争对手都进行调查，那样难度大，时间长。

2. 按调查方式不同，市场调查可分为访问法、观察法和试销或试营法

访问法，即事先拟定调查项目，通过面谈、信访、电话等方式向被调查者询问，以获取所需要的调查资料。这种调查简单易行，有时也不见得很正规，在与人聊天闲谈时，就可以把你的调查内容穿插进去，在不知不觉中进行着市场调查。

观察法,即调查人员亲临顾客购物现场,如商店和交易市场,亲临服务项目现场,如在饭店内和客车上,直接观察和记录顾客的类别,购买动机和特点,消费方式和习惯,商家的价格与服务水平,经营策略和手段等,这样取得的一手资料更真实可靠。要注意的是,你的调查行为不要被经营者发现。

试销或试营法,即对拿不准的业务,可以通过试营业,或产品试销,来了解顾客的反应和市场需求情况。

第六节　评估创业条件,寻找创业之路

一、客观评估自己的资产

个人的资产包括有形资产和无形资产。现金、股票、债券、银行存款、房地产、其他家庭财产都属于有形资产;个人的学历水平、技术才能、业务能力、人际关系等是无形资产。拿出笔和纸列出与你有关上述情况,这些事实很可能为你今后赚大钱提供某些线索。

第一,把你的成绩有顺序地浓缩在一页纸上,包括各个方面,如受教育的知识结构和水平,个人的兴趣和爱好,个人技能,业余工作,过去取得成功的事情和所受到的奖励。你对哪个行业,哪种产品或服务较熟悉;旅游经历,有哪些地方的风土人情你熟悉;有哪些社会关系,通常取得信息的方式和渠道,与他人相处和交往方式;熟悉哪些政府机构和社会服务机构,身体状况如何等。你本人对自己能力的评价,不要谦虚,实事求是地把自己的能力综合评价出来,如应变能力,克服困难、解决复杂问题的能力,语言文字表达能力,交际能力,心理承受能力,洞察力等。有关自己的事情较为完整的列出后,请你慎重回答一下,你想做什么工作,你能做什么工作,你适合做什么工作,脑力工作还是体力工作,在家工作还是外出工作等问题。如果把握不准可以请熟悉了解你的亲朋好友参谋一下,也可以咨询专家。这样你就会有一个比较好的自我评价自己能力的材料,这是你的第一份赚钱目录,暂且编号为 A1 吧!

第二,选择熟悉的业务是挣钱的一个好开端。你原来所从事的工作对你来说是最熟悉的,选择自己熟悉的行业,就能够拥有更多的信息,知道什么商品有市场、有前途,知道不同产品的优劣及消费者的需求,知道市场的发展方向,就能够作出正确的判断与决策,这就叫驾轻就熟,得心应手。比如原来在商场干营业员,有丰富的商品知识和销售经验,熟悉一些商品的进货渠道等,下岗后自己办个小商店,或摆个商品摊位,轻车熟路;比如原来在工厂干钳工,有丰富的维修经验和一技之长,下岗后办个修理铺,修理居民家用设施和自行车,也不用多少资金和再培训,做熟不做生,良好开端是事业成功的一半。不要忘记自己过去工作的经历、经验和各种关系,这是你的一笔无形资产。拿出笔和纸,同样列一个目录,列举一下你所熟悉的产品和服务领域的业务内容,客户关系和挣钱方式,按这种方式挣钱有哪些困难,需具备哪些条件,可行性如何,这是你的第二份赚钱目录,编号为 A2。

第三,客观评价现有资金和财产。你有多少银行存款、股票、债券或别的投资,有多少能变卖东西获得资金,如古玩、银器、邮票等收藏品和各种各样的其他东西。从亲朋好友那里,你

能筹措多少资金,从其他公司和银行你能借多少钱。

清点一下你的家产,这些家产有些可以变现,有些可以成为你赚钱的工具,包括住房、汽车、摩托车、自行车、房屋、电话、传真机、打字机、计算机、摄像机、照相机、厨房、车库、地下室、加热器、缝纫机、理发工具、画板,各种家电维修工具等一般家庭所能拥有的各种东西。所有这些东西都可作为挣钱的工具或者能变现、抵押担保来筹措资金。

上述评估完成后,你可以回答这样几个问题:你有多少现金可以作为启动资金,变卖家产能获得多少现金,能借到多少现金,哪些家产可以用做赚钱工具,由资金和工具所决定的赚钱项目有哪些,请一一列出,这是你的第三份赚钱目录,编号为 A3。

第四,排列和选择社会关系。生意场,也是公关场,没有一定的人际关系网,做生意简直寸步难行。人际关系包括人缘关系,业务关系,办事渠道,信息来源等。它是一种十分微妙的东西,可以说无处不在,无时不在。它深入到人的潜意识之中,也影响着人的各种行为。人际关系是一笔无形资产,有了这笔无形资产,做起生意来会收到事半功倍的效果。

因此,在寻找自己的挣钱之道时,不要忘记自己的朋友,把目光放在朋友多,门路熟,人际关系好,办事渠道通畅,信息来源广而快的行业,那么,事业兴旺就有了充分的条件。反之,如果你选择的行业领域人生地疏,信息闭塞,办事门路不熟,事业发展就会受到许多限制,这种情况应尽可能避免。

拿出笔和纸将你的朋友一一排列出来,然后,认真评价和选择,选择可帮你创业的朋友,开列你的第四份赚钱目录,编号为 A4。

二、研究市场,寻找创业之路

了解了自己的资产,明确了想做什么和能做什么以后,这还不够,还要研究市场,市场需求是客观的,你能够做到的是主观的,主观只有和客观一致起来,才能变成现实,才能有效益。因此,要尽你所能,研究市场,捕捉信息,把握商机。机会从来都是垂青有心人的,做一个有心人,就会发现处处有市场,遍地是黄金,你就会发现你拥有的各类资产的最佳用处。可以从以下几个方面进行市场研究。

(一)研究大家都在做什么,做什么能带来经济效益

如果你既缺乏本钱,又没有什么经商的经验,你不妨研究一下大家都在做什么,先随大流,也不失为一种切实可行的选择。看看市面上什么东西最畅销,什么生意最好做,你就迅速加入到这个行业中去。当然,别人做挣钱,并不见得你去做也挣钱,关键是掌握入门的要领。为此,不妨先做小工向做得好的人虚心学习:学习他们经营的长处,积累必要的经验与资金;学习此行业的知识和技能,体会他们经营的不足之处,在你做的时候力争加以改进。比如,有的人在开饭店前先到别人开的饭店去打工,虽然苦点、累点,一两个月下来便掌握了开饭店的基本要领;有的人在开美容院前先去别人开的美容院打工学手艺,为自己开业积累知识和经验。到此,你可以拿出笔和纸,把你所观察和了解到的目前大家都在做的项目一一列下来,然后分析一下这些项目对你来说的可行性,这就是你的又一份赚钱目录,编号为 B1。

(二)研究自己家庭生活经常需要什么商品和服务

研究大众需求先从你自己的家庭需要开始。首先研究你家里每天什么东西消费的最多，在你居住小区购买方便吗？其次研究你家里经常需要哪些服务，如家用设施维修；孩子上学路远，中午吃饭问题；子女学习辅导；理发；洗澡；量体裁衣等，这些问题在你居住的社区方便吗？最后，研究一下周围的居民小区及新建小区这些大众需求的方方面面。中国人口众多，一人买一瓶醋，就是十多亿瓶醋，一人用一块肥皂就有十多亿块肥皂。普通老百姓衣食住行的日常需要是你稳定而广阔的市场。

然后，把上述需求列一张表，把你所想到的普通老百姓过日子的一些基本要求和生活难题一一列出，不怕细。如何满足这些需求，如何解决这些难题，就是你赚钱的着眼点，从而编制你的又一份赚钱目录，编号为B2。

(三)研究当前及今后一段时间的社会热点和公众话题

1985年，英国王子查尔斯准备耗资10亿英镑在伦敦举行20世纪最豪华的婚礼。这一消息传出，立即成为社会热点，英国老百姓最关注的话题之一。而精明的商人都绞尽脑汁，想趁机赚一笔。糖果厂将王子、王妃的照片印在糖果纸和糖果盒上，纺织印染厂设计了有纪念图案的产品，食品厂生产了喜庆蛋糕与冰淇淋，除此之外还有纪念章等各类喜庆装饰品和纪念品，就连平常无人问津的简易望远镜也在婚礼当天被围观的人群抢购一空，众多厂家为此大大地赚了一笔。

社会在发展，热点会层出不穷。只要你留心观察，在你的周围都有大大小小的热点和公众的话题。1990年以后，全国的申办奥运会热、亚运会热、香港回归热、足球热、股票热、房地产热等热点不断。你所生活的城市和社区也会有局部的热点。如举办什么鲜花节、啤酒节、旅游节、经贸洽谈会，申办卫生城市等热点及公众话题。对政治家来说，热点是政绩和社会繁荣的象征；对普通老百姓来说，热点是景象，是热闹，是茶余饭后的话题；而对精明的商人来说，热点就是商机，就是挣钱的项目和题材；抓住热点，掌握题材，独具匠心，就能挣钱；同时，还要注意潜在热点的预测和发现。在热点还没有完全热起来之前，就有所发现，有所准备；在别人没有发现商机时，你能发现商机，就更胜一筹。拿出笔和纸，把你所感受到的当前的社会热点和潜在的热点一一列出，看一看与热点相关市场能开发哪些市场的现实和潜在需求，这就是你挣钱的着眼点，从而编制你的又一份赚钱目录，编号为B3。

(四)研究社会难点，关注社会焦点

20世纪80年代初期，外出办公、经商的人普遍感到住宿难、行路难、吃饭难。如今这三难已基本解决，解决这三难的过程，也是商家赚钱的过程。如今，各类个体饭馆满街都是，解决了吃饭难的问题；各类私营，个体出租车、小公共、大巴士到处跑，高速公路相继投入运营，飞机航班不断增加，火车提速，解决了行路难的问题；各类高中低档酒店、宾馆、个体旅馆如雨后春笋般涌现，解决了住宿难的问题；旧的社会难点问题解决了，新的社会难点还会出现。围绕着这些难点问题的解决，同样充满了各种商机，就看你能不能发现。

也许这些想到的难点还不多，你也许会发现你身边，你生活的城市或社区还有这样那样小

的难点,不管大小都一一列出,关注一下这些难点,看你能做哪些,这又是你的一份赚钱目录,编号为 B4。

(五)研究市场的地区性差异

不同的地区需要不同的产品和市场,地理因素的限制会带来不同地区之间的市场差异。比如,外地有些好的产品和服务项目,本地还没有销售或开展业务。本地一些好的产品和服务项目在外地还没有推广,这就是商机。前几年,兰州的牛肉面、新疆的烤羊肉这些地方特色小吃走出了大西北,几乎开遍了全国,取得了良好的效益。再如,在城市里过时的商品在农村不一定过时,也许刚刚开始消费;在发达地区过时的商品,也许在内地或边远地区依然畅销;在农村卖不出去的土特产品,也许在城市有广阔的市场。由此可见,市场的地区性差异是永远存在的,关键在于你能不能发现。发现差异并做缩小差异的工作,就是在满足市场需求,就是挣钱之道。也许我所列的市场差异和由此产生的需求还不够,请你细细想来,一一列出,这又是一份赚钱目录,编号为 B5。

(六)研究生活节奏变化而产生的市场需求

现代生活节奏越来越快,越来越多的人接受了"时间就是生命","时间就是金钱"的价值观念。快节奏的生活方式必然会产生新的市场需求,用金钱购买时间,是现代都市人的时髦选择。精明的生意人就会看到这一点,做起了各种各样适应人们快节奏生活需求的生意。比如,在吃的方面,方便食品和各种快餐应运而生,其市场潜力十分巨大。中国人口众多,随着人们生活水平的提高和生活节奏的加快,必然要求快餐食品品种更多,数量更大,服务质量更好,这方面市场拓展还大有文章可做;在穿的方面,由于生活节奏加快,人们偏爱随意、自然、舒适、简洁的服装,非正式重要场合,较少穿着一本正经的西服。在行的方面,拥有私家车对先富起来的人来说已成为现实,出租业已由城市向乡村发展,围绕着交通和汽车用品市场开展生意,前景也十分广阔。通信业迅速崛起,各类通信工具不断更新,这方面的商品及服务需求也会不断增加。

另外,还可以围绕着适应生活快节奏开展一些服务项目,如家务钟点工、维修工、物业管理服务、快递、送货服务、上门收垃圾、电话订货购物、预约上门美容理发、看病治疗等都是可以为之的项目。

这里想到的也许不全,你可围绕着生活节奏加快,围绕着人们的衣食住行和生活服务方方面面细细想一遍,然后拿出笔和纸,写出与此相关的目录,编号为 B6。

(七)研究人们生活方式,生活观念的变化而产生的市场需求

人们的温饱问题解决之后,更多地想到的是享受生活,追求个性完美,围绕着人们生活方式,生活观念的改变就会产生更多新的市场需求。

爱美之心,人皆有之。首先追求自身的美,希望能青春永驻,潇洒美丽,这以收入较高的城市中青年女性最为突出。她们需要各种各样的美容商品和美容服务。除了女性,男性也爱美,男人用美容产品、进美容院今天也不是新鲜事了。不仅年轻人爱美,老年人也爱美。人们不仅追求自身的美,也关注与自身有关的美,如自己穿的衣服,用的东西,住的房间等都会不断追求

美。围绕着人们对美的追求,也会发现巨大的市场潜力。

人们不仅追求美,而且还会追求健康。身体健康长寿是每个人良好的愿望,围绕着人们追求健康长寿的心理也会大有作为的,如现在都市兴起的各类健身房、健美俱乐部、乒乓球馆、保龄球馆等。随着人们生活水平的提高,这方面的需求还会增加。

人们物质生活富裕了,自然要求丰富多彩的精神生活。向人们不断提供丰富多彩、高雅的精神文化产品和相关服务也正在形成一种新的产业。双休日的实行,节假日的增多,使人们走出家门,走出国门,到外面世界走走看看的人越来越多,与此相关的旅游业务和产品发展前景也十分广阔。

总之,社会在发展,人们的生活观念、生活方式在变化,研究这些变化,研究变化所带来的现实的需求和潜在的需求,就是你创业的着眼点。也许上面所罗列的还不全,请你补充,用笔和纸写下满足人们生活观念和生活方式发展变化而产生需求的赚钱目录,编号为B7。

(八)研究不同消费群体不同的需求特点

商业界有句谚语:"盯住女人的生意就不会亏。"的确,如果你不做女人们的生意,那么你的市场空间就很狭小了。寻找创业之路,就必须想办法赚到女人们的钱。在现代社会,女性消费市场的范围日益广阔。女性已成为家庭日常消费品购买的主要决策者和购买者。至于女性专用商品,则基本由妇女自己决策购买。我国目前有 15 岁以上的女性 3.5 亿人,其中城镇 15 岁以上的女性约有 1 亿左右。因此,研究女性这一消费群体的消费心理、消费习惯和消费需求,开发女性消费品和服务市场前景广阔。

儿童是又一重要的消费群体。独生子女在家庭中处于一种特殊的地位,据调查,现在很多已婚青年夫妇的收入一半以上是由子女消费的。我国目前 14 岁以下的儿童约有 3.5 亿人,相当于美国与日本的人口总和,儿童消费品和服务市场是一个十分广阔的天地。

除此之外,还要研究青年消费群体、老年消费群体、男性消费群体等以人的生理特点和年龄划分的几种特殊消费群体的消费心理、购买行为、消费习惯、消费需求,开发不同群体的消费品和服务市场。不同消费群体市场需求的专业化生产经营和专业化服务项目。也许我提的还不全,把你所想到的与不同消费群体有关的项目一一列出来,这又是一份赚钱目录,编号为B8。

三、对比分析,选择创业项目

从 A1 到 A4,从 B1 到 B8,你一共有了两类创业目录。如果你认真对待,开动脑筋的话,每一类至少可以有十个以上的赚钱项目,这样你至少可以有从 A 类到 B 类 120 个赚钱项目。下面要做的事是寻找挣钱之道最重要的一环,就是通过 A 类表与 B 类表的对比分析,从 120 个以上的赚钱项目中,选择你认为适合自己特点、爱好、兴趣和经济条件的,又切实可行、风险较小的社会需要的挣钱项目。

具体做法是:

首先,对比 A 类项目与 B 类项目,两者有相似或重复的项目就是你首选项目。比如,A 类项目里列出的赚钱目录里有一个开小饭店的项目,这个项目的前提条件是你有兴趣做一位饭店老板,同时有一笔启动资金,又有一定的朋友帮助你;而B类项目里显示开小饭店市场有需求,这样主观与客观一致,该项目就可作为你重点项目之一。如此反复对比A类与B类赚钱优势,你可以开列20种以上的挣钱方法。

其次,把20种以上筛选下来的赚钱方法一一详细地列举出来,认真研究分析这些方法的现实性与可行性。包括资金、技术、场地等,同时分析你所具备的条件,优势与不足,市场前景与风险,然后从中选择5～10种你认为最适合你的,风险小、现实生活中可能实现的最佳挣钱方法。

最后,确定5种左右最佳赚钱方法,下一步就是根据这5种方法去赚钱,其余赚钱项目可以作为储备。之所以确定5种最佳赚钱方法,就是为了避免你依靠一种赚钱方法来自谋生路,从而获得安全感,这就是通常所说的"鸡蛋不能放在一个篮子里"的道理,如同企业走多种经营,多元化发展的道路一样,一个人也应多有几种赚钱之道。

也许某种赚钱方法会成为你今后尽情发挥你的才能而赚大钱的一个方面。但即使那样,你还是应以多种不同的赚钱方法来谋生。俗话说,居安思危嘛,没有永远不衰的行业和产品。赚钱过日子不可能只依赖一两种收入来源,必须要有多种收入来源。因为如果你有依赖性,你就没有自由,就难以应变,难以有坦然处之的稳定感。

课堂延伸
KETANGYANSHEN

职业生涯拓展训练

一、拓展培训的起源

拓展训练(Outward bound),又称外展训练,意为一艘小船离开平静的港湾,驶向波涛汹涌的大海,去迎接暴风雨的挑战。

这种训练起源于二战期间的英国,当时大西洋商务船队屡遭德国人袭击而沉没,大批船员落入冰冷茫茫的大海之中,大部分人葬身海底。人们从生还者身上发现,他们并不一定都是体能最好的人,但却都是意志最顽强、经验丰富、自信、具有强烈团队精神的人。于是,汉恩等人创办了"阿伯德威海上学校",训练年轻海员在海上的生存能力和船触礁后的生存技巧。战争结束后,拓展训练的独特创意和训练方式逐渐被推广开来,训练对象由海员扩大到所有军人以及社会工商业群体,范围也由英国扩散到世界。训练目标也由单纯体能、生存训练扩展到心理训练、人格训练、管理训练等。作为一种提高企业素质的有效方法,自1995年进入中国后,拓展训练历经二十多年发展,深刻地改变了企业的心智模式,也成为提升员工素质、提升竞争优势的强有力方式。

二、拓展训练的作用

拓展训练通常利用自然环境,通过精心设计的活动,在解决问题、应对挑战的过程中,达到"磨炼意志、陶冶情操、完善人格、熔炼团队"的训练目的。拓展训练是一种突破传统训练思维和模式要求的全亲训练方式。其所开课程创意独特,震撼性强,效果显著,融思想性、教育性、挑战性、实用性和趣味性于一体。这种全新的训练方式通常包括充沛体能训练、成功心理训练、自我挑战训练、团队合作训练四大类型。通过拓展训练,学员在以下方面将有显著的提高。

一是认识自身潜能,相信自己,增强自信心,改善自身形象。其每一个环节都是剖析自我的一次契机,使学员从中更深刻地认识到自己极少面对或不愿正视的真正属于自我本性本质的一些东西,感觉自身的不足和优势所在,使之学会如何正视自我和面对挑战与机遇。有效拓展学员的潜能,提升和强化个人心理素质,帮助学员建立高尚的人格。

二是克服心理惰性,启发想象力与创造力。拓展训练通过形式多样、变幻莫测的情景对学员以磨炼,促使学员学会在看似杂乱中找出规律,培养学员以积极开拓的心态去战胜困难,提高解决问题的能力。

三是认识群体的作用,信任他人、投入团队、依赖团队,增进对集体的参与意识与责任心,塑造团队活力、促进组织成长。拓展训练是一个学习锻炼过程,也是一个团队精神与沟通配合培养的过程。使学员认识团队协作、良好的沟通是成功基础。个人能力固然重要,但真正具有创造力与发展动力的仍然是一个优秀的团队。

四是真诚的交流、顺畅的沟通,改善人际关系,更为融洽地与群体合作。在整个训练中通过每个人的发挥与自我的全面展现,每个人的踊跃参与,积极表现,每个人的尽情发挥、剖析总结,从中更全面的认识到每个人特长、优点及潜质所在,有助于帮助人们在实际工作中如何与他人沟通与交流,更好的发挥各自的特长与潜质及相互配合与协作、相互学习与借鉴。

五是学习欣赏、关注和爱护自然。在训练中促使学员整个身心融入大自然,自觉地接受大自然的熏陶,感觉大自然的魅力,从而更好地去欣赏和关爱大自然,珍惜人类所拥有的宝贵资源。

三、训练内容设置

目前,市场上拓展训练内容很多,根据高校的教学资源和主要培训对象等特点,可以开展以下训练项目:分组热身、信任背摔、盲人方阵、造桥、逃生、鳄鱼湖、交通堵塞、双赢、瞎子摸号、荆棘排雷、孤岛求生、建绳房、友情传递、电网、齐眉棍、天梯、空中断桥、空中单杠、造塔、性格展示、集体木鞋、合力过桥、四绳桥、绝壁、攀岩等。以上训练项目投资不大,操作较为简单,大部分可在室内进行。现从个性培养、团队精神打造、计划的制定与资源利用和分析解决问题能力提升几个方面选择如下几个项目作简要说明:

——性格展示。你从其他参与者身上学到了什么?为什么你在各式各样的物品中选择了此类物品?解释其特征。你对其他参加者的了解达到何种程度?培训目标:短时间内让大家相互了解,提高人际关系处理能力。

——双赢。使学员在合作中能本着双赢的理念,达到双赢的理想局面。培训目标:使学员深刻领会双赢的真谛和双赢的重要作用,培养团队协作精神。

——荆棘排雷。使学员通过对个人如何在团队中找好自己的位置,发挥自己的优势;体会"团队中没有用的人,只有被放错位置的人";理解群体决策的方法及意义;认真的态度与积极心态的重要性。培训目标:人力资源的合理分配。

——空中断桥。在风险面前自我控制的能力;挑战自我,战胜自我,重新认识自我;以开放的心态迎接挑战,迎难而上;恐惧与犹豫是影响个人成功的最大障碍。培训目标:面对机遇和风险的考验,勇于尝试未知事务的能力。

附录1 国务院办公厅关于发展众创空间推进大众创新创业的指导意见

国办发〔2015〕9号

各省、自治区、直辖市人民政府,国务院各部委、各直属机构:

为加快实施创新驱动发展战略,适应和引领经济发展新常态,顺应网络时代大众创业、万众创新的新趋势,加快发展众创空间等新型创业服务平台,营造良好的创新创业生态环境,激发亿万群众创造活力,打造经济发展新引擎,经国务院同意,现提出以下意见。

一、总体要求

(一)指导思想。全面落实党的十八大和十八届二中、三中、四中全会精神,按照党中央、国务院决策部署,以营造良好创新创业生态环境为目标,以激发全社会创新创业活力为主线,以构建众创空间等创业服务平台为载体,有效整合资源,集成落实政策,完善服务模式,培育创新文化,加快形成大众创业、万众创新的生动局面。

(二)基本原则。

坚持市场导向。充分发挥市场配置资源的决定性作用,以社会力量为主构建市场化的众创空间,以满足个性化多样化消费需求和用户体验为出发点,促进创新创意与市场需求和社会资本有效对接。

加强政策集成。进一步加大简政放权力度,优化市场竞争环境。完善创新创业政策体系,加大政策落实力度,降低创新创业成本,壮大创新创业群体。完善股权激励和利益分配机制,保障创新创业者的合法权益。

强化开放共享。充分运用互联网和开源技术,构建开放创新创业平台,促进更多创业者加入和集聚。加强跨区域、跨国技术转移,整合利用全球创新资源。推动产学研协同创新,促进科技资源开放共享。

创新服务模式。通过市场化机制、专业化服务和资本化途径,有效集成创业服务资源,提供全链条增值服务。强化创业辅导,培育企业家精神,发挥资本推力作用,提高创新创业效率。

(三)发展目标。到2020年,形成一批有效满足大众创新创业需求、具有较强专业化服务能力的众创空间等新型创业服务平台;培育一批天使投资人和创业投资机构,投融资渠道更加畅通;孵化培育一大批创新型小微企业,并从中成长出能够引领未来经济发展的骨干企业,形成新的产业业态和经济增长点;创业群体高度活跃,以创业促进就业,提供更多高质量就业岗位;创新创业政策体系更加健全,服务体系更加完善,全社会创新创业文化氛围更加浓厚。

二、重点任务

（一）加快构建众创空间。总结推广创客空间、创业咖啡、创新工场等新型孵化模式，充分利用国家自主创新示范区、国家高新技术产业开发区、科技企业孵化器、小企业创业基地、大学科技园和高校、科研院所的有利条件，发挥行业领军企业、创业投资机构、社会组织等社会力量的主力军作用，构建一批低成本、便利化、全要素、开放式的众创空间。发挥政策集成和协同效应，实现创新与创业相结合、线上与线下相结合、孵化与投资相结合，为广大创新创业者提供良好的工作空间、网络空间、社交空间和资源共享空间。

（二）降低创新创业门槛。深化商事制度改革，针对众创空间等新型孵化机构集中办公等特点，鼓励各地结合实际，简化住所登记手续，采取一站式窗口、网上申报、多证联办等措施为创业企业工商注册提供便利。有条件的地方政府可对众创空间等新型孵化机构的房租、宽带接入费用和用于创业服务的公共软件、开发工具给予适当财政补贴，鼓励众创空间为创业者提供免费高带宽互联网接入服务。

（三）鼓励科技人员和大学生创业。加快推进中央级事业单位科技成果使用、处置和收益管理改革试点，完善科技人员创业股权激励机制。推进实施大学生创业引领计划，鼓励高校开发开设创新创业教育课程，建立健全大学生创业指导服务专门机构，加强大学生创业培训，整合发展国家和省级高校毕业生就业创业基金，为大学生创业提供场所、公共服务和资金支持，以创业带动就业。

（四）支持创新创业公共服务。综合运用政府购买服务、无偿资助、业务奖励等方式，支持中小企业公共服务平台和服务机构建设，为中小企业提供全方位专业化优质服务，支持服务机构为初创企业提供法律、知识产权、财务、咨询、检验检测认证和技术转移等服务，促进科技基础条件平台开放共享。加强电子商务基础建设，为创新创业搭建高效便利的服务平台，提高小微企业市场竞争力。完善专利审查快速通道，对小微企业亟需获得授权的核心专利申请予以优先审查。

（五）加强财政资金引导。通过中小企业发展专项资金，运用阶段参股、风险补助和投资保障等方式，引导创业投资机构投资于初创期科技型中小企业。发挥国家新兴产业创业投资引导基金对社会资本的带动作用，重点支持战略性新兴产业和高技术产业早中期、初创期创新型企业发展。发挥国家科技成果转化引导基金作用，综合运用设立创业投资子基金、贷款风险补偿、绩效奖励等方式，促进科技成果转移转化。发挥财政资金杠杆作用，通过市场机制引导社会资金和金融资本支持创业活动。发挥财税政策作用支持天使投资、创业投资发展，培育发展天使投资群体，推动大众创新创业。

（六）完善创业投融资机制。发挥多层次资本市场作用，为创新型企业提供综合金融服务。开展互联网股权众筹融资试点，增强众筹对大众创新创业的服务能力。规范和发展服务小微企业的区域性股权市场，促进科技初创企业融资，完善创业投资、天使投资退出和流转机制。鼓励银行业金融机构新设或改造部分分（支）行，作为从事科技型中小企业金融服务的专业或特色分（支）行，提供科技融资担保、知识产权质押、股权质押等方式的金融服务。

（七）丰富创新创业活动。鼓励社会力量围绕大众创业、万众创新组织开展各类公益活动。

继续办好中国创新创业大赛、中国农业科技创新创业大赛等赛事活动,积极支持参与国际创新创业大赛,为投资机构与创新创业者提供对接平台。建立健全创业辅导制度,培育一批专业创业辅导师,鼓励拥有丰富经验和创业资源的企业家、天使投资人和专家学者担任创业导师或组成辅导团队。鼓励大企业建立服务大众创业的开放创新平台,支持社会力量举办创业沙龙、创业大讲堂、创业训练营等创业培训活动。

(八)营造创新创业文化氛围。积极倡导敢为人先、宽容失败的创新文化,树立崇尚创新、创业致富的价值导向,大力培育企业家精神和创客文化,将奇思妙想、创新创意转化为实实在在的创业活动。加强各类媒体对大众创新创业的新闻宣传和舆论引导,报道一批创新创业先进事迹,树立一批创新创业典型人物,让大众创业、万众创新在全社会蔚然成风。

三、组织实施

(一)加强组织领导。各地区、各部门要高度重视推进大众创新创业工作,切实抓紧抓好。各有关部门要按照职能分工,积极落实促进创新创业的各项政策措施。各地要加强对创新创业工作的组织领导,结合地方实际制定具体实施方案,明确工作部署,切实加大资金投入、政策支持和条件保障力度。

(二)加强示范引导。在国家自主创新示范区、国家高新技术产业开发区、小企业创业基地、大学科技园和其他有条件的地区开展创业示范工程。鼓励各地积极探索推进大众创新创业的新机制、新政策,不断完善创新创业服务体系,营造良好的创新创业环境。

(三)加强协调推进。科技部要加强与相关部门的工作协调,研究完善推进大众创新创业的政策措施,加强对发展众创空间的指导和支持。各地要做好大众创新创业政策落实情况调研、发展情况统计汇总等工作,及时报告有关进展情况。

国务院办公厅

2015 年 3 月 2 日

(此件公开发布)

附录2 国务院关于大力推进大众创业 万众创新若干政策措施的意见

国发〔2015〕32 号

各省、自治区、直辖市人民政府，国务院各部委、各直属机构：

推进大众创业、万众创新，是发展的动力之源，也是富民之道、公平之计、强国之策，对于推动经济结构调整、打造发展新引擎、增强发展新动力、走创新驱动发展道路具有重要意义，是稳增长、扩就业、激发亿万群众智慧和创造力，促进社会纵向流动、公平正义的重大举措。根据 2015 年《政府工作报告》部署，为改革完善相关体制机制，构建普惠性政策扶持体系，推动资金链引导创业创新链、创业创新链支持产业链、产业链带动就业链，现提出以下意见。

一、充分认识推进大众创业、万众创新的重要意义

——推进大众创业、万众创新，是培育和催生经济社会发展新动力的必然选择。随着我国资源环境约束日益强化，要素的规模驱动力逐步减弱，传统的高投入、高消耗、粗放式发展方式难以为继，经济发展进入新常态，需要从要素驱动、投资驱动转向创新驱动。推进大众创业、万众创新，就是要通过结构性改革、体制机制创新，消除不利于创业创新发展的各种制度束缚和桎梏，支持各类市场主体不断开办新企业、开发新产品、开拓新市场，培育新兴产业，形成小企业"铺天盖地"、大企业"顶天立地"的发展格局，实现创新驱动发展，打造新引擎、形成新动力。

——推进大众创业、万众创新，是扩大就业、实现富民之道的根本举措。我国有 13 亿多人口、9 亿多劳动力，每年高校毕业生、农村转移劳动力、城镇困难人员、退役军人数量较大，人力资源转化为人力资本的潜力巨大，但就业总量压力较大，结构性矛盾凸显。推进大众创业、万众创新，就是要通过转变政府职能、建设服务型政府，营造公平竞争的创业环境，使有梦想、有意愿、有能力的科技人员、高校毕业生、农民工、退役军人、失业人员等各类市场创业主体"如鱼得水"，通过创业增加收入，让更多的人富起来，促进收入分配结构调整，实现创新支持创业、创业带动就业的良性互动发展。

——推进大众创业、万众创新，是激发全社会创新潜能和创业活力的有效途径。目前，我国创业创新理念还没有深入人心，创业教育培训体系还不健全，善于创造、勇于创业的能力不足，鼓励创新、宽容失败的良好环境尚未形成。推进大众创业、万众创新，就是要通过加强全社会以创新为核心的创业教育，弘扬"敢为人先、追求创新、百折不挠"的创业精神，厚植创新文化，不断增强创业创新意识，使创业创新成为全社会共同的价值追求和行为习惯。

二、总体思路

按照"四个全面"战略布局,坚持改革推动,加快实施创新驱动发展战略,充分发挥市场在资源配置中的决定性作用和更好发挥政府作用,加大简政放权力度,放宽政策、放开市场、放活主体,形成有利于创业创新的良好氛围,让千千万万创业者活跃起来,汇聚成经济社会发展的巨大动能。不断完善体制机制、健全普惠性政策措施,加强统筹协调,构建有利于大众创业、万众创新蓬勃发展的政策环境、制度环境和公共服务体系,以创业带动就业、创新促进发展。

——坚持深化改革,营造创业环境。通过结构性改革和创新,进一步简政放权、放管结合、优化服务,增强创业创新制度供给,完善相关法律法规、扶持政策和激励措施,营造均等普惠环境,推动社会纵向流动。

——坚持需求导向,释放创业活力。尊重创业创新规律,坚持以人为本,切实解决创业者面临的资金需求、市场信息、政策扶持、技术支撑、公共服务等瓶颈问题,最大限度释放各类市场主体创业创新活力,开辟就业新空间,拓展发展新天地,解放和发展生产力。

——坚持政策协同,实现落地生根。加强创业、创新、就业等各类政策统筹,部门与地方政策联动,确保创业扶持政策可操作、能落地。鼓励有条件的地区先行先试,探索形成可复制、可推广的创业创新经验。

——坚持开放共享,推动模式创新。加强创业创新公共服务资源开放共享,整合利用全球创业创新资源,实现人才等创业创新要素跨地区、跨行业自由流动。依托"互联网+"、大数据等,推动各行业创新商业模式,建立和完善线上与线下、境内与境外、政府与市场开放合作等创业创新机制。

三、创新体制机制,实现创业便利化

(一)完善公平竞争市场环境。进一步转变政府职能,增加公共产品和服务供给,为创业者提供更多机会。逐步清理并废除妨碍创业发展的制度和规定,打破地方保护主义。加快出台公平竞争审查制度,建立统一透明、有序规范的市场环境。依法反垄断和反不正当竞争,消除不利于创业创新发展的垄断协议和滥用市场支配地位以及其他不正当竞争行为。清理规范涉企收费项目,完善收费目录管理制度,制定事中事后监管办法。建立和规范企业信用信息发布制度,制定严重违法企业名单管理办法,把创业主体信用与市场准入、享受优惠政策挂钩,完善以信用管理为基础的创业创新监管模式。

(二)深化商事制度改革。加快实施工商营业执照、组织机构代码证、税务登记证"三证合一"、"一照一码",落实"先照后证"改革,推进全程电子化登记和电子营业执照应用。支持各地结合实际放宽新注册企业场所登记条件限制,推动"一址多照"、集群注册等住所登记改革,为创业创新提供便利的工商登记服务。建立市场准入等负面清单,破除不合理的行业准入限制。开展企业简易注销试点,建立便捷的市场退出机制。依托企业信用信息公示系统建立小微企业名录,增强创业企业信息透明度。

(三)加强创业知识产权保护。研究商业模式等新形态创新成果的知识产权保护办法。积极推进知识产权交易,加快建立全国知识产权运营公共服务平台。完善知识产权快速维权与维权援助机制,缩短确权审查、侵权处理周期。集中查处一批侵犯知识产权的大案要案,加大对反复侵权、恶意侵权等行为的处罚力度,探索实施惩罚性赔偿制度。完善权利人维权机制,合理划分权利人举证责任,完善行政调解等非诉讼纠纷解决途径。

(四)健全创业人才培养与流动机制。把创业精神培育和创业素质教育纳入国民教育体系,实现全社会创业教育和培训制度化、体系化。加快完善创业课程设置,加强创业实训体系建设。加强创业创新知识普及教育,使大众创业、万众创新深入人心。加强创业导师队伍建设,提高创业服务水平。加快推进社会保障制度改革,破除人才自由流动制度障碍,实现党政机关、企事业单位、社会各方面人才顺畅流动。加快建立创业创新绩效评价机制,让一批富有创业精神、勇于承担风险的人才脱颖而出。

四、优化财税政策,强化创业扶持

(五)加大财政资金支持和统筹力度。各级财政要根据创业创新需要,统筹安排各类支持小微企业和创业创新的资金,加大对创业创新支持力度,强化资金预算执行和监管,加强资金使用绩效评价。支持有条件的地方政府设立创业基金,扶持创业创新发展。在确保公平竞争前提下,鼓励对众创空间等孵化机构的办公用房、用水、用能、网络等软硬件设施给予适当优惠,减轻创业者负担。

(六)完善普惠性税收措施。落实扶持小微企业发展的各项税收优惠政策。落实科技企业孵化器、大学科技园、研发费用加计扣除、固定资产加速折旧等税收优惠政策。对符合条件的众创空间等新型孵化机构适用科技企业孵化器税收优惠政策。按照税制改革方向和要求,对包括天使投资在内的投向种子期、初创期等创新活动的投资,统筹研究相关税收支持政策。修订完善高新技术企业认定办法,完善创业投资企业享受70%应纳税所得额税收抵免政策。抓紧推广中关村国家自主创新示范区税收试点政策,将企业转增股本分期缴纳个人所得税试点政策、股权奖励分期缴纳个人所得税试点政策推广至全国范围。落实促进高校毕业生、残疾人、退役军人、登记失业人员等创业就业税收政策。

(七)发挥政府采购支持作用。完善促进中小企业发展的政府采购政策,加强对采购单位的政策指导和监督检查,督促采购单位改进采购计划编制和项目预留管理,增强政策对小微企业发展的支持效果。加大创新产品和服务的采购力度,把政府采购与支持创业发展紧密结合起来。

五、搞活金融市场,实现便捷融资

(八)优化资本市场。支持符合条件的创业企业上市或发行票据融资,并鼓励创业企业通过债券市场筹集资金。积极研究尚未盈利的互联网和高新技术企业到创业板发行上市制度,推动在上海证券交易所建立战略新兴产业板。加快推进全国中小企业股份转让系统向创业板转板试点。研究解决特殊股权结构类创业企业在境内上市的制度性障碍,完善资本市场规则。规范发展服务于中小微企业的区域性股权市场,推动建立工商登记部门与区域性股权市场的股权登记对接机制,支持股权质押融资。支持符合条件的发行主体发行小微企业增信集合债等企业债券创新品种。

(九)创新银行支持方式。鼓励银行提高针对创业创新企业的金融服务专业化水平,不断创新组织架构、管理方式和金融产品。推动银行与其他金融机构加强合作,对创业创新活动给予有针对性的股权和债权融资支持。鼓励银行业金融机构向创业企业提供结算、融资、理财、咨询等一站式系统化的金融服务。

(十)丰富创业融资新模式。支持互联网金融发展,引导和鼓励众筹融资平台规范发展,开展公开、小额股权众筹融资试点,加强风险控制和规范管理。丰富完善创业担保贷款政策。支持保险资金参与创业创新,发展相互保险等新业务。完善知识产权估值、质押和流转体系,依法合规推动知识产权质押融资、专利许可费收益权证券化、专利保险等服务常态化、规模化发展,支持知识产权金融发展。

六、扩大创业投资,支持创业起步成长

(十一)建立和完善创业投资引导机制。不断扩大社会资本参与新兴产业创投计划参股基金规模,做大直接融资平台,引导创业投资更多向创业企业起步成长的前端延伸。不断完善新兴产业创业投资政策体系、制度体系、融资体系、监管和预警体系,加快建立考核评价体系。加快设立国家新兴产业创业投资引导基金和国家中小企业发展基金,逐步建立支持创业创新和新兴产业发展的市场化长效运行机制。发展联合投资等新模式,探索建立风险补偿机制。鼓励各地方政府建立和完善创业投资引导基金。加强创业投资立法,完善促进天使投资的政策法规。促进国家新兴产业创业投资引导基金、科技型中小企业创业投资引导基金、国家科技成果转化引导基金、国家中小企业发展基金等协同联动。推进创业投资行业协会建设,加强行业自律。

(十二)拓宽创业投资资金供给渠道。加快实施新兴产业"双创"三年行动计划,建立一批新兴产业"双创"示范基地,引导社会资金支持大众创业。推动商业银行在依法合规、风险隔离的前提下,与创业投资机构建立市场化长期性合作。进一步降低商业保险资金进入创业投资的门槛。推动发展投贷联动、投保联动、投债联动等新模式,不断加大对创业创新企业的融资支持。

(十三)发展国有资本创业投资。研究制定鼓励国有资本参与创业投资的系统性政策措施,完善国有创业投资机构激励约束机制、监督管理机制。引导和鼓励中央企业和其他国有企业参与新兴产业创业投资基金、设立国有资本创业投资基金等,充分发挥国有资本在创业创新中的作用。研究完善国有创业投资机构国有股转持豁免政策。

(十四)推动创业投资"引进来"与"走出去"。抓紧修订外商投资创业投资企业相关管理规定,按照内外资一致的管理原则,放宽外商投资准入,完善外资创业投资机构管理制度,简化管理流程,鼓励外资开展创业投资业务。放宽对外资创业投资基金投资限制,鼓励中外合资创业投资机构发展。引导和鼓励创业投资机构加大对境外高端研发项目的投资,积极分享境外高端技术成果。按投资领域、用途、募集资金规模,完善创业投资境外投资管理。

七、发展创业服务,构建创业生态

（十五）加快发展创业孵化服务。大力发展创新工场、车库咖啡等新型孵化器,做大做强众创空间,完善创业孵化服务。引导和鼓励各类创业孵化器与天使投资、创业投资相结合,完善投融资模式。引导和推动创业孵化与高校、科研院所等技术成果转移相结合,完善技术支撑服务。引导和鼓励国内资本与境外合作设立新型创业孵化平台,引进境外先进创业孵化模式,提升孵化能力。

（十六）大力发展第三方专业服务。加快发展企业管理、财务咨询、市场营销、人力资源、法律顾问、知识产权、检验检测、现代物流等第三方专业化服务,不断丰富和完善创业服务。

（十七）发展"互联网＋"创业服务。加快发展"互联网＋"创业网络体系,建设一批小微企业创业创新基地,促进创业与创新、创业与就业、线上与线下相结合,降低全社会创业门槛和成本。加强政府数据开放共享,推动大型互联网企业和基础电信企业向创业者开放计算、存储和数据资源。积极推广众包、用户参与设计、云设计等新型研发组织模式和创业创新模式。

（十八）研究探索创业券、创新券等公共服务新模式。有条件的地方继续探索通过创业券、创新券等方式对创业者和创新企业提供社会培训、管理咨询、检验检测、软件开发、研发设计等服务,建立和规范相关管理制度和运行机制,逐步形成可复制、可推广的经验。

八、建设创业创新平台,增强支撑作用

（十九）打造创业创新公共平台。加强创业创新信息资源整合,建立创业政策集中发布平台,完善专业化、网络化服务体系,增强创业创新信息透明度。鼓励开展各类公益讲坛、创业论坛、创业培训等活动,丰富创业平台形式和内容。支持各类创业创新大赛,定期办好中国创新创业大赛、中国农业科技创新创业大赛和创新挑战大赛等赛事。加强和完善中小企业公共服务平台网络建设。充分发挥企业的创新主体作用,鼓励和支持有条件的大型企业发展创业平台、投资并购小微企业等,支持企业内外部创业者创业,增强企业创业创新活力。为创业失败者再创业建立必要的指导和援助机制,不断增强创业信心和创业能力。加快建立创业企业、天使投资、创业投资统计指标体系,规范统计口径和调查方法,加强监测和分析。

（二十）用好创业创新技术平台。建立科技基础设施、大型科研仪器和专利信息资源向全社会开放的长效机制。完善国家重点实验室等国家级科研平台（基地）向社会开放机制,为大众创业、万众创新提供有力支撑。鼓励企业建立一批专业化、市场化的技术转移平台。鼓励依托三维（3D）打印、网络制造等先进技术和发展模式,开展面向创业者的社会化服务。引导和支持有条件的领军企业创建特色服务平台,面向企业内部和外部创业者提供资金、技术和服务支撑。加快建立军民两用技术项目实施、信息交互和标准化协调机制,促进军民创新资源融合。

（二十一）发展创业创新区域平台。支持开展全面创新改革试验的省（区、市）、国家综合配套改革试验区等,依托改革试验平台在创业创新体制机制改革方面积极探索,发挥示范和带动作用,为创业创新制度体系建设提供可复制、可推广的经验。依托自由贸易试验区、国家自主

创新示范区、战略性新兴产业集聚区等创业创新资源密集区域,打造若干具有全球影响力的创业创新中心。引导和鼓励创业创新型城市完善环境,推动区域集聚发展。推动实施小微企业创业基地城市示范。鼓励有条件的地方出台各具特色的支持政策,积极盘活闲置的商业用房、工业厂房、企业库房、物流设施和家庭住所、租赁房等资源,为创业者提供低成本办公场所和居住条件。

九、激发创造活力,发展创新型创业

(二十二)支持科研人员创业。加快落实高校、科研院所等专业技术人员离岗创业政策,对经同意离岗的可在3年内保留人事关系,建立健全科研人员双向流动机制。进一步完善创新型中小企业上市股权激励和员工持股计划制度规则。鼓励符合条件的企业按照有关规定,通过股权、期权、分红等激励方式,调动科研人员创业积极性。支持鼓励学会、协会、研究会等科技社团为科技人员和创业企业提供咨询服务。

(二十三)支持大学生创业。深入实施大学生创业引领计划,整合发展高校毕业生就业创业基金。引导和鼓励高校统筹资源,抓紧落实大学生创业指导服务机构、人员、场地、经费等。引导和鼓励成功创业者、知名企业家、天使和创业投资人、专家学者等担任兼职创业导师,提供包括创业方案、创业渠道等创业辅导。建立健全弹性学制管理办法,支持大学生保留学籍休学创业。

(二十四)支持境外人才来华创业。发挥留学回国人才特别是领军人才、高端人才的创业引领带动作用。继续推进人力资源市场对外开放,建立和完善境外高端创业创新人才引进机制。进一步放宽外籍高端人才来华创业办理签证、永久居留证等条件,简化开办企业审批流程,探索由事前审批调整为事后备案。引导和鼓励地方对回国创业高端人才和境外高端人才来华创办高科技企业给予一次性创业启动资金,在配偶就业、子女入学、医疗、住房、社会保障等方面完善相关措施。加强海外科技人才离岸创业基地建设,把更多的国外创业创新资源引入国内。

十、拓展城乡创业渠道,实现创业带动就业

(二十五)支持电子商务向基层延伸。引导和鼓励集办公服务、投融资支持、创业辅导、渠道开拓于一体的市场化网商创业平台发展。鼓励龙头企业结合乡村特点建立电子商务交易服务平台、商品集散平台和物流中心,推动农村依托互联网创业。鼓励电子商务第三方交易平台渠道下沉,带动城乡基层创业人员依托其平台和经营网络开展创业。完善有利于中小网商发展的相关措施,在风险可控、商业可持续的前提下支持发展面向中小网商的融资贷款业务。

(二十六)支持返乡创业集聚发展。结合城乡区域特点,建立有市场竞争力的协作创业模式,形成各具特色的返乡人员创业联盟。引导返乡创业人员融入特色专业市场,打造具有区域特点的创业集群和优势产业集群。深入实施农村青年创业富民行动,支持返乡创业人员因地制宜围绕休闲农业、农产品深加工、乡村旅游、农村服务业等开展创业,完善家庭农场等新型农业经营主体发展环境。

（二十七）完善基层创业支撑服务。加强城乡基层创业人员社保、住房、教育、医疗等公共服务体系建设，完善跨区域创业转移接续制度。健全职业技能培训体系，加强远程公益创业培训，提升基层创业人员创业能力。引导和鼓励中小金融机构开展面向基层创业创新的金融产品创新，发挥社区地理和软环境优势，支持社区创业者创业。引导和鼓励行业龙头企业、大型物流企业发挥优势，拓展乡村信息资源、物流仓储等技术和服务网络，为基层创业提供支撑。

十一、加强统筹协调，完善协同机制

（二十八）加强组织领导。建立由发展改革委牵头的推进大众创业万众创新部际联席会议制度，加强顶层设计和统筹协调。各地区、各部门要立足改革创新，坚持需求导向，从根本上解决创业创新中面临的各种体制机制问题，共同推进大众创业、万众创新蓬勃发展。重大事项要及时向国务院报告。

（二十九）加强政策协调联动。建立部门之间、部门与地方之间政策协调联动机制，形成强大合力。各地区、各部门要系统梳理已发布的有关支持创业创新发展的各项政策措施，抓紧推进"立、改、废"工作，将对初创企业的扶持方式从选拔式、分配式向普惠式、引领式转变。建立健全创业创新政策协调审查制度，增强政策普惠性、连贯性和协同性。

（三十）加强政策落实情况督查。加快建立推进大众创业、万众创新有关普惠性政策措施落实情况督查督导机制，建立和完善政策执行评估体系和通报制度，全力打通决策部署的"最先一公里"和政策落实的"最后一公里"，确保各项政策措施落地生根。

各地区、各部门要进一步统一思想认识、高度重视、认真落实本意见的各项要求，结合本地区、本部门实际明确任务分工、落实工作责任，主动作为、敢于担当，积极研究解决新问题，及时总结推广经验做法，加大宣传力度，加强舆论引导，推动本意见确定的各项政策措施落实到位，不断拓展大众创业、万众创新的空间，汇聚经济社会发展新动能，促进我国经济保持中高速增长、迈向中高端水平。

国务院

2015 年 6 月 11 日

附录 3 国务院关于加快构建大众创业万众创新支撑平台的指导意见

国发〔2015〕53 号

各省、自治区、直辖市人民政府,国务院各部委、各直属机构:

当前,全球分享经济快速增长,基于互联网等方式的创业创新蓬勃兴起,众创、众包、众扶、众筹(以下统称四众)等大众创业万众创新支撑平台快速发展,新模式、新业态不断涌现,线上线下加快融合,对生产方式、生活方式、治理方式产生广泛而深刻的影响,动力强劲,潜力巨大。同时,在四众发展过程中也面临行业准入、信用环境、监管机制等方面的问题。为落实党中央、国务院关于大力推进大众创业万众创新和推动实施"互联网+"行动的有关部署,现就加快构建大众创业万众创新支撑平台、推进四众持续健康发展提出以下意见。

一、把握发展机遇,汇聚经济社会发展新动能

四众有效拓展了创业创新与市场资源、社会需求的对接通道,搭建了多方参与的高效协同机制,丰富了创业创新组织形态,优化了劳动、信息、知识、技术、管理、资本等资源的配置方式,为社会大众广泛平等参与创业创新、共同分享改革红利和发展成果提供了更多元的途径和更广阔的空间。

众创,汇众智搞创新,通过创业创新服务平台聚集全社会各类创新资源,大幅降低创业创新成本,使每一个具有科学思维和创新能力的人都可参与创新,形成大众创造、释放众智的新局面。

众包,汇众力增就业,借助互联网等手段,将传统由特定企业和机构完成的任务向自愿参与的所有企业和个人进行分工,最大限度利用大众力量,以更高的效率、更低的成本满足生产及生活服务需求,促进生产方式变革,开拓集智创新、便捷创业、灵活就业的新途径。

众扶,汇众能助创业,通过政府和公益机构支持、企业帮扶援助、个人互助互扶等多种方式,共助小微企业和创业者成长,构建创业创新发展的良好生态。

众筹,汇众资促发展,通过互联网平台向社会募集资金,更灵活高效满足产品开发、企业成长和个人创业的融资需求,有效增加传统金融体系服务小微企业和创业者的新功能,拓展创业创新投融资新渠道。

当前我国正处于发展动力转换的关键时期,加快发展四众具有极为重要的现实意义和战略意义,有利于激发蕴藏在人民群众之中的无穷智慧和创造力,将我国的人力资源优势迅速转化为人力资本优势,促进科技创新,拓展就业空间,汇聚发展新动能;有利于加快网络经济和实体经济融合,充分利用国内国际创新资源,提高生产效率,助推"中国制造 2025",加快转型升

级,壮大分享经济,培育新的经济增长点;有利于促进政府加快完善与新经济形态相适应的体制机制,创新管理方式,提升服务能力,释放改革红利;有利于实现机会公平、权利公平、人人参与又人人受益的包容性增长,探索一条中国特色的众人创富、劳动致富之路。

二、创新发展理念,着力打造创业创新新格局

全面贯彻党的十八大和十八届二中、三中、四中全会精神,按照党中央、国务院决策部署,加快实施创新驱动发展战略,不断深化改革,顺应"互联网＋"时代大融合、大变革趋势,充分发挥我国互联网应用创新的综合优势,充分激发广大人民群众和市场主体的创业创新活力,推动线上与线下相结合、传统与新兴相结合、引导与规范相结合,按照"坚持市场主导、包容创业创新、公平有序发展、优化治理方式、深化开放合作"的基本原则,营造四众发展的良好环境,推动各类要素资源集聚、开放、共享,提高资源配置效率,加快四众广泛应用,在更大范围、更高层次、更深程度上推进大众创业、万众创新,打造新引擎,壮大新经济。

——坚持市场主导。充分发挥市场在资源配置中的决定性作用,强化企业和劳动者的主体地位,尊重市场选择,积极发展有利于提高资源利用效率、激发大众智慧、满足人民群众需求、创造经济增长新动力的新模式、新业态。

——包容创业创新。以更包容的态度、更积极的政策营造四众发展的宽松环境,激发人民群众的创业创新热情,鼓励各类主体充分利用互联网带来的新机遇,积极探索四众的新平台、新形式、新应用,开拓创业创新发展新空间。

——公平有序发展。坚持公平进入、公平竞争、公平监管,破除限制新模式新业态发展的不合理约束和制度瓶颈,营造传统与新兴、线上与线下主体之间公平发展的良好环境,维护各类主体合法权益,引导各方规范有序发展。

——优化治理方式。转变政府职能,进一步简政放权,强化事中事后监管,优化提升公共服务,加强协同,创新手段,发挥四众平台企业内部治理和第三方治理作用,健全政府、行业、企业、社会共同参与的治理机制,推动四众持续健康发展。

——深化开放合作。"引进来"与"走出去"相结合,充分利用四众平台,优化配置国际创新资源,借鉴国际管理经验,积极融入全球创新网络。鼓励采用四众模式搭建对外开放新平台,面向国际市场拓展服务领域,深化创业创新国际合作。

三、全面推进众创,释放创业创新能量

(一)大力发展专业空间众创。鼓励各类科技园、孵化器、创业基地、农民工返乡创业园等加快与互联网融合创新,打造线上线下相结合的大众创业万众创新载体。鼓励各类线上虚拟众创空间发展,为创业创新者提供跨行业、跨学科、跨地域的线上交流和资源链接服务。鼓励创客空间、创业咖啡、创新工场等新型众创空间发展,推动基于"互联网＋"的创业创新活动加速发展。

(二)鼓励推进网络平台众创。鼓励大型互联网企业、行业领军企业通过网络平台向各类创业创新主体开放技术、开发、营销、推广等资源,鼓励各类电子商务平台为小微企业和创业者

提供支撑,降低创业门槛,加强创业创新资源共享与合作,促进创新成果及时转化,构建开放式创业创新体系。

（三）培育壮大企业内部众创。通过企业内部资源平台化,积极培育内部创客文化,激发员工创造力;鼓励大中型企业通过投资员工创业开拓新的业务领域、开发创新产品,提升市场适应能力和创新能力;鼓励企业建立健全股权激励机制,突破成长中的管理瓶颈,形成持续的创新动力。

四、积极推广众包,激发创业创新活力

（四）广泛应用研发创意众包。鼓励企业与研发机构等通过网络平台将部分设计、研发任务分发和交付,促进成本降低和提质增效,推动产品技术的跨学科融合创新。鼓励企业通过网络社区等形式广泛征集用户创意,促进产品规划与市场需求无缝对接,实现万众创新与企业发展相互促动。鼓励中国服务外包示范城市、技术先进型服务企业和服务外包重点联系企业积极应用众包模式。

（五）大力实施制造运维众包。支持有能力的大中型制造企业通过互联网众包平台聚集跨区域标准化产能,满足大规模标准化产品订单的制造需求。结合深化国有企业改革,鼓励采用众包模式促进生产方式变革。鼓励中小制造企业通过众包模式构筑产品服务运维体系,提升用户体验,降低运维成本。

（六）加快推广知识内容众包。支持百科、视频等开放式平台积极通过众包实现知识内容的创造、更新和汇集,引导有能力、有条件的个人和企业积极参与,形成大众智慧集聚共享新模式。

（七）鼓励发展生活服务众包。推动交通出行、无车承运物流、快件投递、旅游、医疗、教育等领域生活服务众包,利用互联网技术高效对接供需信息,优化传统生活服务行业的组织运营模式。推动整合利用分散闲置社会资源的分享经济新型服务模式,打造人民群众广泛参与、互助互利的服务生态圈。发展以社区生活服务业为核心的电子商务服务平台,拓展服务性网络消费领域。

五、立体实施众扶,集聚创业创新合力

（八）积极推动社会公共众扶。加快公共科技资源和信息资源开放共享,提高各类公益事业机构、创新平台和基地的服务能力,推动高校和科研院所向小微企业和创业者开放科研设施,降低大众创业、万众创新的成本。鼓励行业协会、产业联盟等行业组织和第三方服务机构加强对小微企业和创业者的支持。

（九）鼓励倡导企业分享众扶。鼓励大中型企业通过生产协作、开放平台、共享资源、开放标准等方式,带动上下游小微企业和创业者发展。鼓励有条件的企业依法合规发起或参与设立公益性创业基金,开展创业培训和指导,履行企业社会责任。鼓励技术领先企业向标准化组织、产业联盟等贡献基础性专利或技术资源,推动产业链协同创新。

（十）大力支持公众互助众扶。支持开源社区、开发者社群、资源共享平台、捐赠平台、创业

沙龙等各类互助平台发展。鼓励成功企业家以天使投资、慈善、指导帮扶等方式支持创业者创业。鼓励通过网络平台、线下社区、公益组织等途径扶助大众创业就业,促进互助互扶,营造深入人心、氛围浓厚的众扶文化。

六、稳健发展众筹,拓展创业创新融资

(十一)积极开展实物众筹。鼓励消费电子、智能家居、健康设备、特色农产品等创新产品开展实物众筹,支持艺术、出版、影视等创意项目在加强内容管理的同时,依法开展实物众筹。积极发挥实物众筹的资金筹集、创意展示、价值发现、市场接受度检验等功能,帮助将创新创意付诸实践,提供快速、便捷、普惠化服务。

(十二)稳步推进股权众筹。充分发挥股权众筹作为传统股权融资方式有益补充的作用,增强金融服务小微企业和创业创新者的能力。稳步推进股权众筹融资试点,鼓励小微企业和创业者通过股权众筹融资方式募集早期股本。对投资者实行分类管理,切实保护投资者合法权益,防范金融风险。

(十三)规范发展网络借贷。鼓励互联网企业依法合规设立网络借贷平台,为投融资双方提供借贷信息交互、撮合、资信评估等服务。积极运用互联网技术优势构建风险控制体系,缓解信息不对称,防范风险。

七、推进放管结合,营造宽松发展空间

(十四)完善市场准入制度。积极探索交通出行、无车承运物流、快递、金融、医疗、教育等领域的准入制度创新,通过分类管理、试点示范等方式,依法为众包、众筹等新模式新业态的发展营造政策环境。针对众包资产轻、平台化、受众广、跨地域等特点,放宽市场准入条件,降低行业准入门槛。(交通运输部、邮政局、人民银行、证监会、银监会、卫生计生委、教育部等负责)

(十五)建立健全监管制度。适应新业态发展要求,建立健全行业标准规范和规章制度,明确四众平台企业在质量管理、信息内容管理、知识产权、申报纳税、社会保障、网络安全等方面的责任、权利和义务。(质检总局、新闻出版广电总局、知识产权局、税务总局、人力资源社会保障部、网信办、工业和信息化部等负责)因业施策,加快研究制定重点领域促进四众发展的相关意见。(交通运输部、邮政局、人民银行、证监会、银监会、卫生计生委、教育部等负责)

(十六)创新行业监管方式。建立以信用为核心的新型市场监管机制,加强跨部门、跨地区协同监管。建立健全事中事后监管体系,充分发挥全国统一的信用信息共享交换平台、企业信用信息公示系统等的作用,利用大数据、随机抽查、信用评价等手段加强监督检查和对违法违规行为的处置。(发展改革委、工业和信息化部、工商总局、相关行业主管部门负责)

(十七)优化提升公共服务。加快商事制度改革,支持各地结合实际放宽新注册企业场所登记条件限制,推动"一址多照"、集群注册等住所登记改革,为创业创新提供便利的工商登记服务。简化和完善注销流程,开展个体工商户、未开业企业、无债权债务企业简易注销登记试点。推进全程电子化登记和电子营业执照应用,简化行政审批程序,为企业发展提供便利。加

强行业监管、企业登记等相关部门与四众平台企业的信息互联共享,推进公共数据资源开放,加快推行电子签名、电子认证,推动电子签名国际互认,为四众发展提供支撑。进一步清理和取消职业资格许可认定,研究建立国家职业资格目录清单管理制度,加强对新设职业资格的管理。(工商总局、发展改革委、科技部、工业和信息化部、人力资源社会保障部、相关行业主管部门负责)

(十八)促进开放合作发展。有序引导外资参与四众发展,培育一批国际化四众平台企业。鼓励四众平台企业利用全球创新资源,面向国际市场拓展服务。加强国际合作,鼓励小微企业和创业者承接国际业务。(商务部、发展改革委牵头负责)

八、完善市场环境,夯实健康发展基础

(十九)加快信用体系建设。引导四众平台企业建立实名认证制度和信用评价机制,健全相关主体信用记录,鼓励发展第三方信用评价服务。建立四众平台企业的信用评价机制,公开评价结果,保障用户的知情权。建立完善信用标准化体系,制定四众发展信用环境相关的关键信用标准,规范信用信息采集、处理、评价、应用、交换、共享和服务。依法合理利用网络交易行为等在互联网上积累的信用数据,对现有征信体系和评测体系进行补充和完善。推进全国统一的信用信息共享交换平台、企业信用信息公示系统等与四众平台企业信用体系互联互通,实现资源共享。(发展改革委、人民银行、工商总局、质检总局牵头负责)

(二十)深化信用信息应用。鼓励发展信用咨询、信用评估、信用担保和信用保险等信用服务业。建立健全守信激励机制和失信联合惩戒机制,加大对守信行为的表彰和宣传力度,在市场监管和公共服务过程中,对诚实守信者实行优先办理、简化程序等"绿色通道"支持激励政策,对违法失信者依法予以限制或禁入。(发展改革委、人民银行牵头负责)

(二十一)完善知识产权环境。加大网络知识产权执法力度,促进在线创意、研发成果申请知识产权保护,研究制定四众领域的知识产权保护政策。运用技术手段加强在线创意、研发成果的知识产权执法,切实维护创业创新者权益。加强知识产权相关法律法规、典型案例的宣传和培训,增强中小微企业知识产权意识和管理能力。(知识产权局牵头负责)

九、强化内部治理,塑造自律发展机制

(二十二)提升平台治理能力。鼓励四众平台企业结合自身商业模式,积极利用信息化手段加强内部制度建设和管理规范,提高风险防控能力、信息内容管理能力和网络安全水平。引导四众平台企业履行管理责任,建立用户权益保障机制。(网信办、工业和信息化部、工商总局等负责)

(二十三)加强行业自律规范。强化行业自律,规范四众从业机构市场行为,保护行业合法权益。推动行业组织制定各类产品和服务标准,促进企业之间的业务交流和信息共享。完善行业纠纷协调和解决机制,鼓励第三方以及用户参与平台治理。构建在线争议解决、现场接待受理、监管部门受理投诉、第三方调解以及仲裁、诉讼等多元化纠纷解决机制。(相关行业主管部门、行政执法部门负责)

（二十四）保障网络信息安全。四众平台企业应当切实提升技术安全水平，及时发现和有效应对各类网络安全事件，确保网络平台安全稳定运行。妥善保管各类用户资料和交易信息，不得买卖、泄露用户信息，保障信息安全。强化守法、诚信、自律意识，营造诚信规范发展的良好氛围。（网信办、工业和信息化部牵头负责）

十、优化政策扶持，构建持续发展环境

（二十五）落实财政支持政策。创新财政科技专项资金支持方式，支持符合条件的企业通过众创、众包等方式开展相关科技活动。充分发挥国家新兴产业创业投资引导基金、国家中小企业发展基金等政策性基金作用，引导社会资源支持四众加快发展。降低对实体营业场所、固定资产投入等硬性指标要求，将对线下实体众创空间的财政扶持政策惠及网络众创空间。加大中小企业专项资金对小微企业创业基地建设的支持力度。大力推进小微企业公共服务平台和创业基地建设，加大政府购买服务力度，为采用四众模式的小微企业免费提供管理指导、技能培训、市场开拓、标准咨询、检验检测认证等服务。（财政部、发展改革委、工业和信息化部、科技部、商务部、质检总局等负责）

（二十六）实行适用税收政策。加快推广使用电子发票，支持四众平台企业和采用众包模式的中小微企业及个体经营者按规定开具电子发票，并允许将电子发票作为报销凭证。对于业务规模较小、处于初创期的从业机构符合现行小微企业税收优惠政策条件的，可按规定享受税收优惠政策。（财政部、税务总局牵头负责）

（二十七）创新金融服务模式。引导天使投资、创业投资基金等支持四众平台企业发展，支持符合条件的企业在创业板、新三板等上市挂牌。鼓励金融机构在风险可控和商业可持续的前提下，基于四众特点开展金融产品和服务创新，积极发展知识产权质押融资。大力发展政府支持的融资担保机构，加强政府引导和银担合作，综合运用资本投入、代偿补偿等方式，加大财政支持力度，引导和促进融资担保机构和银行业金融机构为符合条件的四众平台企业提供快捷、低成本的融资服务。（人民银行、证监会、银监会、保监会、发展改革委、工业和信息化部、财政部、科技部、商务部、人力资源社会保障部、知识产权局、质检总局等负责）

（二十八）深化科技体制改革。全面落实下放科技成果使用、处置和收益权，鼓励科研人员双向流动等改革部署，激励更多科研人员投身创业创新。加大科研基础设施、大型科研仪器向社会开放的力度，为更多小微企业和创业者提供支撑。（科技部牵头负责）

（二十九）繁荣创业创新文化。设立"全国大众创业万众创新活动周"，加强政策宣传，展示创业成果，促进投资对接和互动交流，为创业创新提供展示平台。继续办好中国创新创业大赛、中国农业科技创新创业大赛等赛事活动。引导各类媒体加大对四众的宣传力度，普及四众知识，发掘典型案例，推广成功经验，培育尊重知识、崇尚创造、追求卓越的创新文化。（发展改革委、科技部、工业和信息化部、中央宣传部、中国科协等负责）

（三十）鼓励地方探索先行。充分尊重和发挥基层首创精神，因地制宜，突出特色。支持各地探索适应新模式新业态发展特点的管理模式，及时总结形成可复制、可推广的经验。支持全面创新改革试验区、自由贸易试验区、国家自主创新示范区、战略性新兴产业集聚区、国家级经济技术开发区、跨境电子商务综合试验区等加大改革力度，强化对创业创新公共服务平台的扶

持,充分发挥四众发展的示范带动作用。(发展改革委、科技部、商务部、相关地方省级人民政府等负责)

各地区、各部门应加大对众创、众包、众扶、众筹等创业创新活动的引导和支持力度,加强统筹协调,探索制度创新,完善政府服务,科学组织实施,鼓励先行先试,不断开创大众创业、万众创新的新局面。

国务院

2015 年 9 月 23 日

(此件公开发布)

附录4 教育部关于做好 2016 届全国普通高等学校毕业生就业创业工作的通知

教学〔2015〕12 号

各省、自治区、直辖市教育厅（教委），有关省、自治区人力资源社会保障厅，部属各高等学校：

高校毕业生是实施创新驱动发展战略和推进大众创业、万众创新的生力军。高校毕业生就业事关经济发展和民生改善大局，关乎社会安定稳定，党中央、国务院高度重视。为全面贯彻落实党的十八届五中全会精神，按照《国务院关于进一步做好新形势下就业创业工作的意见》和《国务院办公厅关于深化高等学校创新创业教育改革的实施意见》等文件要求，现就做好 2016 届高校毕业生就业创业工作通知如下：

一、着力加强创新创业教育和自主创业工作

（一）加快推进创新创业教育改革。各地各高校要把提高教育质量作为创新创业教育改革的出发点和落脚点，根据人才培养定位和创新创业教育目标要求，促进专业教育与创新创业教育有机融合。从 2016 年起所有高校都要设置创新创业教育课程，对全体学生开发开设创新创业教育必修课和选修课，纳入学分管理。对有创业意愿的学生，开设创业指导及实训类课程。对已经开展创业实践的学生，开展企业经营管理类培训。要广泛举办各类创新创业大赛，支持高校学生成立创新创业协会、创业俱乐部等社团，举办创新创业讲座论坛。高校要设立创新创业奖学金，并在现有相关评优评先项目中拿出一定比例用于表彰在创新创业方面表现突出的学生。

（二）落实完善创新创业优惠政策。各地各高校要深入实施"大学生创业引领计划"，积极会同有关部门进一步加大政策落实力度，落实创业担保贷款、小微企业减税降费、创业培训补贴等各项扶持政策，重点支持高校学生到新兴产业领域创业。推动相关部门加快制定有利于互联网创业的扶持政策。要按照《普通高等学校学生管理规定》要求，制订本地本校创新创业学分转换、实施弹性学制、保留学籍休学创新创业等具体措施，支持参与创业的学生转入相关专业学习，为创新创业学生清障搭台。

（三）加大创新创业场地建设和资金投入。各地各高校要建设和利用好大学科技园、大学生创业园、创业孵化基地、大学生校外实践教育基地等创新创业平台。高校实验室、实验设备等各类资源，原则上向全体在校学生开放。高校要通过合作、转让、许可等方式，向高校毕业生创设的小微企业优先转移科技成果。要通过学校自设、校外合作、风险投资等多种渠道筹集资金，扶持高校学生创新创业。充分运用市场机制，引导社会资金和金融资本支持大学生创业活动。

（四）不断提升创新创业服务水平。各地各高校要配齐配强创新创业教育专职教师，聘请各行各业优秀人才担任兼职教师，建立全国万名优秀创新创业导师人才库。要创新服务内容

和方式,为准备创业的学生提供开业指导、创业培训等服务,为正在创业的学生提供孵化基地、资金支持等服务。高校要建立校园创新创业导师微信群、QQ群等,发布创业项目指南,实现高校学生创业时时有指导、处处有服务。要进一步完善高校学生创业服务网功能,为高校学生提供项目对接、产权交易、培训实训、政策宣传等服务。

二、积极拓宽重点领域就业渠道

(五)鼓励高校毕业生到基层就业。各地各高校要进一步加大政策引领和服务保障,全面落实高校毕业生到中西部地区、艰苦边远地区和老工业基地县以下基层就业的学费补偿和国家助学贷款代偿政策。继续实施好"农村教师特岗计划"、"三支一扶"、"西部计划"、"大学生村官"等基层项目。鼓励各地结合实际,开发实施社区服务、健康养老等新项目。积极推进健全从政法专业毕业生中招录人才的规范便捷机制,促进政法专业毕业生就业。

(六)围绕国家发展战略开拓就业岗位。各地各高校要鼓励和引导毕业生到国家重点行业、重点地区、重大工程、重大项目就业。要结合"一带一路"、"长江经济带"、"京津冀协同发展"等国家重大发展战略,积极向沿海沿江沿线经济带输送毕业生。要结合实施"中国制造2025"和"互联网+"行动计划,大力开拓就业岗位。要结合新型工业化、信息化、城镇化和农业现代化,引导毕业生到战略性新兴产业等领域就业创业。

(七)引导高校毕业生到新兴领域就业。各地各高校要因地制宜,结合地方经济发展需要,深入挖掘新技术、新产业、新业态创造的就业机会。要大力引导高校毕业生到金融保险、节能环保、电子商务、现代物流等生产性服务业和旅游休闲、健康养老、社会工作、文化体育等生活性服务业就业。要适应现代农业发展方式转变和新农村建设需要,鼓励高校毕业生面向农业新技术、新品种研发和现代农业经营管理等领域就业。

(八)继续做好高校学生征兵工作。各地各高校要与兵役机关密切配合,建立定期会商机制,及早部署2016年高校学生征兵工作,认真落实大学生征兵任务。逐项落实各项政策,重点落实好退役高校学生士兵专项研究生招生计划、新生宣传单、复学升学、就业创业等政策。逐校落实工作任务,明确责任,一级抓一级,层层抓落实。逐人开展宣传动员,办好"网上咨询周"、"征兵宣传月"等活动,对大学新生、在校生、毕业生等不同群体开展有针对性的宣传动员,确保高校学生征兵数量和质量进一步提高。

(九)支持毕业生到中小微企业就业。中小微企业是增加就业的主体,各地各高校要会同有关部门完善落实中小微企业吸纳毕业生的社保补贴、培训补贴、税费减免等优惠政策。要针对中小微企业特点,主动组织中小微企业集中开展校园招聘活动,引导毕业生到中小微企业就业。要持续关心到中小微企业等基层就业毕业生的成长和发展,通过跟踪服务、定期回访等方式,帮助解决工作和学习上的困难和问题,让他们切实感受到组织的温暖和关心。

三、大力提高就业指导服务能力

(十)建立精准推送就业服务机制。各地各高校要充分利用"互联网+"技术,根据毕业生需求,将他们的求职意愿与用人单位岗位相对接,实现智能化供需匹配,为毕业生精准推送就业岗位。广泛利用手机等移动终端，开展订制服务，为毕业生"送岗位、送政策、送指导"，实现就业服务个性化、信息化。要充分发挥校园市场的重要作用，通过举办分层次、分类别、分行业的招聘活动，提高招聘活动效率。高校要主动联系用人单位，结合毕业生专业特色，提供相应的就业见习岗位。

（十一）建立未就业毕业生统计机制。健全高校毕业生就业创业状况统计指标体系。从2016年起，各地各高校要重点统计有就业意愿尚未就业毕业生、暂不就业毕业生等指标。建立三级联动机制，辅导员（班主任）及时了解每一位毕业生的就业状况和意愿，院系认真核实汇总就业数据，学校实时更新就业监测系统相关信息。高校要有针对性地加大对有就业意愿尚未就业毕业生的指导服务力度，帮助他们尽快实现就业创业。

（十二）进一步提升就业指导服务质量。要把高校学生职业发展与就业指导课程融入人才培养全过程，结合行业动态和发展需求，建立以课堂教学为主渠道，讲座、论坛、培训为补充，以大学生职业生涯规划大赛、创新创业设计大赛等实践活动为载体的多形式就业指导课程体系。要针对不同层次、不同专业毕业生的特点和需求，广泛开展个性化的咨询服务。加快建设一支职业化、专业化、专家化的就业创业指导工作队伍，高度重视解决就业创业指导教师专业技术职务评聘问题。在专业技术职务评聘中充分考虑就业创业指导教师的工作业绩，并在同等条件下予以适当倾斜。

（十三）加强就业创业政策宣传。各地各高校要认真学习领会、分类归纳、精准解读国务院文件精神和中央部门、地方促进就业创业的政策措施。要建立教育部门、高校、院系、班级四级联动的政策宣传网络，学校领导、院系领导、辅导员、班主任都要主动宣讲就业创业政策。要充分利用微博、微信等新媒体，采用图表、动漫等方式，根据毕业生求职需求，分时段、分类别推送基层就业、自主创业、参军入伍、困难帮扶等政策措施，让政策宣传接地气、见实效。

（十四）优化规范就业工作管理。各地各高校要按照简政放权、放管结合、优化服务的要求，加强与有关部门的配合，切实做好毕业生档案、户口、组织关系等转递和手续衔接工作，做到简便、快捷、高效。要牢固树立安全意识，确保各类校园招聘等活动安全、有序。要坚决反对任何形式的就业歧视，凡校园招聘活动严禁发布含有限定院校、性别、民族等歧视性信息。高校要加强维权教育，切实防范"试用期陷阱"等危害毕业生权益的不法行为。要进一步加强毕业生就业数据信息监督管理工作，完善毕业生实名查询就业状况功能，确保就业数据信息真实、准确。

（十五）做好就业困难毕业生帮扶。要准确掌握家庭困难毕业生、少数民族毕业生、农村生源毕业生、残疾毕业生等各类就业困难群体的具体情况，实行"一生一策"动态管理，通过开展个性化辅导、组织专场招聘等活动，做到精准发力、精准帮扶。各地各高校要积极协调配合人力资源社会保障、财政等部门，做好求职创业补贴申请和发放工作。要进一步与人力资源社会保障部门做好信息衔接和服务接续工作，实施好离校未就业毕业生就业促进计划，持续为他们提供就业信息和指导服务，切实做到"离校不离心、服务不断线"。

四、推动高等教育更好适应经济社会发展需要

（十六）进一步优化高等教育结构。围绕国家和区域经济社会发展需求，优化院校布局、学

科专业布局和人才培养机制,提高教育教学质量。鼓励具备条件的普通本科高校向应用型转变,加快应用型、技术技能型、复合型、科技创业人才培养。进一步完善专业学位研究生教育体系,扩大培养规模。建设现代职业教育体系,推进产教融合、校企合作,推进高职院校开展现代学徒制培养。

(十七)切实提高毕业生就业创业能力。把深化高校创新创业教育改革作为推进高等教育综合改革的突破口,推进人才培养与社会需求间的协同,探索建立需求导向的学科专业结构和就业创业导向的人才培养类型结构调整新机制。推进高校与政府、企业、社会的协同,继续加强对"全国高校实践育人创新创业基地"的培育指导工作,促进产学研用紧密结合,推动高校学生参加形式多样的实习实训、社会实践和创新创业活动,增强学生创新精神、创业意识和创新创业能力,推动毕业生更高质量就业创业。

(十八)积极发挥就业反馈作用。进一步完善高校毕业生就业质量年度报告发布制度,各地各高校要在每年年底前编制和发布就业质量年度报告,将创新创业相关情况以及有就业意愿尚未就业毕业生、升学、暂不就业等内容纳入就业质量报告,更加科学、客观地反映高校毕业生就业创业状况和特点。要积极发挥就业创业状况对教育教学的反馈作用,进一步完善学科专业预警、退出管理办法,健全就业与招生计划、人才培养、经费拨款、院校设置、专业调整的联动机制,促进人才培养与经济社会发展紧密对接。

五、进一步加强就业创业工作组织领导

(十九)健全协调机制。各地各高校要切实落实"一把手"工程,把就业创业工作摆上重要议事日程,及时研判形势,协调解决存在问题,确保高校毕业生就业局势稳定。各地要建立相关职能部门会商机制,因地制宜出台新举措,逐项落实就业创业政策。各高校要健全就业部门牵头,招生、教学、学生、武装、团委等部门齐抓共管的工作机制,定期研究毕业生就业创业工作,做到开学有部署、工作有分工、过程有检查、年终有总结。

(二十)建立督查机制。各地各高校要建立高校毕业生就业创业工作督查机制,把各项政策措施和年度重点工作的落实完成情况作为督查重点。开展日常督查和不定期抽查,及时查找问题、总结经验,以督查促整改、抓落实。要加大对高校毕业生就业创业工作问责力度,对落实不力的,要限期整改并追究领导责任。

(二十一)完善保障机制。各地各高校要进一步健全就业创业工作机构,配备指导教师,开辟专用场地,加大经费投入,切实做到"机构、人员、场地、经费"四到位。各地要积极协调地方政府将高校毕业生就业工作经费纳入同级财政预算,切实保障各项就业创业服务工作开展所需经费。要加快建设一批省级和校级示范性就业创业指导服务机构,促进就业创业指导服务水平进一步提高。

(二十二)加强思想教育和舆论引导。各地各高校要把思想教育和毕业教育有机结合起来,深入学习贯彻习近平总书记系列重要讲话精神,不断丰富思想教育内容和方式。积极组织干部讲政策、专家讲形势、师生讲感受、企业家讲经验,引导广大毕业生树立正确的人生观、价

值观和成才观。要把创新精神和创业意识的培养融入思想教育,激励更多高校学生在就业创业实践中成就有梦想有奋斗有奉献的精彩人生。要积极开展全国高校创新创业总结宣传工作,加强对高校创新创业教育典型经验和高校学生就业创业典型的宣传,坚持正确的舆论导向,营造促进就业创业工作的良好氛围。

教育部

2015 年 11 月 27 日

附录5　大学生创业指导手册

（来源：中国教育在线校园招聘频道）

一、导　读

为了给毕业生带去创业指导，中国教育在线校园招聘频道特别策划推出《2012年大学生创业指导手册》，全面、系统地为打算创业的同学们进行权威创业全程指引……

本手册共包含创业各个方面的细致分析，全面详细地介绍了广大应届毕业生在创业过程中可能会遇到的一些问题，比如创业项目、创业资金等等，希望本手册的分析能对2012年广大应届毕业生朋友们有所帮助。

二、创业分析导航

（一）创业动机分析：大学毕业生你适合创业吗？

在图1麦可思对大学毕业生的调查结果中，我们看到2008届本科毕业生自主创业的主要动机是"理想就是成为创业者"，其比例占了创业者总人数的41%，"有好的创业项目"和"未找到合适的工作"各占15%。

总体而言，年轻的创业者们更多是以一种积极的心态开始创业，他们做出这样的选择往往是出于遵循自己的梦想或是把握身边的机遇，自主创业的毕业生们有着强大的内在动力。

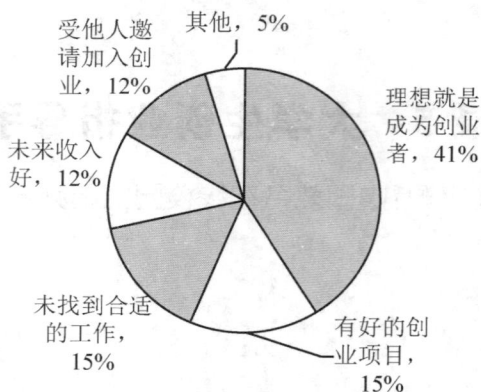

图 1　全国 2008 届本科毕业生自主创业的动机分布

数据来源：麦可思－中国 2008 届大学毕业生求职与工作能力调查

　　这个调查结果，从内因的角度解释了前面我们观察到的一个不寻常的现象：既然创业的收入高于其他职业选择，为何创业没有成为毕业生的工作首选？

　　其实，创业者强大的内在动力，并不是任何人都具有的，创业是一个异常艰苦的过程，需要付出更多的努力和汗水，强大的信念更是创业者必不可少的精神支撑。因此，在决定是否创业之前，我们必须要了解自己的性格是否真的适合创业，切不可仅凭一时兴起盲目地加入到创业的潮流中。

　　前文介绍职业规划时提到的那些了解自己的方法在这里同样适用，另外，你可以借鉴一些特别为创业者设计的测试来了解自己和创业的距离。

(二)创业地域分析：大学生自主创业者的地域分布及特点

　　除了创业的启动资金，还有很多问题都是需要自主创业者去认真考虑和规划的，而这些选择往往会增加你创业成功的机会。比如，在何处创业？

　　那么，为了做出合理的决策，让我们首先来了解一下正在创业的大学生们的选择，看看他们的创业地域分布及特点。

1. 大学生自主创业者按地区经济发展水平分布

　　图 2 是麦可思调查结果对大学毕业生自主创业者的家乡所归属的地区类型分析。

中、西部中等发达地区包括安徽、广西、河北、河南、湖北、湖南、江西、内蒙古、山西、陕西、四川、云南、重庆；东部和沿海发达地区包括北京、福建、广东、江苏、山东、上海、天津、浙江；中、西部不发达地区包括甘肃、贵州、宁夏、青海、西藏和新疆；东部沿海中等发达地区包括海南、黑龙江、吉林、辽宁。

从图2中可以看到应届大学毕业生自主创业者主要分布在东部和沿海发达地区与中、西部中等发达地区。经济的成熟或是高速发展的地区更能提供自主创业所需要的新的商机与发展点。

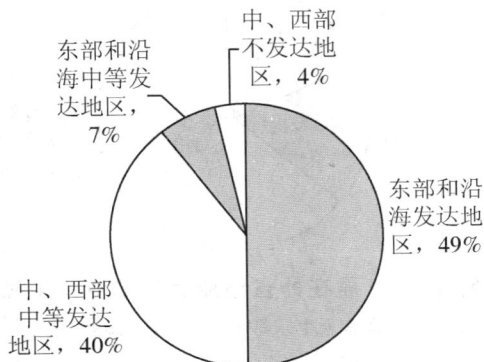

图 2　全国 2008 届大学毕业生自主创业的地区分布

数据来源：麦可思—中国 2008 届大学毕业生求职与工作能力调查

2. 在家乡创业是主要特点

如图 3 所示，应届大学毕业生在家乡省创业的占 76%，其中在外省读大学后返回家乡创业的是 38%；在家乡省以外创业的占 24%，其中留在读书所在地创业的占 5%。其原因可能是毕业生创业的资源更多地来自于长辈，包括资金和人际关系等，因此，家乡能够提供更好的创业环境。

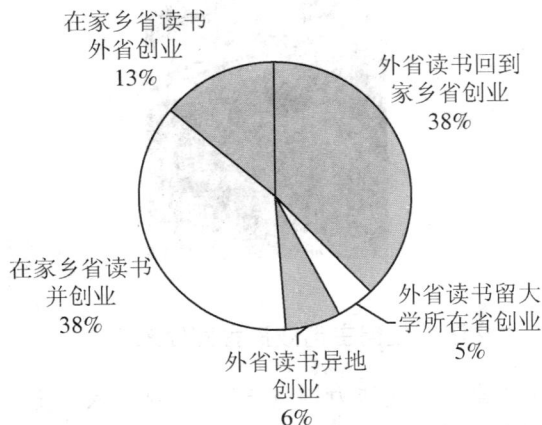

图 3　全国 2008 届大学毕业生自主创业所在地

数据来源：麦可思—中国 2008 届大学毕业生求职与工作能力调查

3. 在外省创业的应届大学毕业生的分布

从在外省创业的应届大学毕业生家乡分布来看(图4),家乡在中、西部中等发达地区的应届大学毕业生到外省创业最多。

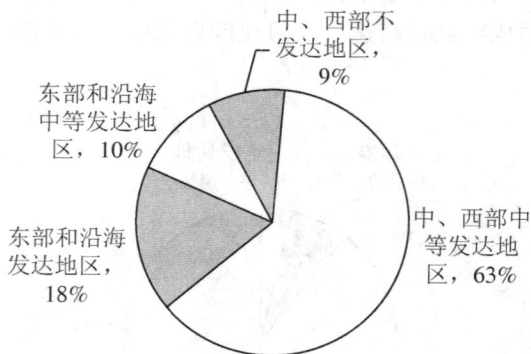

图4 全国2008届在外省创业大学毕业生生源地类型

数据来源:麦可思—中国2008届大学毕业生求职与工作能力调查

【总结】

总的来看,中西部中等发达地区的学生最具有创业的热情,该地区拥有数量最多的毕业生创业者。而无论是哪一个地区的毕业生,家乡对于他们的创业都具有特殊的吸引力。这和家乡的环境更为熟悉,人脉更为广泛不无关系。如果你觉得自己家乡并不适合创业,那么中、西部中等发达地区或东部沿海地区也是很好的选择,特别是经济正在飞速发展的一些地区,能够为你的创业提供许多新的机遇。

(三)创业资金分析:大学毕业生自主创业资金何处来?

创业的门槛不仅在于更高的个人能力,还在于它需要投入资金以启动项目。何处获得创业的启动资金呢?在麦可思完成的最新调查结果中(图5),我们看到"父母/亲友投资或借贷"是超过一半创业者的启动资金来源,政府的任何资助只有1%,微不足道,甚至民间的风险投资都是政府资助的3倍。大学毕业生的家庭和自己承担了几乎全部的资金投入,这一资金门槛把许多有心创业的大学毕业生挡在了外面。如果政府资助能够以优惠商业贷款或风险投资形式支持大学毕业生创业,消除资金障碍,会使更多的大学毕业生加入自主创业。资金,正如稍后分析结果表明,也是应届大学毕业生创业的最大风险之一。

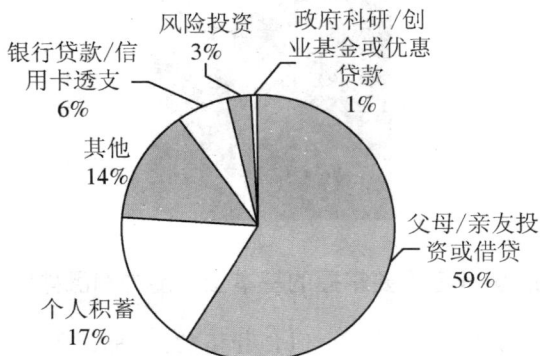

图 5　全国 2008 届大学毕业生自主创业的资金来源

数据来源:麦可思－中国 2008 届大学毕业生求职与工作能力调查

面对启动资金造成的门槛,我们这里提供给你一些灵活的应对措施以供参考。

1. 善用政策:小额贷款

为了支持大学生自主创业,国家制定了宽松的小额贷款优惠政策,具体措施在各地方会有所不同,你可以关注和查询相关信息,或向相关部门进行咨询。

2. 善用金融工具:抵押质押

如果你不具有小额贷款的条件,也没有关系。此时,你可以采取抵押或质押的方式获得银行贷款,比如利用自己或亲友的房产、存单、有价债券或者保单来办理抵押或质押贷款。

3. 善用社会资源:合伙创业

目前,个人合伙创业比较简单的形式是两个志同道合的朋友或者家庭成员共同投资成立合伙企业,属于无限责任公司;高级一点的形式是两个或两个以上人投资成立有限责任公司,后者相对于前者,风险相对较小,是普遍的合伙投资创业形式。

4. 善用非银行金融机构

此外,目前社会上还存在一些非银行金融机构,也是市民创业融资的一个渠道。比如信托投资公司和典当行,这些金融机构都以融资方便、快捷而著称。

【总结】

尽管这些手段可能仍不足以解决创业启动资金的来源,但是我们也应该乐观地看到,随着中国市场的发展,大学生自主创业越来越受到政府的重视、鼓励和支持,解决资金问题的途径也越来越多。

(四)创业者能力分析:创业者需要掌握的基本工作能力有哪些?

如果你真的怀着创业的梦想,又是一个适合开拓的人,那么不要流逝了这份激情,为实现你的梦想开始准备吧,这或许要你付出比旁人更多的努力。的确,在本节的分析中你将会认识到创业者不仅需要与众不同的能力,而且对创业者的要求水平也更高。这里,我们依据麦可思的调查结果,首先来分析一下与创业活动紧密相关的基本工作能力。

1. 创业工作要求的基本工作能力不同于受雇就业者的工作

创业活动要求创业者从事偏向于管理和销售的工作,所以判断和决策及有效的口头沟通是最重要的两项能力。下表列出了创业者与受雇就业者各自最需要的 10 种基本工作能力排序,工作要求水平和毕业生离校时掌握的能力水平。

表 1　全国 2008 届大学毕业生自主创业者和受雇就业者基本工作能力水平比较

序号	受雇工作要求的基本能力排序	工作要求达到的能力水平(%)	离校时掌握的能力水平(%)	自主创业要求的基本能力排序	工作要求达到的能力水平(%)	离校时掌握的能力水平(%)
1	积极学习	62%	55%	有效的口头沟通	64%	52%
2	有效的口头沟通	59%	51%	谈判技能	50%	41%
3	理解他人	60%	56%	理解他人	66%	56%
4	积极聆听	61%	54%	说服他人	63%	51%

数据来源:麦可思—中国 2008 届大学毕业生求职与工作能力调查

2. 创业者掌握的各项基本工作能力大大高于受雇就业者

在创业工作要求的最重要 5 项能力:有效的口头沟通、谈判技能、理解他人、说服他人、积极学习中,图 6 表明创业者毕业离校时掌握的水平依序是 52%、41%、56%、51%、56%,而受雇者的这五项能力离校时掌握水平依序为 51%、38%、56%、46%、55%,创业者掌握的能力都高于受雇就业者。不仅如此,创业者离校时掌握的 35 项基本工作能力各单项都高于受雇就业者掌握的能力水平。这说明创业者是一批基本工作能力强的大学毕业生,这也从一定程度上说明创业活动本身有着高于其他职业的能力门槛。因此,从某种意义上说,是创业者自身的能力造就了创业活动更高的收入,创业本身并不能完全决定创业者的收入,这是不可以用看待传统职业的眼光来衡量的。

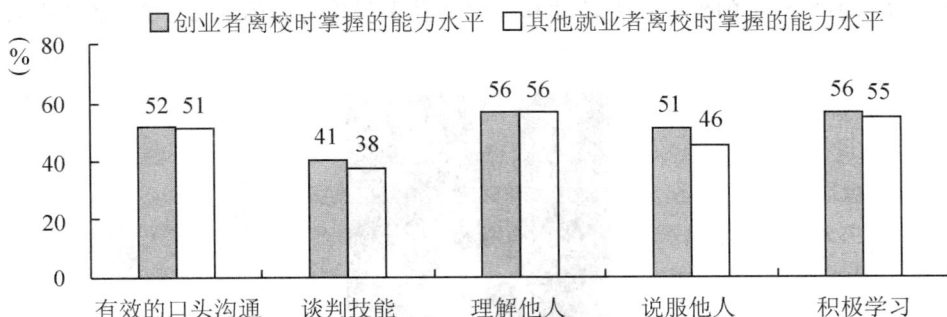

图 6　创业工作要求的最重要 5 项基本工作能力比较

数据来源:麦可思－中国 2008 届大学毕业生求职与工作能力调查

3. 创业者的能力基本满足工作需要

下表是对工作能力满意度的评分。工作能力满意度是在校期间掌握的能力得分与工作需要的能力得分的差值,经调查所得的能力重要性加权后转换为百分比。其中,90%以上为良好满足,85%以上(包括 85%)表示能力基本满足职业工作的需要,75～85%表示能力不太满足工作需要,而 75%以下则表示能力不满足工作需要。工作能力满意度反映的是自身能力与初级职业工作要求能力的差距。

表 2 分别列出了创业者和其他就业者工作满意度最低的 5 项能力及其相应的满意程度。可以看出,首先,总体上创业者的能力基本满足工作需要;其次,创业者亟需提高的工作能力是企业管理、沟通和创新能力。因此,创业教育应着重于管理,沟通和创新能力。值得注意的是,由于创业工作的难度大,自主创业者能力的满意度低于受雇就业者的能力满意度,尽管创业者掌握的所有单项工作能力超过了受雇就业者。

表 2　自主创业者 & 其他就业者满意度最低的 5 项基本工作能力

排序	最不满足受雇工作需要的基本能力	满足程度	最不满足创业需要的基本能力	满足程度
1	说服他人	83%	有效的口头沟通	80%
2	疑难排解	85%	人力资源管理	80%
3	谈判技能	85%	时间管理	81%
4	系统评估	86%	谈判技能	81%
5	判断和决策	87%	说服他人	81%

数据来源:麦可思－中国 2008 届大学毕业生求职与工作能力调查

【总结】

创业不仅对大学生提出了不同于其他工作的能力要求,还需要大学生在各项能力上有高于他人的表现。因此,仅仅凭激情参与创业是远远不够的,你应该提前锻炼自己,为创业做准备。那么,什么活动对创业帮助最大呢?

麦可思的调查结果显示，"假期实习/课外兼职"对创业帮助最大，然后是"学校和政府提供的创业培训和咨询"。在大学期间，你应该积极地参加实习、兼职工作，通过咨询、讲座等了解创业，还可以参加学校里的模拟创业活动和社团活动来锻炼自己的能力，为将来真正的创业磨砺自己。

（五）创业项目分析：好的创业项目等于成功的一半

进行自主创业还有一个很关键的选择，就是创业项目的方向。麦可思的调查结果或许会在创业项目的选择上给你一些有益的提示。

1. 创业项目与创业者专业学习的相关性不大

如图 7 所示，比起其他就业群体来，创业项目与创业者专业学习的相关性不大，与专业的相关性约为受雇就业者的一半。这是因为普遍来看创业更需要管理、决策、沟通等基本能力以引导创业项目走向正轨，而专业能力不足则可以通过雇拥有相关技术的员工来弥补。

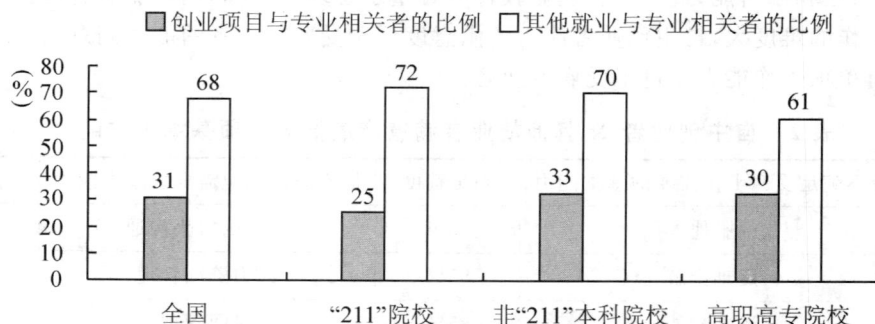

图 7　全国 2008 届大学毕业生自主创业项目与专业相关性

数据来源：麦可思—中国 2008 届大学毕业生求职与工作能力调查

2. 艺术类等专业的创业与专业密切相关

在图 8、图 9 所示的专业类别里，创业项目要求创业者有相关专业学习的背景，而相关的行业里创业的空间也十分广阔，如艺术类、工商管理类等。特别注意到，艺术适合于专业人员创业。

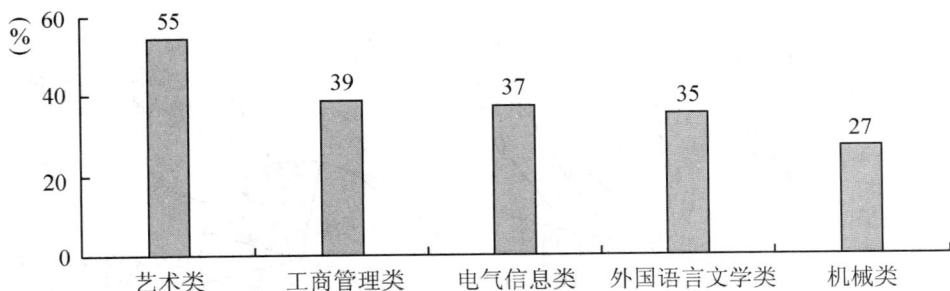

图8　本科毕业生自主创业项目与专业相关比例最高的五大专业（中类）

数据来源：麦可思－中国 2008 届大学毕业生求职与工作能力调查

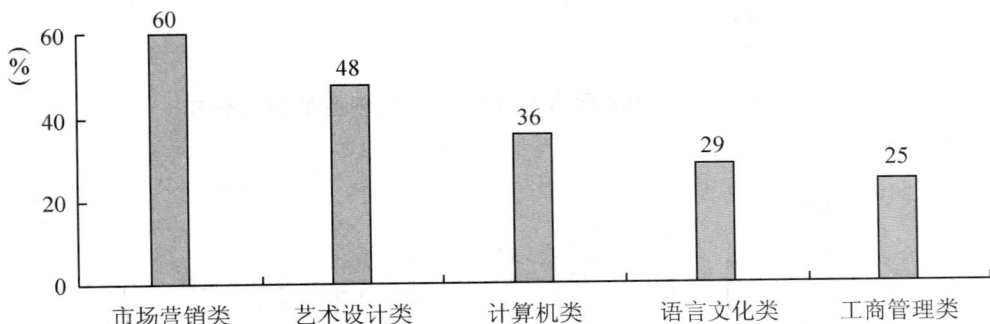

图9　高职高专毕业生自主创业项目与专业相关比例最高的五大专业（中类）

数据来源：麦可思－中国 2008 届大学毕业生求职与工作能力调查

3. 应届大学毕业生自主创业者的专业类分布较集中

从专业大类上，可以看出，文学、工学、管理学专业毕业生是主要的本科创业人员来源，占了约 69%。而高职高专毕业生中，毕业最多的为财经大类、电子信息大类、制造大类，占了约 62%。

4. 毕业生自主创业的行业技术成分不高

（1）行业分布

在排前五位的行业中，技术含量高、创新水平高的制造业和电信及电子信息服务业加起来仅约 19%，比例偏低；而零售业、文化体育教育和娱乐业、批发业就占到了约 49%，目前大学毕业生的自主创业中的技术成分不高（图10）。

（2）自主创业者所扮演的职业角色较集中

创业者的职业分布代表其工作内容与角色定位，如图11所示创业者担任最多的是企业管理工作，其次是销售工作。

大学毕业生的自主创业中的技术成分不高可能是因为，大部分进行自主创业的本科生不具备开发科技产品的能力，这和在本科阶段学习的知识和接受的能力训练有限有关。

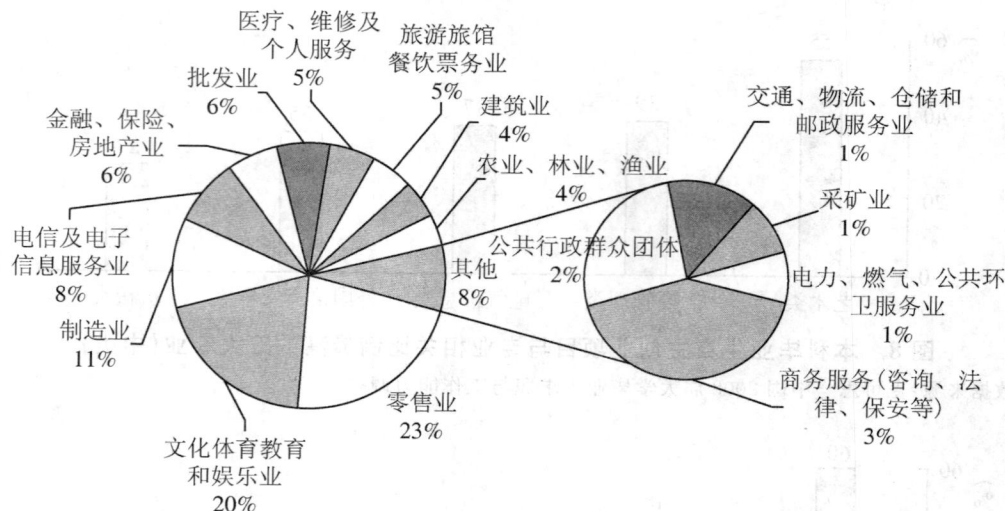

图 10 全国 2008 届本科毕业生自主创业的行业分布

数据来源：麦可思－中国 2008 届大学毕业生求职与工作能力调查

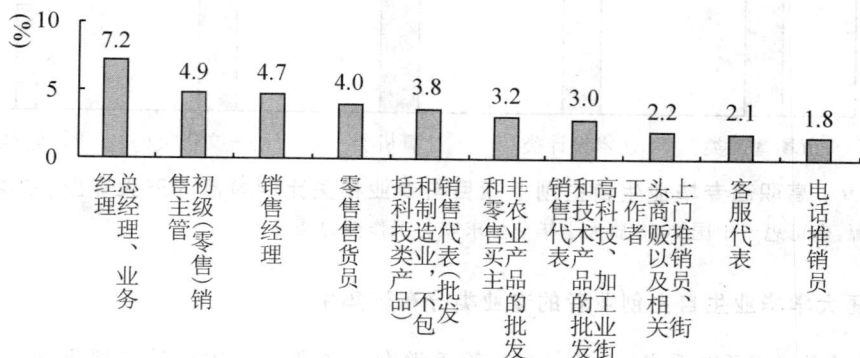

图 11 全国 2008 届大学毕业生自主创业者的十大职业角色

数据来源：麦可思－中国 2008 届大学毕业生求职与工作能力调查

据此，一方面，对于少数已取得科技产品开发成果的本科毕业生创业者，如果产品具有市场价值，应当把握自己产品的市场价值，以此为核心进行科技创业；另一方面，对于没有开发产品能力的本科毕业生创业者，即使不能选择在高科技领域创业，也可以选择在零售、娱乐等相对传统的产业发现商机，因为一个别致的构想和创意，或一种独特的管理和销售理念，都可能使你在创业中独辟蹊径、获得成功。

总之，在选择行业的时候，还是先要考虑自己的兴趣，然后你可以利用自己专业知识上的优势，更重要的是利用自己基本能力上的优势，找到自己拥有的核心竞争力（这可能是产品、技术，也可以是理念、思路），充分挖掘其市场价值，会更容易走向成功。

是的，好的创业项目意味着成功了一半，对于自己已经创业成立公司（包括代理加盟）的创业者，我们的建议是在实施之前进一步进行项目论证，如仔细评估一下市场前景、客户群体、项目运营的成本和方式，项目如何实施？短、长期目标如何？……正所谓"运筹帷幄而决胜于千里之外"，只有把这些问题想清楚了，才能让"创业战车"在可控的风险中依正确的轨道运行。

如果还未确定创业方向,如何慧眼识珠、以对市场的敏锐嗅觉找到适合你的优秀项目就显得尤为重要。以下的 4 条思路,或许对你有些帮助。

第一,细分市场发现商机。

网络上及生活当中已经有很多非常优秀的产品和服务,这些产品和信息当中不失有优秀之作,但我们仍可以仔细评估这些产品和服务,看其是否适合市场需求,又适合哪里的市场需求,需求有多大? 进一步细分市场,往往能让你发现新的商机。

第二,创造性地复制成功项目,并超越之。

百度复制 google,并依据中国市场的特性做适当的改善,提供更加优秀的服务,如 Mp3 和贴吧等,结果百度成功了;QQ 复制 ICQ,并依据中国网民的特性做适当的改善,提供更加优秀的服务,如个人资料保留在服务器和查询功能等,结果 QQ 成功了;Dell 复制 IBM 和 HP 的产品,并依据美国市场的特性和产品的特点,提供对用户来说更加方便的"上门服务",结果 Dell 成功了。

上面 3 个案例浅显易懂。成功者自有成功的奥秘和窍门,我们如果能借鉴成功者的经验,并加以改进,优化设计,就能进一步满足市场和客户的需求,获得市场成功。

第三,在别人的不足中发现商机。

淘金矿工们经常抱怨裤兜兜不住他们装在里面的黄金颗粒,于是戴维斯发明了耐磨的帆布裤子——牛仔裤;20 世纪 60 年代,美国经济迅猛发展,带来货物交流频繁,但是市场缺乏将这些货物迅速送达地点的好方式,于是弗雷德·史密斯的"联邦快递公司"顺应时代的需求而诞生……

生活中这样的案例很多,当别人在抱怨产品或服务不足的时候,我们是否想到了更好的解决方法,进一步地,我们的方法是否有市场前景。千万不要以为这个很难,哈斯博士因为疼爱自己的妻子,为了减轻妻子经期的痛苦和不方便,而发明了卫生巾,小小的产品却蕴含着巨大的商机。

第四,"入伙"好的创业团队。

当年,斯坦福大学的几个学生有好的创业项目,却没有资金投入,他们的教授便出资资助他们创业,于是诞生了著名的 Google。这些教授的投资不仅仅成就了一家伟大的企业,同时也为他们带来了巨大的财富,平均 1 万元的初始投资获得了超过 10 亿美元的回报。

"21 世纪是打组织的时代"(李敖),或许我们没有好的创业项目或商业点子,但却有满腔创业热情,那么不妨找到有优秀创业项目的人或者产品,争取与其合作或入股,在团队中贡献自己的力量,一起走向成功。

三、创业小贴士

（一）适合大学生创业的项目

1. 借助学校品牌的项目

（1）各类教育与培训。

（2）成熟的技术转让。

（3）各种专业的咨询。

2. 利用优势的服务项目

（1）家教服务中心。

（2）成人考试补习。

（3）会议礼仪服务。

（4）收出版社退书。

（5）发明家俱乐部。

（6）速记训练经营。

（7）出租旅游用品。

3. 可以独立运作的专业项目

（1）可以拆分开的业务。

（2）图书制作前期工作。

（3）各类平面设计工作。

（4）各种专项代理业务。

4. 利于对外合作的项目

（1）婚礼化妆司仪。

（2）服装鞋帽设计。

（3）各类信息服务。

（4）主题假日学校。

5. 小型多样的经营项目

（1）手工制造。

（2）特色专柜。

（3）网络维护。

（4）体育用品。

四、创业结论

总之，罗马非一日之功而建，创业也不是一蹴而就的"小儿科"，在就业的道路上，自主创业也是另一种可行的选择，成功者有之，失败的教训恐怕更多。创业一样需要规划，你的性格是否适合创业？如何选择行业？启动资金来源在哪儿？风险评估和管理如何进行？……

当你在前面的各节中逐步认识了自主创业的各个环节后，你不得不承认，创业是一门学问，我们可能并不缺乏热情，但是缺乏经验和对市场敏感的把握，成功往往是要栽很多跟头才能实现的。

的确，自主创业之路既有与一般职业共通之处，例如它也依赖规划，需要兴趣作为指导和相关的性格分析等；也有它自身的特点，例如它有更自由宽松的选择，对资金和能力的更高要求，以及它的风险等。但是，一个人是否适合自主创业取决于多方面的原因，既不应该因为困难过于踟蹰，也不应该因为冲动而盲从。正如本章开始所说的，这是一条属于梦想者和开拓者的就业道路，脚踏实地地努力，并保持良好的心态，相信你最终也能创出自己的天地。

"只要肯做，任何事情都可以做到。但大部分人还没有去做，就说做不到，首先要除去这种心理。一旦努力作为，七成以上的成功率是跑不了的。"这是号称日本"企业之神"的坪内寿夫的一句名言，送给"创业梦想者们"，共勉之！

附录6 李开复写给中国学生的第四封信
——大学四年应该这么度过

（来源：开复学生网）

引 言

2004 年 6 月"开复学生网"开通之后,越来越多的学生在网上提出了各种各样的问题。我发现,除了我在前三封信中已经讨论过的问题以外,大家问得最多也最关心的主要是和大学四年的学习生活相关的话题。例如:怎样才能学好英语? 虚度了光阴该怎么办? 毕业时是选择出国还是选择就业? 如何学好专业课程? 如果不喜欢自己的专业该怎么办? 等等。

此外,在那段时间里,我有机会参加了一些教育部举办的研讨会或类似的活动。通过与更多的老师和学生接触,我逐渐发现,中国学生在学习计算机科学专业时存在不少学习方法方面的问题。例如,许多学生在学习计算机课程时都只把课程内容当做书本上的知识来学习,很少想到要联系实际,用课堂知识解决实际问题。此外,还有的学生只重视与就业直接相关的知识,如具体的语言、平台等等,而不重视那些真正能锻炼和提高个人能力的基础知识,如数学、算法、数据结构等等。

基于这些考虑,我认为自己有必要给大学生们写一封讨论学习方法,介绍学习经验,引导大家顺利度过大学时代的信,这就是《第四封信》的由来了。

这封信写好后,我曾请我认识的一位很优秀的大学生帮忙看一下,提提意见。他看了以后对我说:"开复老师,我觉得您在这封信里讲到的内容都是再明白不过的道理和方法,是任何一个合格的学生都应该懂得的。您觉得,真有必要在文章中反复强调这些大家都知道或明白的东西吗?"我想了想,然后对他说:"其实不少学生可能知道这些东西,但只有部分同学才能在大学四年里自觉地实践它们,其他的学生总会因为这样或那样的原因而缺乏将这些道理、方法付诸实践的毅力和勇气。我用我的真实感受和亲身经历再一次强调这些道理和方法的重要,这不但可以加深学生们对它们的理解和认识,还可以给那些缺乏勇气和毅力的人送去最真诚的鼓励!"

果然,《第四封信》在《中国青年报》、《大学生》杂志、《中国青年》杂志等媒体陆续发表后,无数被信件内容打动了的学生或是发来充满感激的邮件或留言,或是在"开复学生网"的论坛上主动地参加关于学习方法的讨论。甚至有人告诉我说,一位母亲曾把我的每一封信都亲笔抄下来,送给她的孩子——这样的事让我十分感动,也坚定了为广大青年学生们继续写信的决心。

今天,我回复了"开复学生网"开通以来的第 1000 个问题。关掉电脑后,始终有一封学生来信萦绕在我的脑海里,挥之不去:

开复老师：

就要毕业了。

回头看自己所谓的大学生活，

我想哭，不是因为离别，而是因为什么都没学到。

我不知，简历该怎么写，若是以往我会让它空白。

最大的收获也许是……对什么都没有的忍耐和适应……

这封来信道出了不少大三、大四学生的心声。大学期间，有许多学生放任自己、虚度光阴，还有许多学生始终也找不到正确的学习方向。当他们被第一次补考通知唤醒时，当他们收到第一封来自应聘企业的婉拒信时，这些学生才惊讶地发现，自己的前途是那么渺茫，一切努力似乎都为时已晚……

这"第四封信"是写给那些希望早些从懵懂中警醒过来的大学生，那些从未贪睡并希望把握自己的前途和命运的大学生以及那些即将迈进大学门槛的未来大学生们的。在这封信中，我想对所有同学说：

大学是人一生中最为关键的阶段。从入学的第一天起，你就应当对大学四年有一个正确的认识和规划。为了在学习中享受到最大的快乐，为了在毕业时找到自己最喜爱的工作，每一个刚进入大学校园的人都应当掌握七项学习内容：学习自修之道、基础知识、实践贯通、培养兴趣、积极主动、掌控时间、为人处事。只要做好了这七点，大学生临到毕业时的最大收获就绝不会是"对什么都没有的忍耐和适应"，而应当是"对什么都可以有的自信和渴望"。只要做好了这七点，你就能成为一个有潜力、有思想、有价值、有前途的快乐的毕业生。

大学：人生的关键

大学是人生的关键阶段。这是因为，进入大学是你一生中第一次放下高考的重担，开始追逐自己的理想、兴趣。这是你第一次离开家庭生活，独立参与团体和社会生活。这是你第一次不再单纯地学习或背诵书本上的理论知识，而是有机会在学习理论的同时亲身实践。这是你第一次不再由父母安排生活和学习中的一切，而是有足够的自由处置生活和学习中遇到的各类问题，支配所有属于自己的时间。

大学是人生的关键阶段。这是因为，这是你一生中最后一次有机会系统性地接受教育。这是你最后一次能够全心建立你的知识基础。这可能是你最后一次可以将大段时间用于学习的人生阶段，也可能是最后一次可以拥有较高的可塑性、可以不断修正自我的成长历程。这也许是你最后一次能在相对宽容的，可以置身其中学习为人处世之道的理想环境。

大学是人生的关键阶段。在这个阶段里，所有大学生都应当认真把握每一个"第一次"，让它们成为未来人生道路的基石；在这个阶段里，所有大学生也要珍惜每一个"最后一次"，不要让自己在不远的将来追悔莫及。在大学四年里，大家应该努力编织自己的梦想，明确自己的方向，奠定自己的基础。

大学是一生中学习能力转变最大的时候，是把"基础学习"和"进入社会"这两个阶段衔接起来的重要时期。因此，在大学四年中，要努力培养自己的学习能力，提高自己的学习境界，让自己成为一个擅长终身学习的人。

大学四年每个人都只有一次，大学四年应该这么度过……

自修之道：从举一反三到无师自通

记得我在哥伦比亚大学任助教时，曾有位中国学生的家长向我抱怨说："你们大学里到底在教些什么？我孩子读完了大二计算机系，居然连 VisiCalc 都不会用。"

我当时回答道："电脑的发展日新月异。我们不能保证大学里所教的任何一项技术在五年以后仍然管用，我们也不能保证学生可以学会每一种技术和工具。我们能保证的是，你的孩子将学会思考，并掌握学习的方法，这样，无论五年以后出现什么样的新技术或新工具，你的孩子都能游刃有余。"

她接着问："学最新的软件不是教育，那教育的本质究竟是什么呢？"

我回答说："如果我们将学过的东西忘得一干二净时，最后剩下来的东西就是教育的本质了。"

我当时说的这句话来自教育家 B. F. Skinner 的名言。所谓"剩下来的东西"，其实就是自学的能力，也就是举一反三或无师自通的能力。大学不是"职业培训班"，而是一个让学生适应社会，适应不同工作岗位的平台。在大学期间，学习专业知识固然重要，但更重要的还是要学习思考的方法，培养举一反三的能力，只有这样，大学毕业生才能适应瞬息万变的未来世界。

上中学时，老师会一次又一次重复每一课里的关键内容。但进了大学以后，老师只会充当引路人的角色，学生必须自主地学习、探索和实践。走上工作岗位后，自学能力就显得更为重要了。微软公司曾做过一个统计：在每一名微软员工所掌握的知识内容里，只有大约 10% 是员工在过去的学习和工作中积累得到的，其他知识都是在加入微软后重新学习的。这一数据充分表明，一个缺乏自学能力的人是难以在微软这样的现代企业中立足的。

自学能力必须在大学期间开始培养。许多同学总是抱怨老师教得不好，懂得不多，学校的课程安排也不合理。我通常会劝这些学生说："与其诅咒黑暗，不如点亮蜡烛。"大学生不应该只会跟在老师的身后亦步亦趋，而应当主动走在老师的前面。例如，大学老师在一个课时里通常要涵盖课本中几十页的信息内容，仅仅通过课堂听讲是无法把所有知识学通、学透的。最好的学习方法是在老师讲课之前就把课本中的相关问题琢磨清楚，然后在课堂上对照老师的讲解弥补自己在理解和认识上的不足之处。

中学生在学习知识时更多的是追求"记住"知识，而大学生就应当要求自己"理解"知识并善于提出问题。对每一个知识点，都应当多问几个"为什么"。对怀疑的地方，都应该多问几个"为什么不"。有一句名言："多问为什么，可以帮助理解。多问为什么不，可以带来突破。"一旦真正理解了理论或方法的来龙去脉，大家就能举一反三地学习其他知识，解决其他问题，甚至达到无师自通的境界。

事实上，很多问题都有不同的思路或观察角度。在学习知识或解决问题时，不要总是死守一种思维模式，不要让自己成为课本或经验的奴隶。只有在学习中敢于创新，善于从全新的角度出发思考问题，学生潜在的思考能力、创造能力和学习能力才能被真正激发出来。

《礼记·学记》上讲："独学而无友，则孤陋而寡闻。"也就是说，大学生应当充分利用学校里的人才资源，从各种渠道吸收知识和方法。如果遇到好的老师，你可以主动向他们请教，或者请他们推荐一些课外的参考读物。除了资深的教授以外，大学中的青年教师、博士生、硕士生乃至自己的同班同学都是最好的知识来源和学习伙伴。每个人对问题的理解和认识都不尽相同,只有互帮互学,大家才能共同进步。

有些同学曾告诉我说,他们很羡慕我在读书时能有一位获得过图灵奖的大师传道授业。其实,虽然我非常推崇我的老师,但他在大学期间并没有教给我多少专业知识。他只是给我指明了大方向,让我分享他的经验,给我提供研究的资源,并教我做人的方法。他没有时间也没有必要指导我学习具体的专业知识。我在大学期间积累的专业知识都是通过自学获得的。刚入门时,我曾多次红着脸向我的师兄请教最基本的知识内容,开会讨论时我曾问过不少肤浅的问题,课余时间我还主动与同学探讨、切磋。"三人行必有我师",大学生的周围到处是良师益友。只要珍惜这些难得的机会,大胆发问,经常切磋,我们就能学到最有用的知识和方法。

大学生应该充分利用图书馆和互联网,培养独立学习和研究的本领,为适应今后的工作或进一步的深造做准备。首先,除了学习老师规定的课程以外,大学生一定要学会查找书籍和文献,以便接触更广泛的知识和研究成果。例如,当我们在一门课上发现了自己感兴趣的课题,就应当积极去图书馆查阅相关文献,了解这个课题的来龙去脉和目前的研究动态。熟练和充分地使用图书馆资源,这是大学生特别是那些有志于科学研究的大学生的必备技能之一。读书时,应尽量多读一些英文原版教材。有些原版教材写得深入浅出,附有大量实例,比中文教材还适于自学。其次,在书本之外,互联网也是一个巨大的资源库,大学生们可以借助搜索引擎在网上查找各类信息。"开复学生网"开通半年以来,我发现很多同学其实并没有很好地掌握互联网的搜索技巧,有时他们提出的问题只要在搜索引擎中简单检索一下,就能轻易找到答案。还有些同学很容易相信网上的谣言,而不会利用搜索引擎自己查考、求证。除了搜索引擎以外,网上还有许多网站和社区也是很好的学习园地。

自学时,不要因为达到了学校的要求就沾沾自喜,也不要认为自己在大学里功课好就足够了。在二十一世纪的今天,人才已经变成了一个国际化的概念。当你对自己的成绩感到满意时,我建议你开始自学一些国际一流大学的课程。例如,美国麻省理工学院(MIT)的开放式课程已经在网上无偿发布出来,大家不妨去看看 MIT 的网上课程,做做 MIT 的网上试题。当你可以自如地掌握 MIT 课程时,你就可以更加自信地面对国际化的挑战了。

总之,善于举一反三,学会无师自通,这是大学四年中你可以送给自己的最好的礼物。

基础知识:数学、英语、信息技术、专业基础课

我曾经说过,中国学生的一大优势是扎实的基础知识,如数学、物理等。但是,最近几年,同学们在目睹了很多速成的例子(如丁磊、陈天桥等)之后,也迫切希望能驶上成功的快车道。这渐渐形成了一种追求速成的浮躁风气。有许多大学生梦想在毕业后就立即能做"经理""老板",还有许多大学生入学时直接选择了"管理"专业,因为他们认为从这样的专业毕业后马上就可以成为企业的管理者。可不少学生进入了管理专业后,才发现自己对本专业的学习毫无兴趣。其实,管理专业和其他专业一样,都是传授基础知识和基本方法的地方,没有哪个专业可以保证学生在毕业时就能走上领导岗位。无论同学们所学的是哪个专业,大学毕业才是个人事业的真正开始。想做企业领导或想做管理工作的同学也必须从基层做起,必须首先在人品方面学会做人,在学业方面打好基础。

如果说大学是一个学习和进步的平台,那么,这个平台的地基就是大学里的基础课程。在大学期间,同学们一定要学好基础知识(数学、英语、计算机和互联网的使用,以及本专业要求

的基础课程,如商学院的财务、经济等课程)。在科技发展日新月异的今天,应用领域里很多看似高深的技术在几年后就会被新的技术或工具取代。只有对基础知识的学习才可以受用终身。另一方面,如果没有打下好的基础,大学生们也很难真正理解高深的应用技术。最后,在许多的中国大学里,教授对基础课程也比对最新技术有更丰富的教学经验。

数学是理工科学生必备的基础。很多学生在高中时认为数学是最难学的,到了大学里,一旦发现本专业对数学的要求不高,就会彻底放松对数学知识的学习,而且他们看不出数学知识有什么现实的应用或就业前景。但大家不要忘记,绝大多数理工科专业的知识体系都建立在数学的基石之上。例如,要想学好计算机工程专业,那至少要把离散数学(包括集合论、图论、数理逻辑等)、线性代数、概率统计和数学分析学好;要想进一步攻读计算机科学专业的硕士或博士学位,可能还需要更高的数学素养。同时,数学也是人类几千年积累的智慧结晶,学习数学知识可以培养和训练人的思维能力。通过对几何的学习,我们可以学会用演绎、推理来求证和思考的方法;通过学习概率统计,我们可以知道该如何避免钻进思维的死胡同,该如何让自己面前的机会最大化。所以,大家一定要用心把数学学好,不能敷衍了事。学习数学也不能仅仅局限于选修多门数学课程,而是要知道自己为什么学习数学,要从学习数学的过程中掌握认知和思考的方法。

21世纪里最重要的沟通工具就是英语。有些同学在大学里只为了考过四级、六级而学习英语,有的同学仅仅把英语当作一种求职必备的技能来学习,甚至还有人认为学习和使用英语等于崇洋媚外。其实,学习英语的根本目的是为了掌握一种重要的学习和沟通工具。在未来的几十年里,世界上最全面的新闻内容,最先进的思想和最高深的技术,以及大多数知识分子间的相互交流都将用英语进行。因此,英语学习是至关重要的,除非你想做一个与国际脱节的人。在软件行业里,不但编程语言是以英语为基础设计出来的,最重要的教材、论文、参考资料、用户手册等资源也大多是用英语写就的。学英语绝不等于崇洋媚外。中国正在走向世界,中国需要学习西方的先进思想和先进科学技术,学好英语才是真正的爱国。

很多中国留学生的英语考试成绩不错,也高分考过四级、六级、托福,但是留学美国后上课时却很难听懂课程内容,和外国同学交流时就更加困难。我们该如何学好英语呢?既然英语是最重要的沟通工具,那么,最重要的学习方法就是尽量与实践结合起来,不能只"学"不"用",更不能只靠背诵的方式学习英语。读书时,大家尽量阅读原版的专业教材(如果英语不够好,可以先从中英对照的教材看起),并适当地阅读一些自己感兴趣的专业论文,这可以同时提高英语和相关专业的知识水平。其次,提高英语听说能力的最好方法是直接与那些以英语为母语的外国人对话。现在有很多在中国学习和工作的外国人,他们中的不少人为了学中文,很愿意与中国学生对话、交流,这是很好的学习机会。此外,大家不要把学英语当作一件苦差事,完全可以用有趣的方法学习英语。例如,可以多看一些名人的对话或演讲,多看一些小说、戏剧甚至漫画。初学者可以找英文原版的教学节目和录像来学习,有一定基础的则应该看英文电视或电影。看一部英文电影时,最好先在有字幕的时候看一遍,同时查考生词、熟悉句式,然后在不加字幕的情况下再看一遍,仅靠耳朵去听。听英文广播也是很好的练习英文听力的方法,大家每天最好能抽出半小时到一小时的时间收听广播并尽量理解其中的内容,有必要的话还可以录下来反复收听。在互联网上也有许多互动式的英语学习网站,大家可以在网站上用游戏、自我测试、双语阅读等方式提升英语水平。总之,勇于实践、持之以恒是学习英语的必由之路。

信息时代已经到来,大学生在信息科学与信息技术方面的素养也已成为他们进入社会的必备基础之一。虽然不是每个大学生都需要懂得计算机原理和编程知识,但所有大学生都应能熟练地使用计算机、互联网、办公软件和搜索引擎,都应能熟练地在网上浏览信息和查找专业知识。在二十一世纪里,使用计算机和网络就像使用纸和笔一样是人人必备的基本功。不学好计算机,你就无法快捷全面地获得自己需要的知识或信息。

最后,每个特定的专业也有它自己的基础课程。以计算机专业为例,许多大学生只热衷于学习最新的语言、技术、平台、标准和工具,因为很多公司在招聘时都会要求这些方面的基础或经验。这些新技术虽然应该学习,但计算机基础课程的学习更为重要,因为语言和平台的发展日新月异,只要学好基础课程(如数据结构、算法、编译原理、计算机原理、数据库原理等)就可以万变不离其宗。有位同学生动地把这些基础课程比拟为计算机专业的内功,而把新的语言、技术、平台、标准和工具比拟为外功。那些只懂得追求时髦的学生最终只知道些招式的皮毛,而没有内功的积累,他们是不可能成为真正的高手的。

虽然我一向鼓励大家追寻自己的兴趣,但在这里仍需强调,生活中有些事情即便不感兴趣也是必须要做的。例如,打好基础,学好数学、英语和计算机的使用就是这一类必须做的事情。如果你对数学、英语和计算机有兴趣,那你是幸运儿,可以享受学习的乐趣;但就算你没有兴趣,你也必须把这些基础打好。打基础是苦功夫,不愿吃苦是不能修得正果的。

实践贯通:"做过的才真正明白"

上高中时,许多学生会向老师提出"为什么? 有什么用?"的问题,通常,老师给出的答案都是"不准问"。进入大学后,这些问题的答案应该是"不准不问"。在大学里,同学们应该懂得每一个学科的知识、理论、方法与具体的实践、应用如何结合起来,尤其是工科的学生更是如此。

有一句关于实践的谚语是这样说的:"我听到的会忘掉,我看到的能记住,我做过的才真正明白。"

无论学习何种专业、何种课程,如果能在学习中努力实践,做到融会贯通,我们就可以更深入地理解知识体系,可以牢牢地记住学过的知识。因此,我建议同学们多选些与实践相关的专业课。实践时,最好是几个同学合作,这样,既可经过实践理解专业知识,也可以学会如何与人合作,培养团队精神。如果有机会在老师手下做些实际的项目,或者走出校门打工,只要不影响课业,这些做法都是值得鼓励的。外出打工或做项目时,不要只看重薪酬待遇(除非生活上确实有困难),有时候,即便待遇不满意,但有许多培训和实践的机会,我们也值得一试。

以计算机专业为例,实践经验对于软件开发来说更是必不可少的。微软公司希望应聘程序员的大学毕业生最好有十万行的编程经验。理由很简单:实践性的技术要在实践中提高。计算机归根结底是一门实践的学问,不动手是永远也学不会的。因此,最重要的不是在笔试中考高分,而是实践能力。但是,在与中国学生的交流过程中,我很惊讶地发现,中国某些学校计算机系的学生到了大三还不会编程。这些大学里的教学方法和课程的确需要更新。如果你不巧是在这样的学校中就读,那你就应该从打工、自学或上网的过程中寻求学习和实践的机会。在网上可以找到许多实践项目,例如,有一批爱好编程的学生建立了一个讨论软件技术的网站(www.diyinside.com),在其中共享他们的知识和实践经验,并成功举办了很多次活动(如在各大高校举办校园技术教育会议），还出版了帮助学生提高技术、解答疑难方面的图书，该网站有多位成员获得了"微软最有价值的专家"的称号。

培养兴趣：开拓视野，立定志向

孔子说："知之者不如好之者，好之者不如乐之者。"我在"给中国学生的第三封信"中曾深入论述了快乐和兴趣是一个人成功的关键。如果你对某个领域充满激情，你就有可能在该领域中发挥自己所有的潜力，甚至为它而废寝忘食。这时候，你已经不是为了成功而学习，而是为了"享受"而学习了。在"第三封信"中，我也曾谈到我自己是如何在大学期间放弃了我不感兴趣的法律专业而进入我所热爱的计算机专业学习的。

有些同学问我，如何像我一样能找到自己的兴趣呢？我觉得，首先要客观地评估和寻找自己的兴趣所在：不要把社会、家人或朋友认可和看重的事当作自己的爱好；不要以为有趣的事就是自己的兴趣所在，而是要亲身体验它并用自己的头脑做出判断；不要以为有兴趣的事情就可以成为自己的职业，例如，喜欢玩网络游戏并不代表你会喜欢或有能力开发网络游戏；不要以为有兴趣就意味着自己有这方面的天赋，不过，你可以尽量寻找天赋和兴趣的最佳结合点，例如，如果你对数学有天赋但又喜欢计算机专业，那么你完全可以做计算机理论方面的研究工作。

最好的寻找兴趣点的方法是开拓自己的视野，接触众多的领域。唯有接触你才能尝试，唯有尝试你才能找到自己的最爱。而大学正是这样一个可以让你接触并尝试众多领域的独一无二的场所。因此，大学生应当更好地把握在校时间，充分利用学校的资源，通过使用图书馆资源、旁听课程、搜索网络、听讲座、打工、参加社团活动、与朋友交流、使用电子邮件和电子论坛等不同方式接触更多的领域、更多的工作类型和更多的专家学者。当年，如果我只是乖乖地到法律系上课，而不去尝试旁听计算机系的课程，我就不会去计算机中心打工，也不去找计算机系的助教切磋，就更不会发现自己对计算机的浓厚兴趣。

通过开拓视野和接触尝试，如果你发现了自己真正的兴趣爱好，这时就可以去尝试转系的可能性、尝试课外学习、选修或旁听相关课程；你也可以去找一些打工或假期实习的机会，进一步理解相关行业的工作性质；或者，努力去考自己感兴趣专业的研究生，重新进行一次专业选择。其实，本科读什么专业并不能完全决定毕业后的工作方向，正如我所强调的那样，大学期间的学习过程培养的是你的学习能力，只要具备了这种能力，即使从事的是全新的工作，你也能在边做边学的过程中获取足够的知识和经验。

除了"选你所爱"，大家也不妨试试"爱你所选"。有些同学后悔自己在入学时选错了专业，以至于对所学的专业缺乏兴趣，没有学习动力；有些同学则因为追寻兴趣而"走火入魔"，毕业后才发现荒废了本专业的课程；另一些同学因为在学习上遇到了困难或对本专业抱有偏见，就以兴趣为借口，不愿意面对自己的专业。这些做法都是不正确的。在大学中，转系可能并不容易，所以，大家首先应尽力试着把本专业读好，并在学习过程中逐渐培养自己对本专业的兴趣。此外，一个专业里可能有很多不同的领域，也许你对专业里的某一个领域会有兴趣。现在，有很多专业发展了交叉学科，两个专业的结合往往是新的增长点。因此，只要多接触、多尝试，你也许就会碰到自己真正感兴趣的方向。"数字笔"的发明人王坚博士在微软亚洲研究院负责用户界面的研究，可是谁又能想到他从本科到博士所学的都是心理学专业，而用户界面又正是计算机和心理学专业的最佳结合点。另一方面,就算你毕业后要从事其他的行业,你依然可以把自己的专业读好,这同样能成为你在新行业中的优势。例如,有一位同学不喜欢读工科,想毕业后进入服务业发展,我就建议他先把工科读好,将来可以在服务业中以精通技术作为自己的特长。

　　人生的路很长,每个人都可以有很多不同的兴趣爱好。在追寻兴趣之外,更重要的是要找寻自己终身不变的志向。有一本书的作者曾访问了几百个成功者,问他们有哪件事是他们今天已经懂得,但在年轻时却留下了遗憾的事情。在受访者的回答中,最多的一种是:"希望在年轻时就有前辈告诉我、鼓励我去追寻自己的理想和志向。"相比之下,兴趣固然关键,但志向更为重要。例如,我的志向是"使影响力最大化",多年以来,我有许多兴趣爱好,如语音识别、对弈软件、多媒体、研究到开发的转换、管理学、满足用户的需求、演讲和写作、帮助中国学生等等,兴趣可以改变,但我的志向是始终不渝的。因此,大家不必把某种兴趣当作自己最后的目标,也不必把任何一种兴趣的发展道路完全切断,在志向的指引下,不同的兴趣完全可以平行发展,实在必要时再做出最佳的抉择。志向就像罗盘,兴趣就像风帆,两者相辅相成、缺一不可,它们可以让你驶向理想的港湾。

积极主动：果断负责,创造机遇

　　创立"开复学生网"时,我的初衷是"帮助学生帮助自己"。但让我很惊讶的是,更多的学生希望我直接帮他们做出决定,甚至仅在简短的几句自我介绍后就直接对我说:"只有你能告诉我,我该怎么做"。难道一个陌生人会比你更知道自己该怎么做吗？我慢慢认识到,这种被动的思维方式是从小在中国的教育环境中培养出来的。被动的人总是习惯性地认为他们现在的境况是他人和环境造成的,如果别人不指点,环境不改变,自己就只有消极地生活下去。持有这种态度的人,事业还没有开始,自己就已经被击败,我从来没见过这样消极的人可以取得持续的成功。

　　从大学的第一天开始,你就必须从被动转向主动,你必须成为自己未来的主人,你必须积极地管理自己的学业和将来的事业,理由很简单:因为没有人比你更在乎你自己的工作与生活。"让大学生活对自己有价值"是你的责任。许多同学到了大四才开始做人生和职业规划,而一个主动的学生应该从进入大学时就开始规划自己的未来。

　　积极主动的第一步是要有积极的态度。大家可以用我在"第三封信"里推荐的方法,积极规划自己的人生目标,追寻兴趣并尝试新的知识和领域。纳粹德国某集中营的一位幸存者维克托・弗兰克尔曾说过:"在任何特定的环境中,人们还有一种最后的自由,就是选择自己的态度。"

　　积极主动的第二步是对自己的一切负责,勇敢面对人生。不要把不确定的或困难的事情一味搁置起来。比如说,有些同学认为英语重要,但学校不考试就不学英语;或者,有些同学觉得自己需要参加社团磨炼人际关系,但是因为害羞就不积极报名。但是,我们必须认识到,不去解决也是一种解决,不做决定也是一个决定,这样的解决和决定将使你面前的机会丧失殆尽。对于这种消极、胆怯的作风,你终有一天会付出代价的。

　　积极主动的第三步是要做好充分的准备:事事用心,事事尽力,不要等机遇上门;要把握住机遇,创造机遇。中国科技大学校长朱清时院士在大三时被分配到青海做铸造工人。但他不像其他同学那样放弃学习，整天打扑克、喝酒。他依然终日钻研数理化和英语。六年后，中国科学院要在青海做一个重要的项目，这时朱校长就脱颖而出，开始了他辉煌的事业。很多人可能说他运气好，被分配到缺乏人才的青海，才有这机会。但是，如果他没有努力学习，也无法抓住这个机遇。所以，做好充分的准备，当机遇来临时，你才能抓住它。

积极主动的第四步是"以终为始"，积极地规划大学四年。任何规划都将成为你某个阶段的终点，也将成为你下一个阶段的起点，而你的志向和兴趣将为你提供方向和动力。如果不知道自己的志向和兴趣，你应该马上做一个发掘志向和兴趣的计划；如果不知道毕业后要做什么，你应该马上制定一个尝试新领域的计划；如果不知道自己最欠缺什么，你应该马上写一份简历，找你的老师、朋友打分，或自己审阅，看看哪里需要改进；如果毕业后想出国读博士，你应该想想如何让自己在申请出国前有具体的研究经验和学术论文；如果毕业后想进入某个公司工作，你应该收集该公司的招聘广告，以便和你自己的履历对比，看自己还欠缺哪些经验。只要认真制定、管理、评估和调整自己的人生规划，你就会离你自己的目标越来越近。

掌控时间：事分轻重缓急，人应自控自觉

除了积极主动的态度，大学生还要学会安排自己的时间，管理自己的事务。一位同学是这么描述大学生活的：

"大学和高中相比似乎没有什么太大的区别，每天依旧是学习，每次考试后依旧是担心考试成绩……不同的只是大学里上网的时间和睡觉的时间多了很多，压力也小了很多。"

这位同学并不明白，"时间多了很多"正是大学与高中之间巨大的差别。时间多了，就需要自己安排时间、计划时间、管理时间。

安排时间除了做一个时间表外，更重要的是"事分轻重缓急"。在《高效能人士的七个习惯》一书中，作者史蒂芬·柯维提出，"重要事"和"紧急事"的差别是人们浪费时间的最大理由之一。因为人的惯性是先做最紧急的事，但这么做会导致一些重要的事被荒废掉。例如，我认为这篇文章里谈到的各种学习都是"重要的"，但它们不见得都是老师布置的必修课业，采纳我的建议的同学们依然会因为考试、交作业等紧急的事情而荒废了打好基础、学习做人等重要的事情。因此，每天管理时间的一种好方法是，早上确定今天要做的紧急事和重要事，睡前回顾一下，这一天有没有做到两者的平衡。

每个人都有许多"紧急事"和"重要事"，想把每件事都做到最好是不切实际的。我建议大家把"必须做的事"和"尽量做的事"分开。必须做的事要做到最好，但尽量做的事尽力而为即可。建议大家用良好的态度和宽广的胸怀接受那些你暂时不能改变的事情，多关注那些你能够改变的事情。此外，还要注意生物钟的运行规律，按时作息，劳逸结合，这样才能在学习时有最好的状态。

大学四年是最容易迷失方向的时期。大学生必须有自控的能力，让自己交些好朋友，学些好习惯，不要沉迷于对自己无益的习惯（如网络游戏）里。一位积极、主动的中国学生在"开复学生网"上劝告其他同学："不要玩游戏，至少不要玩网络游戏。我所认识的专业水平比较高的大学朋友中没有一个玩网络游戏的。沉迷于网络游戏是对于现实的逃避，是不愿面对自己不足的一面。我认为，要脱离网络游戏，就得珍惜自己宝贵的大学时间，找到自己感兴趣的方向，做一些有意义并能给自己带来满足感的事情。"

为人处事:培养友情,参与群体

很多大学生入校时都是第一次离开父母,离开自己生长的环境。进入校园开始集体生活后,如何与同学、朋友以及社团的同事相处就成为大学生学习内容的一部分。大学是大家最后一次可以在相对宽松的环境中学习、培养、训练如何与人相处的机会。在未来,人们在社会里、在工作中与人相处的能力会变得越来越重要,甚至超过了工作本身。所以,大学生要好好把握机会,培养自己的交流意识和团队精神。

"人际交往能力不够强,人际圈子不够广,但又没有什么特长可以引起大家的注意,在社团里也不知道怎么和其他人有效地建立联系。"这是一些大学生在人际交往方面经常遇到的困惑。对于如何在大学期间提高人际交往能力,我的建议是:

第一,以诚待人,以责人之心责己、以恕己之心恕人。对别人要抱着诚挚、宽容的胸襟,对自己要怀着自我批评、有过必改的态度。与人交往时,你怎样对待别人,别人也会怎样对待你。这就好比照镜子一样,你自己的表情和态度,可以从他人对你流露出的表情和态度中一览无遗。你若以诚待人,别人也会以诚待你。你若敌视别人,别人也会敌视你。最真挚的友情和最难解的仇恨都是由这种"反射"原理逐步造成的。因此,当你想修正别人时,你应该先修正自己。你想别人怎么对你,你就应该怎么对人。你想他人理解你,你就要首先理解他人。

第二,培养真正的友情。如果能做到第一点,很多大学时的朋友就会成为你一辈子的知己。在一起求学和寻求自身发展的道路上,这样的友谊弥足珍贵。交朋友时,不要只去找与你性情相近或只会附和你的人做朋友。好朋友有很多种:乐观的朋友、智慧的朋友、脚踏实地的朋友、幽默风趣的朋友、激励你上进的朋友、提升你能力的朋友、帮你了解自己的朋友、对你说实话的朋友等等。此外,大学时谈恋爱也可以教你如何照顾别人,增进同理心和自控力,但恋爱这件事要一切随缘,不必为了谈恋爱而谈恋爱。

第三,学习团队精神和沟通能力。社团是微观的社会,参与社团是步入社会前最好的磨炼。在社团中,可以培养团队合作的能力和领导才能,也可以发挥你的专业特长。但更重要的是,你要做一个诚心诚意的服务者和志愿者,或在担任学生工作时主动扮演同学和老师之间沟通桥梁的角色,并以此锻炼自己的沟通能力,为同学和老师服务。这样的学习过程也不会很轻松,挫折是肯定有的,但是不要灰心,大学社团里的人际交往是一种不用"付学费"的学习,犯了错误也可以重头来过。

第四,从周围的人身上学习。在班级里、社团中,多观察周围的同学,特别是那些你觉得交往能力和沟通能力特别强的同学,看他们是如何与人相处的。比如,看他们如何处理交往中的冲突、如何说服他人和影响他人、如何发挥自己的合作和协调能力、如何表达对他人的尊重和真诚、如何表示赞许或反对,如何在不冒犯他人的情况下充分展示个性等等。通过观察和模仿,你渐渐地会发现,自己的人际交往能力会有意想不到的改进。在学校里,每一个朋友都可以成为你的良师,他们的热心、幽默、机智、博学、正直、沟通、礼貌等品德都可以成为你的学习对象。当然,你也应当慷慨地帮助每一个朋友,试着做他们的良师和模范。

第五,提高自身修养和人格魅力。如果觉得没有特长、没有爱好可能会成为自己人际交往能力提高的一个障碍,那么,你可以有意识地去选择和培养一些兴趣爱好。共同的兴趣和爱好也是你与朋友建立深厚感情的途径之一。很多在事业上有所建树的人都不是只会闭门苦读的书呆子,他们大多都有自己的兴趣和爱好。我在微软亚洲研究院的同事中就有绘画、桥牌和体育运动方面的高手。业余爱好不仅是人际交往的一种方式,还可以让大家发掘出自己在读书以外的潜能。例如,体育锻炼既可以发挥你的运动潜能,也可以培养你的团队合作精神。如果真的没有什么兴趣爱好,那么,多读些好书丰富自己的知识也可以改进自己的人际交往能力,因为没有什么比智慧和渊博更能体现一个人的人格魅力了。

所以,学会与人相处,这也是大学中的一门"必修课"。

对大学生们的期望

踏入大学校门时,你还是一个忙碌的、青涩的、被动的、为分数读书的、被家庭呵护着的中学毕业生。

就读大学时,你应当掌握七项学习,学好自修之道、基础知识、实践贯通、培养兴趣、积极主动、掌控时间、为人处事。

经过大学四年,你会从思考中确立自我,从学习中寻求真理,从独立中体验自主,从计划中把握时间,从表达中锻炼口才,从交友中品味成熟,从实践中赢得价值,从兴趣中攫取快乐,从追求中获得力量。

离开大学时,只要做到了这些,你最大的收获将是"对什么都可以拥有的自信和渴望"。你就能成为一个有潜力、有思想、有价值、有前途的中国未来的主人翁。

所以,大学四年应该这么度过。

附录 7 大学生涯规划表

基本情况	姓名		性别		政治面貌	
	出生年月		民族		籍贯	
	所学专业				生源地	
	感兴趣的专业				大学年龄跨度	岁— 岁
自我分析	（MBTI 性格类型、特点及其对职业发展的影响）					
	职业兴趣（由霍兰德兴趣代码分析自己的兴趣类型及特征）					
	职业能力（由一个成就故事概括你的能力）					
	职业价值观（分析你的职业价值观及其对职业发展的影响）					

他人评价与建议	家长	
	老师	
	同学	
	朋友	
环境分析	社会环境	
	行业发展趋势和就业环境	
	家庭生活环境	

大学毕业后的目标排序	就业□	考研□	创业□	留学□	其他□
具体方向 （具体行业或岗位）					

对首位目标具体方向（具体行业或岗位）的SWOT决策分析	内部条件	内部潜在优势		内部潜在劣势	
	外部环境	外部潜在机会		外部潜在威胁	

续表

大学生涯发展目标	大学发展总目标	
	学习目标	
	生活成长目标	
	社会实践目标	
	素质拓展目标	

实现规划的具体行动方案	［针对最明确的职业发展具体方向目标（具体行业或岗位）拟定详细的行动方案。若位置不够可以加附页］

请注意：

1. 请各位同学深刻理解表中各项内容的含义，通过学习和思考，明确自己的努力方向和实际行动方案，认真填写，完成后复印一份留底作为自己大学生活的指南。

2. 要及时对规划实施的情况进行评估，总结规划实施的效果，必要时对方案进行科学合理的调整修正。

参考文献

[1]文厚润,张斌.大学生就业实用教程——大学生职业发展与就业指导.北京:高等教育出版社,2011.

[2]陈芒良、谷祥云.大学生职业生涯与发展规划.北京:原子能出版社,2010.

[3]邓清华,文军,张敏.大学生职业生涯与发展规划.吉林:吉林大学出版社,2010 年 7 月第一版,2011.

[4]职业生涯与发展规划课题研究组.大学生职业生涯与发展规划教程(师范类).北京:北京出版社,2008.

[5]石建勋,等.职业规划与创业管理.北京:机械工业出版社,2006.

[6]杨建华.大学生职业生涯与发展规划.北京:现代教育出版社,2011.

[7]李耀辉,王克权,宋小冰.大学生职业发展与就业指导.北京:现代教育出版社,2011.

[8]文青,艾加.大学生职业发展与就业指导.北京:研究出版社,2010.

[9]来云,等.大学生职业生涯规划.北京:新华出版社,2009.

[10]钟谷兰,杨开.大学生职业生涯发展与规划.华东师范大学出版社,2010.

[11]张乐敏,等.大学生职业生涯规划与管理.上海:复旦大学出版社,2009.

[12]储克森.大学生职业发展与就业指导.北京:机械科学出版社,2009.

[13]刘清亮,等.就业指导与职业规划.北京:人民邮电出版社,2009.

[14]胡志强.大学生职业生涯规划与就业指导.北京:中国传媒大学出版社,2009.

[15]闫振华,吴二利,李丁.大学生职业生涯规划.北京:中国经济出版社,2009.

[16]施锡栋,匡奕珍.高职学生职业规划与就业指导.济南:山东大学出版社,2008.

[17]乔德宝.大学生就业与职业发展指导——启航职场 规划人生.上海:同济大学出版社,2007.

[18]田新民,张宗恩.择业与就业——大学生职业规划与发展(第三版).上海:上海交通大学出版社,2008.

[19]贺杰,朱光辉.大学生职业生涯发展规划与就业指导.南京:东南大学出版社,2008.

[20]王萍涛,肖红伟,等.地方高校大学生就业指导.北京:北京大学出版社,2007.

[21]王维华,等.大学生就业与创业指导.北京:高等教育出版社,2007.

主要学习参考网站

中国大学在线：http://www.univs.cn/
中华英才网：http://www.chinahr.com/index.htm
CareerSky：http://cqupt.careersky.org/Contents/SchoolMain/index.aspx? ws=1&wss=1
湖南大学生涯发展与素质提升课程网站：http://career.hnu.cn/index.php
重庆市人力资源和社会保障局公众信息网：http://www.cqhrss.gov.cn
重庆高校毕业生就业信息网：http://www.cqbys.com/